얼굴 지도로 인생을 여행하다

얼굴 지도로 인생을 여행하다

초판발행 2017년 08월 22일(얼굴여행)
개정판   2018년 10월 08일

지은이 윤훈근
펴낸이 윤훈근

펴낸곳 밝은내일연구소(주)
출판등록 제2017- 000017
주소 경남 창원시 진해구 자은로 64번나길 15
전화 055)547- 8090
팩스 055)546- 9935
이메일 jinyoudosa@naver.com
홈페이지 brighttomorrow. modoo. at

삽화(그림) 이누리
표지(그림) 인터넷 사이트에 나오는 그림을 재구성하였다.

*잘못된 책은 교환해드리며, 책값은 뒤표지에 있습니다.
*사전 승인 없는 무단 복제 및 무단 전재를 금합니다.

얼굴 지도로
인생을 여행하다

윤훈근尹焄根 지음

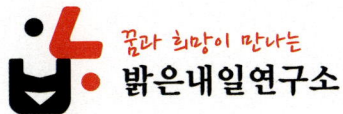

꿈과 희망이 만나는
밝은내일연구소

추 천 서

 일찍이 달마조사는 불교를 전파하기 위해 인도에서 중국으로 건너왔다. 달마조사는 중생과 함께 하는 수행정진으로 선불교禪佛敎를 주창하였고, 9년의 면벽수련 끝에 깨달음을 얻어 "벽관대승壁觀大乘"이라 하였다.
 소승이 불가에 입문하여 대한불교 대승종 총무원장을 역임하기까지 수십여년을 달마조사의 가르침인 이입사행二入四行을 실천하면서 수행정진에 매달려왔다. 이번에 경공스님이 편찬한 『얼굴지도로 인생을 여행하다』를 읽으면서 달마조사의 정신을 되새기는 계기가 되었다.
 달마조사가 사주, 관상 등을 연구한 것은 수행정진 못지않게 중생과의 인연을 중요시했기 때문이었다. 아직까지 우리의 삶에는 달마조사가 펼친 사주철학이 깊이 담겨있고, 달마조사를 관상의 시조始祖 격으로 받들어지고 있다. 달마조사는 사주와 관상으로 길흉을 점친 것이 아니라, 사람의 사주팔자와 얼굴 생김새에 맞는 인생가치를 찾는 방법을 제시하였다.

 이 책은 단지 관상이 좋고 나쁨을 논하는 것이 아니라, 달마조사가 관상기법으로 말하고자 했던 인생논리를 잘 풀어내고 있다. 인간이 하늘의 기운을 품부 받아 부모로부터 생장하여 자식에게 전달하고 생을 마감하여 다시 윤회를 거치는 과정이 얼굴에 담겨 있다.

하늘이 인간에게 부여한 인생의 가치를 이 책에서 '인생 총량제'로 표현하였다. 부모, 배우자, 자식, 형제, 재물, 벼슬, 건강, 수명 등을 온전하게 하는 방법은 탐욕을 버리고 덕행을 실천하는 일이다. 이것이 바로 자신에게 주어진 인생 총량을 누리는 수단이라 할 수 있다.

이 시대를 살고 있는 모든 중생의 건강과 평안이 함께 하기를 기원하고, 참다운 인생가치를 얻기를 소원하는 간절한 심정으로 이 책을 추천하는 바이다.

戊戌年 七月七日 百中日
대한불교 대승종 총무원장
법인法印 운남雲南 합장

얼굴 여행을 떠나면서…

마음가짐이 곧 얼굴이다.

　인간은 누구나 건강하게 오래 살기를 소망하고 부귀(富貴)를 꿈꾼다. 불확실한 미래에 대한 불안감은 인간으로 하여금 관상, 사주, 풍수, 점(占) 등에 관심을 갖게 되었다. 관상은 사주, 풍수, 점(占) 등과 달리 일반인에게 친숙하고, 좋은 이미지와 자기어필이라는 측면에서 발전되어왔다.
　관상의 주요관점은 보이지 않는 마음(심성)을 얼굴을 통해 살피는 것이다. 심성이 바르면 건강하게 풍요로운 삶을 누릴 것이요, 심성이 바르지 않으면 부유하더라도 삶이 불행하게 될 것이라는 게 관상의 철학적 사유이다.
　노자는 "禍福無門화복무문 唯人自招유인자초"라 하였다. 행복과 불행은 따로 있는 것이 아니라, 자신의 마음가짐에 따라 귀(貴)하게 또는 천(賤)하게 사는 것이다. 빈천(貧賤)한 사람은 얼굴형상이 빈천한 게 아니라, 노력하는 마음가짐이 없기에 빈천하게 살게 된다.
　얼굴형상이 부귀하지 않더라도 덕을 베푸는 심성과 돈독한 의지가 있으면 자연히 얼굴이 부귀하게 변하게 됨은 틀림이 없다. 마땅히 일이 잘 풀리고 가정이 편안하고 건강하게 장수할 것이다. 타고난 형상의 가치를 높일 수 있는 것은 선(善)한 마음가짐에 달려 있다. 착한 마음은 곧 어진 마음이고, 덕을 베푸는 마음씀씀이다.

얼굴에는 인간이 태어나 죽을 때까지 인간으로서 해야 할 도리가 담겨 있다. 부모로부터 몸과 마음을 물러 받아서, 배우자를 만나 가정을 이루고, 부모에 받은 음덕을 자식에게 되돌려주는 것이 인간의 모습이다.

이를 인생사로 보면 살아가면서 받은 음덕을 나보다 못한 사람들에게 되돌려주는 덕행이라 할 수 있다. 관상의 논리는 결국 덕행(德行)으로 귀결된다 해도 과언이 아니다.

나이 40살이 되면 자신의 얼굴에 책임을 져야 한다는 말이 있다. 현재의 얼굴은 지금까지 살아온 모습을 대변하고, 앞으로 살아갈 모습이기도 하다. 매사에 짜증·불만으로 40년을 살아왔다면 인당과 산근에 주름이 깊어 보기 흉할 뿐 아니라 다른 사람에게 신뢰를 얻지 못하니 발전하기 어렵다. 당연히 앞으로 살아갈 모양새 또한 어둡지 않겠는가.

이 책을 읽고 난 후에, 어린 시절부터 현재까지 자신의 사진들을 펴놓고 살펴보라. 어떻게 변해 있는지…

그 결과는 독자 여러분의 각성에 맡겨두기로 한다.

이 책을 통하여 얼굴에서 말하는 삶의 지혜를 깨우치고, 선(善)한 마음과 덕(德)을 베푸는 마음가짐을 갖는 기회가 되기를 바라는 바이다.

丁酉年에 시루봉 자락에서
盡洧 윤훈근 쓰다.

일러두기…

　이 책은 본 저자가 출간했던 『얼굴여행』을 재구성하여 다시 간행하는 책이다. 관상의 논리로 인생가치를 찾는 계기로 삼는데 초점을 맞추어 재구성하였다.
　본문에서 '주석'으로 설명한 부분이 있는데, 혹여 관상을 처음 접하는 분들 입장에서 주석 내용이 오히려 번거롭게 여겨지신다면 무시하고 지나쳐도 무방하다. 주석을 읽지 않아도 이 책의 내용을 이해하는데 지장이 없도록 하였다.
　이 책에 나오는 그림들은 『마의상법』·『면상비급』·『빙감』 등 관상 고서(古書)들을 기초로 하였다.

　관상 용어는 어렵고 이해하기에도 쉽지 않다. 이 책에서는 어렵고 난해한 관상 용어들은 되도록 일상용어로 바꾸었다. 일상용어로 바꾸기 어렵거나 꼭 필요한 경우에만 관상 용어를 사용하고, 대신 이해를 돕기 위하여 '한글(한자)' 형식으로 표현하였다.
　이 책을 읽으면서 용어에 집착하지 마시기 바란다. 용어는 의사 소통의 일부이고, 정확한 전달을 위한 수단이다. 이 책을 읽는 분과 저자가 소통하는데 지장이 없도록 노력하였다.
　부디 관상 용어와 어휘에 집착하여 책을 손에서 놓지 마시고, 인생을 살아가는 모습을 얼굴에서 찾아보는 재미에 빠져보시기 바란다.

차 례

추 천 서 ·················· 5
얼굴여행을 떠나면서 ··· 7
일러두기 ··············· 9

《음양으로 보는 얼굴》 ·············· 13
··· 얼굴에서 음양과 남녀의 본위 ············ 14
··· 얼굴 좌우 크기에 따른 남녀 성향 ········ 20
   남자의 얼굴 왼쪽 또는 오른쪽이 큰 경우
   여자의 얼굴 왼쪽 또는 오른쪽이 큰 경우
··· 얼굴 좌우 크기에 따른 부부 관계 ········ 25
   남편과 부인 모두 얼굴 왼쪽 또는 오른쪽이 큰 경우
   남편과 부인의 얼굴 좌우 크기가 서로 다른 경우
··· 얼굴 상하부위에 의한 남녀의 속성 ········ 37
   이마·눈-입·턱의 남_녀의 기본속성/
   이마 또는 턱의 크고 작음에 따른 남녀의 속성/
   여자의 이마와 턱/ 남자=눈, 여자=입
··· 얼굴 상하좌우 음양조화와 인생등락 ······· 57
··· 음양에 의한 남녀의 육친분별 ············ 62

《얼굴나이》 ·············· 69
··· 얼굴 부위와 나이 ····················· 70
   남녀 나이 정하는 방법/ 귀의 특성과 귀 나이 의미
··· 얼굴 나이로 보는 삶의 참의미 ············ 80
   음덕과 덕행/ 윤회/ 진정한 백수/ 관상은 심상

《삼정-얼굴의 천지인》 ················· 93
··· 인체-얼굴-귀 삼정 ················ 94
··· 얼굴 삼정 ······················ 98
  상정(이마·인당)/ 중정(눈썹·눈·코)/ 하정(인중·입·턱)
··· 얼굴 삼정의 인생여정 ············ 108
··· 얼굴 삼정의 윤회 ················ 115

《얼굴 12궁》 ························ 119
  ··· 얼굴 12궁의 부위와 의미 ········ 120
  ··· 얼굴 12궁의 기능 ·············· 127
    명궁(인당)/ 관록궁(복서골)/ 부모궁(일각·월각)/
    천이궁(천창)/ 형제궁(눈썹)/ 전택궁(눈)/ 자식궁(누당)/
    배우자궁(눈꼬리)/ 재액궁(산근)/ 재백궁(코)/ 노복궁(입·턱)
    복덕궁(천창-명문-지고)/ 식록궁(인중 부위)
  ··· 얼굴 12궁의 인생 참의미 ········ 180
    인생 총량제/ 인생 총량을 크게 하는 방법

《얼굴 중앙 13부위》 ·················· 193
  ··· 얼굴 13부위의 기(氣) 흐름 ······ 195
  ··· 얼굴 13부위와 인생흐름 ········· 198
    천중/ 천정/ 사공/ 중정/ 인당/ 산근/ 연상/ 수상/ 준두
    인중/ 수성(입)/ 승장/ 지각(턱)

《삼관·사애》 ······················· 223
  ··· 삼관·사애의 인생 의미 ·········· 225
    삼관-사애는 기회-정산
  ··· 인생 3번의 기회 - 삼관 ········· 228
    첫 번째 인생기회 15세/ 두 번째 인생기회 25세/
    세 번째 인생기회 35세

차례 11

··· 인생에서 4번의 정산 - 사애 ··············· 236
첫 번째 중간정산 41세/ 두 번째 중간정산 51세
세 번째 중간정산 61세/ 마지막 최종정산 71세

《오관·육부》 ·············· 243
··· 오관은 인생복록의 성취과정이다 ······ 245
귀(채청관)/ 눈(감찰관)/ 입(출납관)/ 코(심변관)/
눈썹(보수관)/ 오관의 상관관계
··· 육부는 얼굴복록을 지키는 울타리 ······ 266
얼굴삼정과 육부와 삼농(三濃)
··· 오관-육부는 벼슬-재물의 관점이다 ······ 272
··· 오관·육부의 바탕은 학문(학당)이다 ······ 276
··· 눈·코·입·귀의 인생흐름과 완성 ········· 285

《오악·사독》 ················· 285
··· 오악(五嶽)의 모습 ·············· 289
코/ 이마_턱의 호응/ 좌우 관골의 상응
··· 사독(四瀆)의 물줄기 ·············· 302
눈(눈꼬리)/ 코(법령)/ 입(입술주름·입꼬리) / 귀(윤곽·수주름)

《얼굴의 계절, 방위, 시간》 ············· 311
··· 얼굴 계절·방위·시간의 활용방법 ······ 318

※ 부록 《아름다운 동행 - 이효리·이상순》 ······ 321

얼굴 여행을 끝내면서 ······ 332

《음양으로 보는 얼굴》

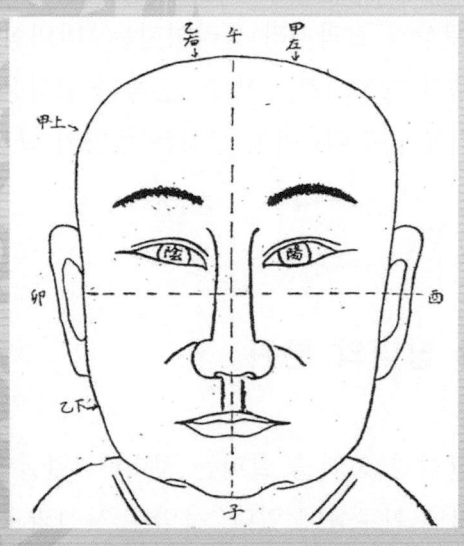

얼굴 상하, 좌우의
형상과 크기에 따른

남녀의 속성
부부관계와 성향

남자의 본위 = 눈, 이마
여자의 본위 = 입, 턱

음양으로 보는 얼굴

하늘이 양이라면, 땅이 음이고, 햇빛이 양이라면, 물은 음이다. 이러한 음양조화에 의해 만물이 생성-성장-쇠멸하여 다시 재탄생하여 영속성을 갖는 것이 자연의 순리이다.

봄에 만물이 생성되고, 여름에 꽃이 피고, 가을에 열매를 맺어, 겨울에 만물이 생명력을 잃는 것은 죽는 것이 아니라, 다시 봄에 싹을 띄우기 위해 준비하는 것이다.

이처럼 세상만물은 음양의 균형과 조화에 의하여 순환하고 공존하면서 영원성을 갖는다. 관상의 교과서라 불리어지는 『마의상법』에서도 음양을 만물의 기운과 형상으로 보았고, 만물의 형상을 얼굴에 비유하여 관상의 논리를 펼쳤다. 이에 관상은 음양의 균형과 조화를 중요시한다.

⋯ 얼굴에서 음양과 남녀의 본위

관상의 관점 포인트는 균형과 조화를 살피는 것이다. 얼굴에서 균형·조화의 관점은 음양의 조화로움에 있다. 음양은 자신과 타인의 관계이기도 하다. 얼굴에서 자신과 타인의 조화를 통하여 행복을 찾는 이치가 음양에 있다.

얼굴을 보는 방법에서 음양의 논리만 제대로 이해해도 삶의 방향성과 삶의 지혜를 절반은 얻을 수 있다. 관상의 비법은 음양에 있다 해도 과언이 아니다.

얼굴에서 음양은 얼굴을 상-하, 좌-우, 앞-뒤를 나누어 음양으로 구분한다.

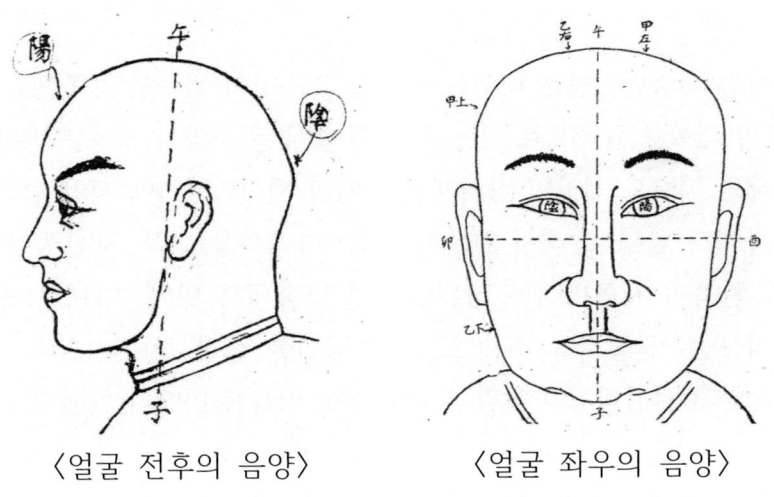

    〈얼굴 전후의 음양〉   〈얼굴 좌우의 음양〉

▷ 귀를 중심으로 얼굴 앞면은 양이고, 얼굴 뒷면인 뒤통수는 음이다.

▷ 콧등을 중심으로 얼굴 앞면을 수직으로 나누어 왼쪽부위는 양이고 오른쪽부위는 음이다.

▷ 콧등을 중심으로 얼굴 앞면을 수평으로 나누어서 윗부분은 양이고 아랫부분은 음이다.

얼굴에서 음양과 남녀의 본위   15

여기서 잠깐, 얼굴의 좌우 개념을 알아보자.

사물의 방위를 정할 때, 동양적 관점과 서양적 관점에 차이가 있다. 얼굴에서 좌우를 보는 방법과 관련하여 동양과 서양의 방위개념을 알아보자.

서양의 방위개념은 남북을 중심축으로 하여 위쪽을 북쪽으로 하고, 아래쪽을 남쪽으로 삼는다. 우리 세대는 서양식 교육을 받았고 현재의 지도도 서양의 방위개념에 따라 제작되었기에 서양 방위에 익숙해져 있다. 그래서 위쪽이 북쪽, 아래쪽을 남쪽, 오른쪽이 동쪽, 왼쪽이 서쪽이라는 방위개념에 익숙해져 있다. 이는 사물을 바라보는 '관찰자를 주체'로 하여 방위를 정한 것이다.

동양적 관점에서의 방위개념을 보면, 하늘은 마땅히 위에 있으니 위쪽을 남쪽(양)으로 삼고, 땅은 마땅히 아래에 있으니 아래쪽을 북쪽(음)으로 삼는다. 이에 왼쪽은 양이면서 동쪽이 되고, 오른쪽은 음이면서 서쪽이 된다. 즉 동양의 방위개념은 '대상물을 주체'로 한 주체적 관점에서 바라본 방위의 개념이다.

따라서 얼굴에서 방위는 동양적 사고에 의한 주체자적 관점에서 바라본다. 바라보는 사람의 입장에서 오른쪽이 실제로 왼쪽이 되고, 바라보는 사람의 입장에서 왼쪽이 실제로 오른쪽이 되는 것이다.

관상에서 음양 세분...

관상은 인체 전부를 보는 것이 원칙인데, 인체를 보기 어려우니 얼굴을 위주로 본다.

인체와 얼굴에서 음양은 상하·좌우·전후 뿐 아니라, 눈·코·입·귀 등 얼굴 각 부위에서도 음양을 세분한다.

구분	陰	陽
남녀 관계	여자	남자
골육 관계	살(肉)	뼈(骨)
좌우 구분	오른쪽(右)	왼쪽(左)
상하 구분	아래(下)	위(上)
앞뒤 구분	뒤(後)	앞(前)
얼굴 부위	이마, 눈	입, 턱

〈관상에서의 음양구분〉

남자는 양이고, 여자는 음이다.
뼈는 양이고, 살은 음이다.
왼쪽 눈썹·눈·귀 등은 양이고, 오른쪽 눈썹·눈·귀 등은 음이다.
왼쪽 콧방울은 양이고, 오른쪽 콧방울은 음이다.
윗입술은 양이고, 아랫입술은 음이다.
얼굴 전체로 보면 이마·눈은 양이고, 입·턱은 음이다.

균형과 조화

관상의 주요관점은 균형과 조화를 살피는 것이고, 균형과 조화의 관점은 음양에 있다고 하였다. 얼굴에서 음양은 크게 좌·우-상·하-전·후로 구분하였다.

얼굴은 상하(이마-턱)가 서로 균형을 이루고, 얼굴 왼쪽과 오른쪽이 조화를 이루고, 얼굴 앞면(면상)과 뒷면(뒤통수)이 조화를 이루어야 이상적이다.

얼굴에서 음양의 균형·조화는 희노애락에 의한 얼굴 움직임의 변화와 기색으로 드러난다. 그 변화가 좋게 변하면 좋은 일이 일어날 것이요, 나쁘게 변하면 좋지 않은 일이 일어날 것이다.

만약 평소에 습관적으로 얼굴을 찡그리거나 입을 삐쭉거리거나 턱을 괸다고 가정해보자. 얼굴 어느 한 쪽 부위는 올라가고 어느 한 쪽 부위는 내려가는 등 얼굴 자체가 찌그러지거나 흉한 주름이 생기지 않겠는가.
이는 그 사람의 삐뚤어진 마음이 얼굴에서 음양의 균형조화를 잃게 만들었으니 스스로 복을 발로 찬 꼴이다.

얼굴 음양에서 남녀 본위(本位)를 찾아보자.

얼굴에서 남녀의 본위(자리)는 음양으로 정한다. 콧등을 중심으로 위쪽(양)에는 이마·눈·눈썹 등이 있고, 아래쪽(음)에는 인중·입·턱 등이 있다.

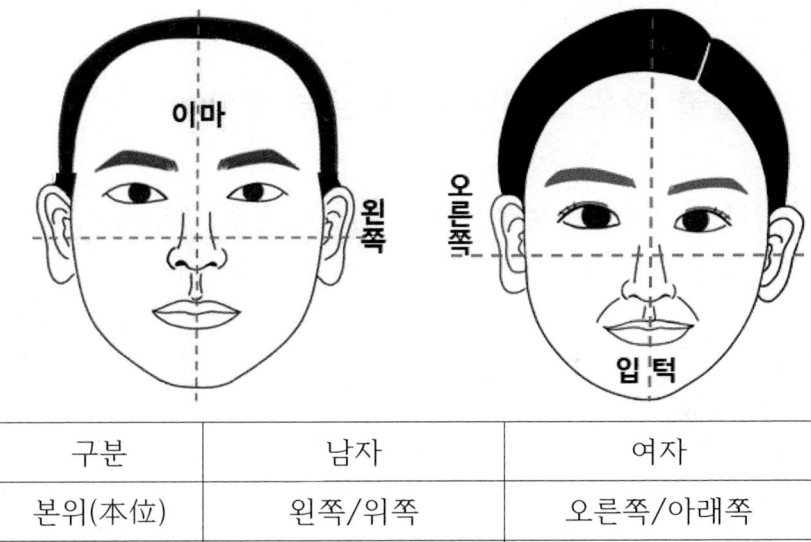

구분	남자	여자
본위(本位)	왼쪽/위쪽	오른쪽/아래쪽
얼굴 부위	눈, 눈썹, 이마	인중, 입, 턱

〈얼굴 상하·좌우에 따른 남녀의 본위(자리)〉

남자는 양이기에 얼굴 왼쪽과 윗부분(이마·눈·눈썹)이 자신의 자리이고, 여자는 음이기에 얼굴 오른쪽과 아랫부분(인중·입·턱)이 자신의 자리이고, 얼굴 왼쪽과 윗부분(이마·눈·눈썹)은 타인의 자리로 본다.

이를 관상에서 '남좌여우(男左女右)' '남상여하(男上女下)' 원칙이라 한다. 그래서 남자는 왼쪽과 이마·눈을 주로 살피고, 여자는 오른쪽과 입·턱을 위주로 살피게 된다.

남자는 눈이 빛나야하고, 여자는 입술이 촉촉해야한다.
남자는 뼈가 굵어야하고, 여자는 살이 부드러워야한다.

··· 얼굴 좌우 크기에 따른 남녀 성향

남자는 양이기에 얼굴 왼쪽이 자신의 본위(자리)이고,
여자는 음이기에 오른쪽이 자신의 본위(자리)이다.

일반적으로 남자가 왼쪽 부위가 크고, 여자가 오른쪽 부위가 크면 자존심이 강하다. 삶을 주체적으로 살아갈려는 속성이 있고, 타인의 통제와 간섭을 싫어하는 경향이 있다.
　자존심이 지나치면 고집이 되고, 고집이 지나치면 자만심이 된다. 타인의 간섭을 싫어한다는 것은 대화와 타협에 약하고 자기밖에 모르는 이기심이 팽배해지기 쉽다.
　반면에 주체성이나 자존심이 약하다는 것은 남을 존중하고 배려한다는 의미도 있다. 존중과 배려가 지나치면 자신의 생각은 없고 들러리 인생이 되기 쉽다.
　그래서 얼굴에서 음양의 균형과 조화가 중요한 것이다.

남자 얼굴 왼쪽이 큰 경우...

　남자의 얼굴 왼쪽부위가 오른쪽부위보다 크면 자신이 타인보다 크다는 의미이다. 주체성이 있고 자존심이 강한 성향이다. 자신이 타인을 누르고 통제하는 모양새이다. 남 밑에 일하기보다 자신이 주체가 되어 일을 하기를 원한다. 부부관계에서도 가부장적 타입이다.
　만약 한 눈에 봐서도 왼쪽부위가 지나치게 크면 주체성을 넘어 자신이 아니면 안 된다는 자만심이 팽배하게 된다. 심하면 안하무인격으로 다른 사람을 함부로 대하거나 부인을 고생시키는 경향이 있다. 자신은 그렇지 않다고 하지만, 주위 사람들이나 부인을 힘들게 한다.

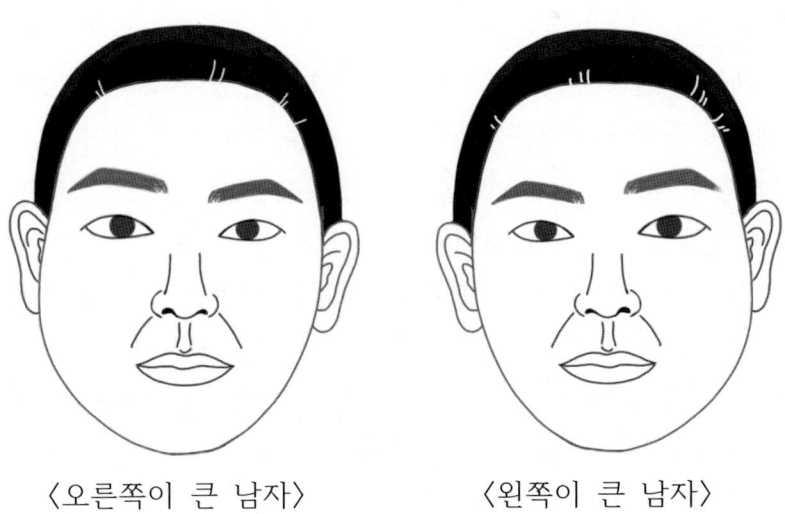

〈오른쪽이 큰 남자〉　　　〈왼쪽이 큰 남자〉

남자 얼굴 오른쪽이 큰 경우...

남자의 얼굴 오른쪽 부위가 크면 타인이 자신보다 크다는 의미이다. 자신이 타인에게 눌리거나 통제받는 꼴이다. 일에 적극성이 부족하기에 직장생활을 하는 사람이 많다.

사업을 한다면 OM방식의 제조업이나 프랜차이즈 형태의 사업을 하게 된다. 자신이 주체로 하는 사업에는 성공이 적거나 굴곡이 있을 수 있다.

사람이 온순하고 성실하지만 자기주장이 약하지만, 맡은 일에 충실하고 책임을 다한다. 다른 사람을 배려하고 존중하는 편이다. 부부관계에서는 외조형의 남편으로 애처가·공처가의 타입이다.

여자 얼굴 오른쪽이 큰 경우...

여자의 얼굴 오른쪽이 크면 주체성과 자존심이 강하다. 여자가 주체성이 강하다는 것은 현실 삶에서 좋을 수도 있고 흠이 될 수도 있다. 사회생활을 통해 능력을 발휘하고 재물활동을 왕성하게 한다는 측면에서 바람직한 모양새이다.

반면에 남자와 같이 가장(家長) 역할을 한다는 의미도 되는데, 이는 부부인연이 좋지 않음을 뜻하기도 한다. 여자가 가장노릇을 한다는 것은 남편이 무능하거나 별거·이혼 등으로 자신이 생계를 책임져야한다는 의미로도 해석된다.

이런 여성은 사회적 직위가 남편을 능가하거나, 그렇지 않더라도 집안에서 남편의 지위를 차지하려한다. 실질적으로 가정의 결정권을 부인이 쥐는 경우가 많다. 이럴 경우에 남편은 가부장적 권위를 내려놓고 부인의 의사에 따르는 것이 현명한 처사이다.

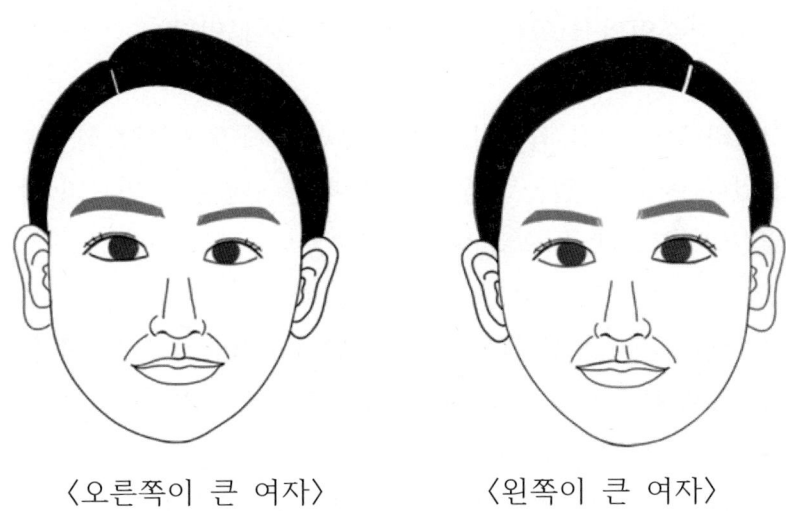

〈오른쪽이 큰 여자〉　　〈왼쪽이 큰 여자〉

여자 얼굴 왼쪽이 큰 경우...

여자의 얼굴 오른쪽이 작으면 자신을 낮추고 겸허한 모습이다. 주체성이 약하고 사회활동에서 능동성이 부족하다. 소극적인 면은 있으나, 성향이 온순하고 자신에게 주어진 일에 충실하고 맡은 바 책임을 다한다.

부부관계에서는 남편을 내조하고 자식을 아끼고 돌보는 일에 자신의 시간과 능력을 다하는 현모양처형이다. 남편과 자식을 위해

봉사하고 최선을 다하지만, 자신을 가꾸는 일에는 등한시하는 경우가 있다.

　여자가 자신을 가꾸고 모양새를 다듬는 일에 등한시하면 남편과 자식의 성공을 크게 하지 못한다. 무릇 가정의 평안은 물론 남편의 성공은 안주인의 모양새에서 나오는 경우가 많다.

　이상과 같이 얼굴 좌우의 크기에 따라 남녀의 기본적 성향을 알아보았다. 남녀의 얼굴 좌우 크기에 따른 성향은 타인과의 관계, 직업성, 부부관계 등으로 나타난다.

**현대사회는 자수성가의 시대이고 남녀를 불문하고 사회활동을 통해 자신의 능력을 발휘하고 인정받는 자기발현의 사회이다.
이러한 시대적 환경관점에서 보면 남자는 왼쪽이 약간 크고, 여자는 오른쪽이 약간 크면 자신의 능력과 활동성을 발휘하는데 이롭다.**

··· 얼굴 좌우 크기에 따른 부부관계

부부관계에서 얼굴 좌우의 크기에 따른 성향·인연·길흉 등은 가정형태와 방식에 따라 다를 수 있다.

일반적인 가정형태에서 남편은 왼쪽이 약간 크고 부인은 오른쪽이 약간 작으면 무난하다. 즉 부부 모두 왼쪽이 약간 크면 남편은 주체적으로 가정을 이끌고, 부인은 남편을 내조하면서 가정을 책임지는 부부의 역할분담이 잘 이루어진다.

다만 각 가정마다 가정형태가 다르고 부부의 사회활동과 삶의 형태가 다르기에, 얼굴 좌우 크기의 일반적인 논리로 판단하면 오류를 범할 소지가 많다.

부부 각자의 살아가는 삶의 방식 또는 부부·가정 삶의 형태에 어울리는지를 살펴야한다.

그러면 이제부터 부부 즉 남편과 부인의 얼굴 좌우의 크기에 따른 성향을 살펴보기로 하자.

남편과 부인 모두 왼쪽이 큰 경우···

남편은 왼쪽이 크고, 부인은 오른쪽이 작은 모습이다. 즉 남편과 부인이 모두 왼쪽이 크고 오른쪽이 작은 모습으로 같은 모양새를 이루었다.

일반적인 가정에서 이상적인 부부 형상이라 할 수 있다. 평범한 우리네 삶의 형태는 남자는 가장(家長)으로서 가정을 이끌고 가족의 생계를 책임지는 의무가 주어진 사람이고, 여자는 남편을 내조하여 가족을 보살피고 가정을 지키는 책무가 있는 사람이다.

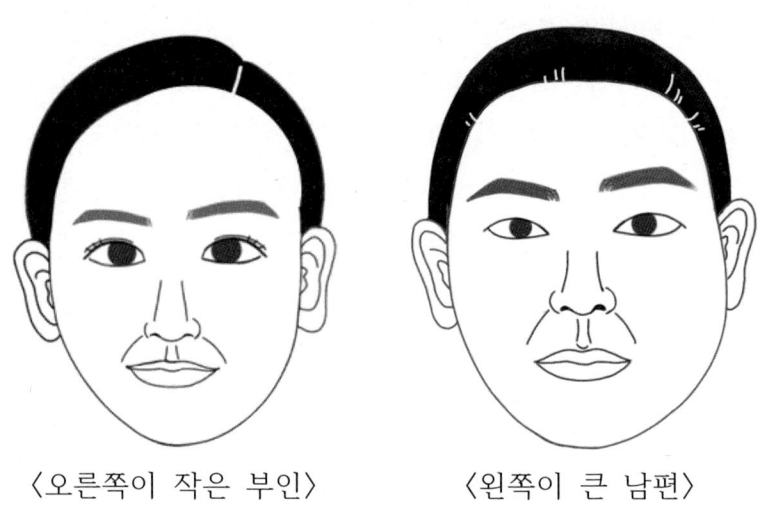

〈오른쪽이 작은 부인〉   〈왼쪽이 큰 남편〉

    남편은 왼쪽이 크기에 가장의 역할에 충실하고, 부인은 오른쪽이 작으니 내조로 가족을 잘 돌본다. 예전의 일반적인 가정형태에 어울리는 부부의 모습이다. 지금 우리네 가정에서의 부부관계와 삶의 형태에 크게 벗어나지 않는다.
    부인이 주부로서 사회생활을 하지 않는다면 남편은 마땅히 왼쪽 부위가 커야하고, 부인은 오른쪽 부위가 작으면 삶의 형태에 부합하는 조화를 갖춘 모양새가 된다. 남편은 가장으로서 가정의 주도권을 쥐고, 부인은 가정살림을 도맡음으로써 실질적으로 가세를 거머쥐게 된다.
    이럴 경우에 집문서(부동산 등기)는 부인 명의로 하는 것이 좋다.

왼쪽이 큰 남편은 자기 마음대로 하려는 속성이 있는데, 오른쪽이 작은 부인이 남편을 존중하기에 남편의 경거망동으로 집문서를 날릴 소지가 있다.

　부인명의로 하면 오른쪽이 작은 부인은 지키려는 속성이 강하고, 남편은 자기명의가 아니기에 마음대로 하기 불편하니 집문서를 날릴 위험이 적어진다.

남편과 부인 모두 오른쪽이 큰 경우...

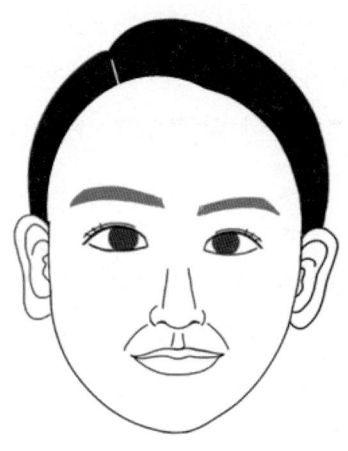 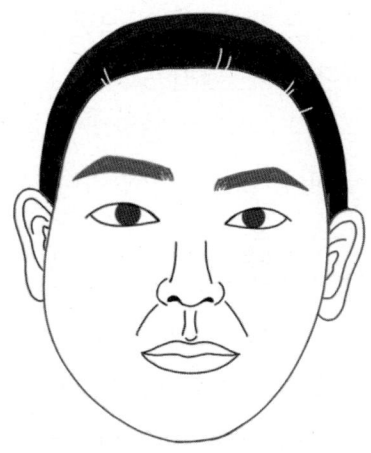

〈오른쪽이 큰 부인〉　　　　〈왼쪽이 작은 남편〉

부부가 모두 얼굴 오른쪽 크다는 일치성이 있다. 남편은 왼쪽이 작으니 가부장적이지 못하고, 부인은 오른쪽이 크니 가장역할을 하는 형태의 모양새이다.

지금의 젊은 세대는 맞벌이 부부형태가 일반화되었고, 남편보다 부인이 사회활동을 왕성하게 하는 사람도 많다. 부인이 남편보다 사회적 지위가 높거나 부인이 가정 삶을 주도하면 이상적인 관계의 형상이다. 부인이 가권(家權)을 행사한다면 별 문제없이 행복하게 잘 살 수 있다.

다시 말해서 남편은 왼쪽이 작고, 부인은 오른쪽이 크면 부인이 가정의 주도권을 쥐어야 순탄하다는 말이다. 실제로 부인이 가장역할을 하는 경우가 많다. 설령 남편이 사회적 직위가 있고 부인이 가정주부라 하더라도 실질적인 가정의 주도권이나 가계(家計)는 부인이 거머쥐게 된다.

남편은 가정에서의 모든 결정권을 부인에게 넘겨주는 지혜가 필요하다. 이런 남편은 자존심이 없는 것이 아니라, 슬기롭고 현명한 사람이다. 이것이 관상의 이치에 따라 편안한 삶을 살아가는 지혜이고 피흉추길의 방법이다.

위 2가지 경우는 부부의 얼굴 좌우 크기가 같은 관계이다. 부부가 모두 왼쪽이 작거나 모두 오른쪽이 작으면 부부의 좌우 형상은 닮은꼴이다. 이렇게 되면 부부가 이상이 같고 추구하는 삶의 방향성이 같으니 서로 맞추어가며 살아간다.

부부는 얼굴형상이 좋고 나쁨에 떠나, 얼굴 좌우 크기가 서로 비슷하면 무난하게 살 수 있는 조건이 된다.

부부는 얼굴 좌우 크기 뿐 아니라 귀·눈·입·코 등 얼굴 생김새가 비슷하면 얼굴 형상이 좋지 않더라도 삶이 무난하다. 가령 코가 삐뚤면 좋지 않지만 부부가 모두 코가 삐뚤면 부부인연을 지킨다는 말이다.

그래서 부부는 세월이 지나면서 닮는다고 하였다. 애정이 있는 부부를 보면 모양새와 이미지가 닮아 보인다. 부부가 30년 넘게 살았는데도 남들이 그들 부부를 보고, "두 분이 부부예요~?"하고 묻는다면 부끄러울 일이다. 서로 닮은 구석이 없다는 것은 애정이 돈독하지 않거나 서로를 이해하고 존중하지 않는 의미도 되기 때문이다.

부부가 닮는다는 것은 행복을 누리는 요소가 되고, 이는 사랑과 존중에서 비롯된다. 지금부터라도 서로를 사랑하자!!! 그것이 나에게 주어진 복을 챙기는 일이다.

부부가 열심히 일해서 풍족함을 누릴 수 있겠지만, 서로를 열심히 사랑하고 존중하고 이해하는 심성이 행복을 보다 빠르게 쟁취하는 길이 아니겠는가.

그렇다면 이제부터 부부의 좌우 형상이 다른 경우를 보자.
부부의 얼굴 좌우 크기가 서로 다르면 생각이 다르기에 서로를 이해하지 못하는 경향이 있다. 생각이 다르니 이해하지 못하고 이해하지 못하니 사랑하지 못하고 사랑하지 못하니 행복을 누리지 못하는 것이다.

부부의 얼굴 좌우 크기가 서로 다르다는 것은 이상이 다르다는 의미이니 자신을 낮추는 마음가짐이 필요하다.
나를 낮추면 상대를 이해할 수 있고, 상대를 이해하면 자연히 사랑하게 되니 복록을 누리게 된다.

남편은 왼쪽이 크고, 부인은 오른쪽이 큰 경우…

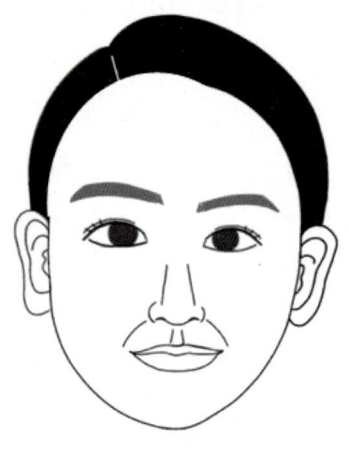 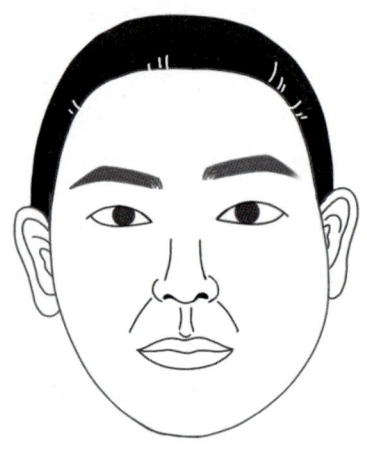

〈오른쪽이 큰 부인〉　　〈왼쪽이 큰 남편〉

남편은 왼쪽이 크니 자기본위가 크고, 부인은 오른쪽이 크니 자기본위가 크다. 부부 모두 자신의 본위가 크고 서로 상반된 모양새이다. 서로 주도권을 잡으려는 경향이 있다.

상대에게 희생을 요구하는 경향이 있고, 애정적인 측면에서도 상대가 자신을 사랑해주기를 원한다. 자신의 생각과 방식에 상대가

맞춰주기를 강요하는 것이다.

다행인 것은 서로 사랑을 확인하고 싶은 욕구가 있고, 상대의 애정을 쟁취하고자 하는 욕구가 있다는 점이다.

부부싸움은 '칼로 물 베기'라는 말이 있다. 부부싸움도 사랑하는 감정이 남아 있어야 하는 것이지 사랑이 전혀 없으면 관심이 없으니 싸울 이유도 없어진다. 부부싸움은 잘 살기 위한 하나의 노력이라 할 수도 있다.

다만 부부싸움 뒤에도 서로 잘못을 인정하지 않고 자존심이 강하여 먼저 화해를 청하지 않는다. 뒤끝은 별로 없지만 화해하는데 시간이 오래 걸린다.

이 둘 관계는 주는 사랑보다 받는 사랑, 관심보다 간섭, 이해보다 강요 등으로 관계를 깨뜨리기 쉽다. 그렇지만 자존심이 강하여 쉽게 가정을 깨뜨리지는 않는다. 부부가 서로 자신의 입장을 고수하고 물러서지 않으면 다툼이 많을 수밖에 없는 관계이다.

남편은 왼쪽이 작고, 부인은 오른쪽이 작은 경우...

부부가 모두 자기본위가 작은 작은 경우이다. 두 사람의 모습이 상반되고, 인생사에서나 가정생활에서 주도권을 쥐려는 생각이 별로 없다. 주체성이 약하고 적극성이 부족하며 물 흐르듯 순리에 따르려는 경향성을 보인다.

가정생활에서 중요한 결정을 상대에게 미루는 경향이 있다. 살다 보면 큰 결정을 내려야 할 때도 있는데 결정할 주체가 없으니 발달하기 어렵다. 부부간에도 서로를 향한 애절한 마음이 없는 커플의 모습이다.

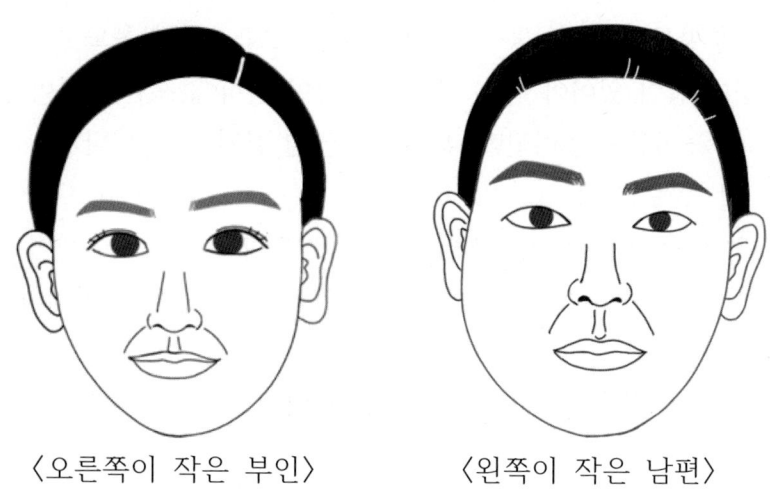

〈오른쪽이 작은 부인〉 〈왼쪽이 작은 남편〉

　남편은 외조형이고, 부인은 내조형이다. 서로를 존중하고 아껴주는 장점은 있는데 부부애정이 돈독하지 않다. 어떻게 보면 편안한 부부관계로 보이지만 재미없는 부부다.
　크게 다투는 일은 많지 않지만 크게 다투면 둘 다 적극성이 없기에 화해하지 않은 채 데면데면 지내는데 속으로 담고 있는 타입들이다. 서로 간섭하지 않고 자신의 일을 묵묵히 해나간다면 무리 없이 잘 살아갈 관계이다.
　이들 커플은 대개 부인이 가정을 책임지는 경우가 많다. 남편은 가정살림에 관심이 없고, 부인은 가정살림을 주관하고 가정 내부사정을 잘 알기 때문이다. 남편이 무능·무심하기에 부인이 울며 겨자

먹기로 나설 수밖에 없는 것이다. 급한 놈이 우물판다는 속담이 있듯이 결국 가정살림의 주체는 부인이기에 그러하다.

지금까지 얼굴 좌우 크기에 따른 남녀의 성향과 부부관계에 대해 살펴보았다. 이를 사회관계와 연계하여 요약해보자.

☞ 남자가 사업형태의 일, 타인을 다스리는 직업, 왕성한 활동력을 발휘한다면 왼쪽이 큰 것이 유리하다.
남자 왼쪽부위가 크면 주관이 뚜렷하고 에너지가 왕성한 사람으로 가부장적 성향이 있고 사업적 기질이 있다.
만약 왼쪽부위가 작으면 고집을 내세우지 않고 타인을 존중하고 부인을 존중하고 자식을 챙기는 타입이다.

☞ 여자 오른쪽부위가 크면 고집이 있고 자신의 생각을 굽히지 않는다. 자신이 가정주도권을 쥐거나 가장역할을 하는 경우가 많다. 사회활동을 하는 것이 좋다.
여자가 남편보다 사회적 지위가 높거나, 남편의 외조가 필요하거나, 사회활동이 왕성하거나, 실질적으로 가정경제를 책임진다면 오른쪽이 큰 것이 유리하다.
만약 오른쪽부위가 작으면 외부활동보다 집안일에 관심이 많고, 남편과 자식을 챙기는 일에 보람을 느끼는 타입이다.

☞ 동업관계에서 동업자 둘 또는 셋 중 주체가 되는 사람(남자)은 왼쪽 부위가 커야 이롭다.

☞ 직장에서 상하의 관계라면, 남자인 경우에 직위가 높은 사람이 왼쪽이 크고, 직위가 낮은 사람이 왼쪽이 작은 것이 상사가 부하직원을 다스리는데 유리하다.

☞ 사업관계에서 甲 위치에 있는 남자가 왼쪽이 크고, 乙 위치에 있는 남자가 왼쪽이 작으면 그 사업파트너 관계는 오래 유지될 수 있는 관계이다.

부부관계에서는 부인의 형상이 우선된다...

나무는 물에 의해 생장한다. 나무의 생장을 음양에 비유하면 나무는 양이고 물은 음이다. 나무와 물은 남녀에 비유하면 남자는 나무(양)이고 여자는 물(음)이다.

나무는 물이 없으면 살지 못하고, 물은 나무가 없으면 존재가치가 없고 썩은 물이 된다. 남자는 여자가 없으면 존재할 수 없고, 여자는 남자가 없으면 존재가치가 없음이다. 이것이 인생이치이고, 얼굴에서 음양조화를 보는 이유이다.

부부관계에서 관상이 미치는 영향은 7:3 정도로 여자가 지배하는 경향이 있다. 가령 남편의 얼굴형상이 동네 이장 정도의 모습이라도 부인의 얼굴형상이 장관의 모습이면, 부인의 형상으로 남편은 최소한 군수자리는 차지하게 된다.

반대로 남편이 장관 모습인데 부인이 이에 미치지 못하면 얻기 어렵다. 이는 탐욕을 부리면 안 된다는 의미가 된다.

　이를 보건대 비록 남자의 형상이 좋지 않더라도 부인의 형상이 좋으면 남편을 성공하게 만든다. 물이 나무를 키우고 성장시키기 때문이다.

　반대로 남자의 형상이 좋더라도 부인의 형상이 좋지 못하면 큰 성공보다 가정행복에 중점을 두는 것이 좋다.

부부간에는 부인의 모양새가 좋아야 음양조화를 이룬다. 여자는 머리에서 발끝까지 중요하지 않은 것이 없다.
여자가 자신을 가꾸는 것은 마땅한 행위이고, 심신이 건강한 여성미는 가정을 부흥시키는 원동력이다.

'남:녀=3:7' 비율에서 음양조화의 의미는 무엇일까?

　평등이란 5:5 산술적 균형을 말함이 아니다. 똥개도 제집 앞에서는 50% 먹고 들어간다는 말이 있다. 평등은 균형을 말함이고 균형은 상대적 상실감을 최소화하여 현실적으로 균형을 맞추어 동등하게 하는 것이다.

　남녀에서 평등은 여성이 상위에 있어야 조화를 이루게 되고, 사회구성에서 평등은 약자가 상위에 있어야 조화를 이룬 것이다. 여성을 존중하고 약자를 보호하는 것이 곧 균형과 조화를 이루는 법칙이다.

관상에서 3:7로 여성상을 우위에 두는 것은 부인을 존중하고 사랑하라는 의미도 된다. 부인을 존중함은 가세(家勢)를 일으키고 가정을 평화롭게 하는 지름길이다.
부인을 함부로 대하는 집안 중에 잘 되는 집안이 없다.

음양의 이치는 양보다 음이 중요하고, 부부간에도 남편의 형상보다 부인의 형상이 중요하다. 부인의 형상이 남편의 형상을 뛰어넘지만, 지나치면 부족함만 못하다.

가령 관상이 좋지 않은 남자가 관상이 좋은 부인을 얻어 발복하고자 한다면 과유불급(過猶不及)이 된다. 자신의 형상에 맞지 않는 배우자와 인연을 오래할 수 없기 때문이다. 만약 재물·벼슬에 탐욕을 부리면 성취를 이루더라도 부부인연을 깨뜨리는 요인이 되는 것이다.

한편 음양의 조화는 양보에 있다.
남성이 양의 자리를 고집하면 달이 뜰 수 없고, 여성이 음의 자리를 고집하면 해가 뜨지 못한다. 해와 달이 스스로 물러남으로써 그 본위를 지키고 영원성을 잃지 않는 것이다.

남녀를 불문하고 양보를 미덕으로 삼을 만하다.
양보는 곧 음양의 균형·조화이고 영원성을 잃지 않음이다.

··· 얼굴 상하부위에 의한 남녀의 속성

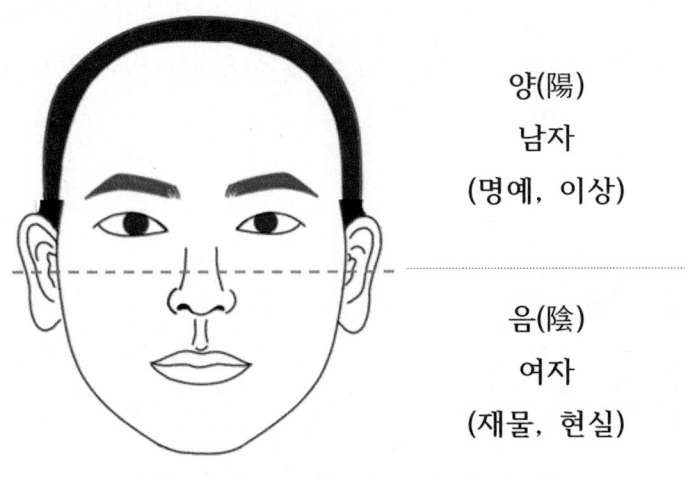

양(陽)
남자
(명예, 이상)

음(陰)
여자
(재물, 현실)

〈얼굴 상하구분에 따른 음양 속성〉

얼굴에서 콧등을 기준으로 상하로 나누면 위쪽에 이마-눈썹-눈이 있고, 아래쪽에 인중-입-턱이 있다.
얼굴 윗부분은 양이니 하늘을 상징하고 남자를 의미한다.
얼굴 아랫부분은 음이니 땅을 상징하고 여자를 의미한다.

이마(양)와 턱(음)의 의미...

얼굴에서 양을 대표하는 부위는 이마이고, 음을 대표하는 부위는 턱이다. 이마는 주로 명예·벼슬·학문 등을 의미하고 이상과 포부를 뜻한다. 입·턱은 주로 재물·현물·기술 등을 의미하고 현실적이고 실질적인 것을 추구한다.

이마는 높고 넓으면 머리 쓰는 일에서 발달하는 경향이 있고, 턱이 둥글고 방정하면 몸(손·발·힘)을 이용하는 일에서 두각을 나타내는 경우가 많다.

턱	이마
재물, 기술을 추구한다.	명예(벼슬), 학문(공부) 추구
현실적이고, 실질적이다.	이상적이고, 상상력이 풍부
융통성(임기응변)이 있다.	융통성(임기응변) 부족하다.
몸 쓰는 일	머리 쓰는 일
생각보다 행동이 앞선다.	생각이 많고 실행이 늦다.
예술·예능·체육·공예	공무원·교사·정치·외교
개인사업	프랜차이즈 사업

〈이마와 턱의 성향〉

☞ 이마가 높고 넓은 사람은 이상적이고 계획성이 있지만, 생각은 많고 행동이 느리기에 실행이 늦다. 몸이 게으른 경향이 있고 수구적이어서 임기응변에 약하다. 시작을 잘하지 못하고, 시작한 일에 성과가 없어도 생각이 많으니 포기하는 것도 늦다.

☞ 턱이 둥글고 풍만한 사람은 현실적이고 실질적이지만, 깊이 생각하는 것보다 행동이 **빠르고** 임기응변에 강하다. 일단 일을 저지르고 수습해가는 타입이다. 쉽게 시작하고 안 된다싶으면 포기도 **빠른** 편이다.

음양에 의한 남녀의 기본적 속성은?

남자 = 이마·눈썹·눈이 본위이고, 명예·이상을 추구한다.
여자 = 인중·입·턱이 본위이고, 재물·현실을 추구한다.

남녀의 음양 본위에 따라 남자는 이마·눈썹·눈을 위주로 보고, 여자는 인중·입·턱을 위주로 본다. 남자는 이마와 눈이 밝게 빛나야 하고, 여자는 입과 턱이 방정해야 한다.
남자는 이상적이고 명예를 소중히 여기고, 여자는 현실적이고 재물에 대한 욕구가 많은 기본적 속성이 있다.

남자는 명예를 쫓고, 여자는 재물을 귀하게 여긴다.

☞ 남자의 본질은 명예·이상에 있기에 돈을 벌면 돈으로 벼슬자리를 구하려고 한다. 이상적이고 관념적이기에 현실을 직시하지 못하는 경향이 있다. 남자는 옆에 여자가 있어야 중심을 잡을 수 있다. 남자가 돈이 생기면 여자를 찾게 되고, 여자를 쫓으면 돈이 나간다.

☞ 여자의 본질은 재물·현실에 있기에 재물을 축적되면 삶의 목적이 달성되고 이상이 실현된 것과 같다. 여자는 돈이 수중에 들어오면 잘 내놓지 않고 재력이 형성되면 남자를 쫓지도 탐하지도 않는다.

얼굴에서 음양 구분은 콧등을 중심으로 상·하-좌·우로 나눈다. 콧등의 나이는 남녀 모두 44세·45세에 해당한다.

45세를 전후하여 남성은 여성화되어가고, 여성은 남성화되어 가는 시점이다. 코가 인생 전반·후반의 교차점이고 본성을 찾고자하는 시발점이기에, 얼굴에서 주인공을 '코'라고 하였던 것이다.

남녀 모두 얼굴형상에 불문하고, 45세 이후에는 본성을 찾으려는 욕구가 발동한다. 남자는 명예욕이 발동하여 돈으로 감투를 사기도 하고, 여자는 재물욕이 발동하여 돈이 최고라고 생각하게 된다.

남녀의 근원적 본성은 이마와 턱의 형상에서 기질이 드러나고, 그 본성의 발현은 45세 기점으로 드러나기 시작한다는 말이다.

남자가 이마가 작고 턱이 크면 여성적 기질이 있다. 명예보다 재물을 중요시하는 경향이 있다.
여자가 턱이 작고 이마가 크면 남성적 기질을 발휘한다. 재물보다 명예를 추구하는 경향이 있다.

이마가 큰 남자...

남자의 이마가 높고 넓으면 자신의 본위(자리)가 확고하다는 표상이다. 얼굴 윗쪽 부위가 큰 남자의 성향과 유사하다. 주체성과 자존심이 강하고 명예를 추구한다. 대인관계에서 자신이 주도하고, 사회생활에서 능동적으로 일을 주관하고, 가정에서는 가부장적 성향이 있다.

공직계통에 있으면 정의가 있고 승진이 빠르다. 머리로 하는 일에 종사하는 경우가 많고 능력을 발휘한다. 상대적으로 몸으로 하는 일에는 서툴고 손재주가 없는 편이다. 규칙적이고 계획적인 바른 맨 타입이지만, 게으르고 임기응변에 약한 것이 흠이다.

자존심이 강하여 통제받거나 구속당하는 것을 싫어한다. 주관은 뚜렷하지만 밀고 나가는 추진력은 약한 편이다. 생각이 정립되고 계획이 수립되었지만 강력하게 주장하지 못한다. 마음이 약하고 타인과 다투기를 싫어하기 때문이다.

사람을 믿어서 손해 보는 일이 많고, 자존심이 강하지만 남의 말에 잘 휘둘리는 경우가 많다. 명예가 손상되는 일을 싫어하기에 줏대가 없어 보이기도 한다.

사업을 하면 자신의 이름을 거창하게 내걸거나, 누구나 아는 프랜차이즈 등 폼 나는 사업을 하거나, 국가 등 큰 단체를 끼고 사업하는 경향이 있다.

턱이 둥글고 넓은 여자...

여자의 턱이 둥글고 방정하면 자신의 본위(자리)가 갖추어진 것이다. 얼굴 오른쪽부위가 큰 여자의 경향을 보이고 남성적 기질이 있다. 힘이 세고 박력이 넘치는 여장부 격이다.

모든 일에 자신이 주체가 되기를 원하고 남자와 마찬가지로 명예를 추구한다. 사회생활에서는 대인관계가 원만하고 능동적으로 자신의 일을 주관적으로 행하고, 가정에서는 남편을 제치고 자신이 가장역할을 하게 된다.

남자와 달리 여자가 가부장적 성향을 보이면 삶이 박복할 가능성이 있다. 여자가 가정을 책임진다는 것은 남편이 경제능력이 없는 경우가 많기 때문이다. 그렇지 않으면 집안의 대소사를 직접 챙겨야하는 위치에 있거나, 많은 가족들을 돌보거나 뒷바라지하는 위치에 서게 된다.

여자를 꽃에 비유한다면 남자는 벌·나비이다.
꽃이 아름다운 자태를 뽐내고 향기를 내뿜으면 벌·나비가 날아든다. 꽃에 든 꿀을 실어 나르는 놈은 벌·나비인 것처럼 경제활동은 남자의 몫이다. 모름지기 여자는 자신을 가꾸고 공주같이 사는 것이 자연의 이치이다.

만약 여성이 사회생활을 한다면 경제적 목적이 아니라 자기실현이 목적이어야 가치 있는 삶일 것이다.

 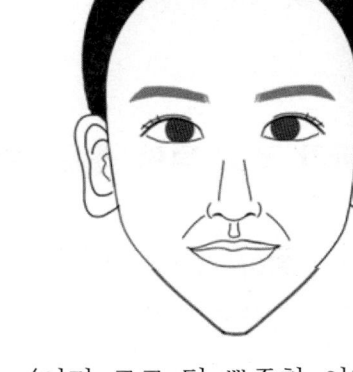

〈이마 작고 턱 넓은 남자〉 〈이마 크고 턱 뾰족한 여자〉

이마가 작고 턱이 넓은 남자...

　남자의 이마가 낮거나 좁거나 울퉁불퉁하거나 뒤로 넘어가면 자기본위를 잃은 꼴이다. 머리로 하는 일에 서툴고 공부에도 취미가 별로 없다. 다만 응용력이 발달하고 번뜩이는 기발한 아이디어는 있다. 예술, 예능, 체육, 공예, 조각, 설계 등 몸(손·발)로 하는 계통에서 두각을 나타낸다.
　겉으로 우락부락하게 보여도 마음이 여리고 순수한 면이 있다. 얼굴 왼쪽이 작은 남자와 같이 공처가·애처가 타입이다. 가정적이고 가족을 돌보는 일에 몸을 사리지 않는다. 밖에서는 큰 소리치고 다니지만, 집에 들어오면 부인에게 꼼짝 못하는 남자인 셈이다.

몸집이 큰 편인데 몸집에 비하여 행동이 빠르다. 생각하고 행동하는 것이 아니라 행동하고 생각하는 스타일이다. 즉흥적이고 실수가 많은 것이 단점이지만, 우직하고 임기응변에 능한 것이 장점이다.

이마가 크고 턱이 좁은 여자...

여자가 턱이 좁거나 뾰족하면 자기본위를 잃은 꼴이다. 이마가 넓기에 똑똑하고 사회성이 좋고 인기가 많은 편이지만, 턱이 좁으니 오래 유지하지 못하거나 지키기 어렵다. 턱의 본위를 잃었기에 이마의 주체성을 발휘하지 못한다. 마음이 약해서 남의 말을 거절하지 못하고, 다른 사람에게 이리저리 휘둘리는 경향이 있다.

게으름과 융통성 부족 등 넓은 이마의 단점, 쉽게 포기하고 복록을 지키지 못하는 등 좁은 턱의 단점을 동시에 갖는 경향이 많다. 생각은 많고 하고 싶은 것도 많은데 시작하지 못하고, 시작하더라도 추진력과 인내력을 발휘하지 못한다.

이마의 단점과 턱의 단점을 동시에 갖기에 마음이 갈대와 같다. 이성에게 쉽게 마음을 열고, 그로 인해 곤경에 빠지기도 한다. 여자가 자신의 본위인 턱이 완전하지 않기에 이마의 주관·주체성을 잃어버리기 때문이다.

이마가 크고 턱이 작은 여자는 이마가 작고 턱이 큰 남자와 마찬가지로 배우자에게 눌리는 모양새이다. 그러나 이마가 큰 여자는 자존심이 강하고 턱이 좁은 여자는 자기방어적이기에 남편에게 눌리지 않으려한다.

☞ **여자 이마 = 남편 모습**
☞ **여자 턱 = 자기 본위**
**여자에게 이마는 남편의 모습이고, 턱은 자신의 본위(자리)
이다. 자기본위(턱)의 뿌리가 남편(이마)인 셈이다.**

이마가 크고 턱이 좁은 여자는 자기자리가 약하고 타인자리가 강한 형상이다. 남편 또는 타인에게 의지하려는 경향이 있다. 한편으로 자신의 이마형상에 미치지 못하는 남편을 원망하게 된다. 자신의 내조에도 불구하고 남편이 성공하지 못했다고 생각하기에 턱이 작더라도 남편에게 당당하게 되는 것이다.
　결론적으로 이마가 크고 턱이 좁은 여자는 자신의 이마 형상에 걸 맞는 남편을 얻기 어렵다. 자신을 낮추고 남편을 돕는 것이 바람직하다.

'여자 이마'의 의미는 무엇일까...

　여자의 이마는 남편의 사회적 지위를 상징하기도 한다.
　'남:녀=3:7' 비율에서 부부간에는 부인의 얼굴형상이 우선된다고 하였다. 이는 남편의 경제적·사회적 활동에서 성과여부는 부인의 얼굴형상에 달려 있다는 의미가 된다. 남편의 명예·이상적 관념과 사회적 지위·능력의 성과여부는 부인의 이마 모양새를 보면 알 수 있다.

 남편의 이마가 좁고 낮더라도 부인의 이마가 넓고 높으면 남편의 사회적 지위를 높인다. 가령 남편의 이마형상이 동네이장감인데 부인의 이마형상이 시장감이면 부인이 남편을 면장이라도 만든다.

 반면에 남편의 이마형상이 시장감인데 부인의 이마형상이 동네이장감이면 남편은 면장정도의 지위에 머무르게 된다. 부인 때문에 면장밖에 못한다는 말이 아니라, 면장 이상의 지위에 오르면 가정행복을 깨뜨릴 수 있다는 의미이다.

 얼굴형상은 마음에서 비롯된 것이니 자신의 이마에 부합하는 남편을 얻고자하는 마음이 깔려있다. 이마가 높고 넓은 여자는 남편이 성공하면 자기 때문에 성공한 것이라고 목에 힘을 주고 다닌다. 그런데 남편이 성공하지 못하면 능력 없는 남자로 치부해버린다. 여자는 자신의 이마 값에 걸맞는 이성을 찾게 되고, 자신의 이마형상에 어울리지 않는 남편에게 애정을 갖지 못하는 것이다.

 이마가 큰 여자는 예쁜 편인데 결혼이 늦은 경우가 많다. 예쁜 처자가 늦도록 결혼하지 않으니 주위에서 눈이 높아서 결혼하지 않느냐고 물으면, 자신은 절대 눈이 높지 않다고 말한다. 자신의 이마에 걸맞는 사회적으로 성공한 남편감을 찾지 못했을 뿐이다.

 결혼 정년기인 20대~30대에 사회적으로 성공한 남자가 얼마나 되겠는가? 그러니 이마가 높고 넓은 여성은 결혼이 늦거나 결혼 후에 남편이 성공하지 못하면 부부애정이 왜곡될 수 있는 것이다. 만약 결혼하지 않으면 건강하게 장수하지 못한다.

'여자 턱'의 의미는 무엇일까…

턱은 자신의 말년과 자식의 운세를 의미한다.
특히 여자에게 턱은 자기본위이다.
턱이 좁거나 뾰족한 여자는 자기본위를 잃은 꼴이 된다. 말년에 복록·행복·건강·장수를 온전히 누리지 못하거나 자식의 효도·혜택을 입기 어렵다.
요즘 일부 젊은 여성들은 'V 라인'을 선호하고, 실제로 턱을 깎는 성형수술을 강행하는 경우도 있다. 관상의 이치를 안다면 이 얼마나 위험천만한 일이겠는가?!
턱이 좁거나 뾰족한 여성은 현모양처로 살아가든지, 자기만의 특별한 재능을 개발하는 것이 좋다. 자격증을 이용한 직업, 프리랜서, 특출한 아이디어로 창출하는 직업, 남들이 하지 않는 특별한 직업을 선택하기 바란다.
그런데 이마가 높으면서 턱이 뾰족한 여성은 이상은 높고 자기개발에 등한시하는 경우가 많다. 능력 있는 남자를 만나 한방에 인생역전을 노리기 때문이다.

**남자는 양을 주관하기에 부모(이마)의 기운으로 성장하고,
여자는 음을 주관하기에 자식(턱)을 가슴에 안고 살아간다.**

남자는 부모가 노쇠할수록 기운이 빠지고, 여자는 자식이 성장할수록 기운이 강해진다. 그래서 남자는 나이가 들수록 고개가 숙여

지고, 여자(아줌마)가 나이가 들수록 강해지는 것은 모성애(母性愛)에서 비롯된 것이리라.

성형은 마음이 투영된 행위이다...

관상(觀相)은 심상(心相)이라 하였다. 어떤 부위를 성형하고자 결정했다면 그 결정의 이면에 그런 마음이 존재하기 마련이다. 마음이 순수하면 성형으로 발복할 것이요, 마음이 음란하면 성형한 이후에 음란하게 변할 것이다.

눈꺼풀이 밑으로 처지면 눈을 찌르게 되고 자연히 눈을 비비게 된다. 눈 충혈을 방지하고 생활불편을 해소할 목적으로 눈꺼풀 제거수술을 했다면 성형이후에 운세가 좋아지거나 재물이 늘어날 수 있다. 반면에 눈을 크게 만들고 예쁘게 보일 심산으로 성형수술을 한다면 수술이 잘못되거나 성형이후에 부부이별 또는 재물손실 등이 뒤따를 수 있다.

'양악(兩顎)수술' '눈 앞트임수술'은 특별한 경우가 아니면 삼가는 것이 좋다.
턱이 지나치게 벌어지거나 뾰족하게 튀어나온 경우가 아니라면 양악수술은 이롭지 않고, 눈이 지나치게 짧지 않다면 눈 앞트임수술은 이롭지 않다. 모두 배우자자식 인연을 저해하고 불행을 자초할 수 있다.

현대 젊은 세대는 말년-자식-미래의 가치보다 지금-자신-현재의 가치에 집착하는 경우가 많다. 시대적 조류·사상에 의한 현대인의 관념·의도가 성형에 투영되는 경우가 많다.

턱을 깎거나 눈 앞트임수술을 하는 것은 배우자·자식에 대한 애정보다 자신의 미모에 관심을 둔 행위라 할 수 있다.

남자 = 눈, 여자 = 입

남자는 양에 해당하기에 '이마·눈' 형상이 중요하고, 여자는 음에 해당하기에 '입·턱' 형상이 중요하다고 하였다. 얼굴 주요부위인 이목구비로 보면 남자는 눈썹·눈이 수려해야 하고, 여자는 인중·입이 바르고 두툼해야 한다.

항간에 남자는 코가 커야 정력이 좋고 부자라 하고, 여자는 입이 두툼해야 여성미가 있고 부유하게 된다고 한다. 남녀의 성기-음부를 이목구비 중에서 비유한 우스개로 하는 말일 것이다. 관상의 음양논리로 보면, 남자는 틀리고 여자는 맞다.

남자는 눈썹과 눈이 빛나고, 눈이 가늘고 길면서, 눈두덩이 두품하면 정력(에너지)이 왕성하고 부유하게 된다.
여자는 인중이 바르고 뚜렷하며, 입술이 붉고 두툼하며, 입술주름이 가늘고 많으면 자궁이 건강하고 배우자·자식의 복록을 누리게 된다.

남자의 눈이 동그랗게 크거나, 눈가에 주름이 많거나, 눈썹이 없거나, 눈썹이 지나치게 많고 탁하거나, 양쪽 눈썹·눈의 모양·크기 등이 차이가 많이 나면 이성을 좋아하는 경향이 있다. 성공하더라도 이상한 짓을 잘 한다.

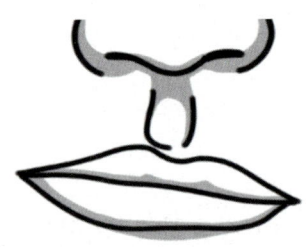 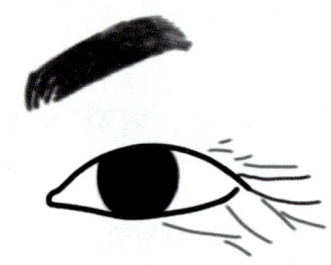

〈여자의 삐뚤어진 입·인중〉　〈남자의 짧은눈썹, 산란한주름〉

여자의 인중이 바르지 않거나, 인중이 없는 듯 희미하거나,
입술이 지나치게 얇거나 지나치게 두텁거나,
입술주름이 없거나, 입술 색이 흐릿하거나 탁하면,
부부인연을 오래하지 못하고 자식인연이 좋지 않다.

**모름지기 남성미는 눈썹과 눈-눈두덩에서 나오고,
　　　여성미는 인중과 입-입술에서 나온다.**

얼굴에서 자식의 인연·운세를 '애교살(와잠)'로 보는데, 여자는 인중과 입 형상에서 나타나는 경우가 많다.
남자의 눈썹이 없거나 눈 밑에 다크서클이 생기면 자식과의 인연·운세는 물론 자신의 건강이 좋지 않게 된다.

여자는 인중의 형상·기색이 좋지 않거나, 입술이 메마르거나, 입술주름이 굵으면 자식과의 인연·운세는 물론 자신의 건강이 좋지 않은 것이다.

남자의 눈...

남자의 정력과 에너지는 코가 아니라 눈에서 나온다. 이목구비 중 코가 남성 성기와 비슷하여 코를 남자의 정력에 빗대어 말할 뿐 정력과는 아무런 관계가 없다. 또 코가 크다고 하여 재물이 많은 것도 아니다.

얼굴 12궁 중 눈 부위에는 '처첩궁(妻妾宮, 배우자자리)' '전택궁(田宅宮, 집·논밭·가정)' '남녀궁(男女宮, 자식자리)' '형제궁(兄弟宮, 형제·가족)' 등이 함께 자리한다. 즉 눈은 성(性, 정력)과 관련이 많고 성생활을 관장하는 곳이다.

남자에게 좋은 눈 형상은 '세장(細長, 가늘고 긴 눈)'과 '분명(分明, 눈동자 흑백이 분명한 눈)'으로 집약된다.

▷ **가늘고 긴 눈**
눈 길이가 길고 가느다란 눈을 말한다.
가늘고 긴 눈을 쉽게 표현하자면, 눈 길이가 길면서 웃을 때 눈동자가 보이지 않는 듯한 눈이다. 대개 쌍꺼풀이 없고, 눈두덩이 완만하고 두툼하다. 여기에 눈썹 길이는 눈 길이보다 길어야 하고, 눈썹 끝부분에 약간 각(角)을 이루면 더욱 좋다.

〈가늘고 길면서 흑백이 분명한 눈〉

▷ **분명(分明) 눈**

눈동자가 분명한 눈은 검은 눈동자가 가운데 위치하여 양쪽 흰 눈동자와 조화를 이룬 눈이다.

흑백이 분명한 눈은 검은 눈동자는 검고 흰 눈동자는 희게 흑백이 분명한 눈을 말하는데, 마땅히 검은 눈동자 테두리가 분명해야 한다. 동공- 검은 눈동자- 검은 눈동자 테두리가 선명하면 눈빛이 맑고 빛나게 된다.

남자의 눈이 가늘고 길면서 눈동자의 흑백이 분명하면, 정력이 왕성하고 애정미가 있다. 명예·재물을 얻는데 용이하고 인생에 굴곡이 적다.

만약 남자의 눈이 지나치게 크거나, 눈동자가 흐릿하거나, 눈 꼬리에 흠이 있거나 주름이 많으면 부부애정이 고르지 않다. 스스로 명예를 실추시키거나, 재물을 흩어지게 하거나, 이성 문제 등으로 인생 굴곡·등락이 많게 된다.

여기서 잠깐, 관상이 전개-발달한 과정을 이해할 필요가 있다.

관상이 처음 정립되었을 때 관상을 보는 법칙은 남자 특히 벼슬아치(양반)를 위주로 전개되었다. 고대에 일반백성과 여성은 사회적 지위가 없었기에 부귀빈천과 길흉화복은 남자와 양반들에게 해당하는 논리였기 때문이다.

'처첩(부인)' '전답(재산)' '자식' '벼슬' 등 삶에서 중요한 요소들을 눈 부위에 둔 것을 보면 남자에게 눈이 차지하는 비중이 얼마나 큰지를 짐작할 수 있다.

남자의 눈이 수려하면 처와 첩을 거느리고 많은 자식을 두고 전답이 넓다는 의미이다. 많은 가족과 전답을 소유하기 위해서는 정력이 왕성해야한다. 정력이란 왕성한 에너지·활동성을 말하는 것으로 성공의 바탕이다. 왕성한 에너지는 정력에서 비롯되고, 정력은 성(性)과 관련되기에 주로 정력으로 표현된다. 남성의 정력은 좋은 눈의 형상과 빛나는 눈빛에서 비롯되는 것이다.

남자는 본디 가족을 부양하고 생계를 책임져야 하는 책무가 있고, 여자는 가정을 돌보는 지키는 책무가 있다. 여자는 재관을 직접 일구는 것이 아니라 남자가 일군 재관을 지키고 관리하는 위치에 있다. 그래서 여자는 눈보다 입이 더 중요하다. 남자와 여자의 상을 달리 보아야 하는 이유이다.

여자의 입...

 눈, 귀, 콧방울 등은 좌우로 음양을 나누는데, 입은 상하로 음양을 나눈다. 윗입술이 양이라면, 아랫입술은 음이다.
 상하 입술 크기가 비슷하고 반듯하면서 상하 입술이 자연스럽게 다물어지면 조화를 이룬 입이다.
 상하 입술 크기에서 차이가 많거나, 항상 입을 벌리거나, 입술이 뾰족하거나 처지거나, 입 꼬리에 힘이 없으면, 남자 눈이 흉한 것처럼 정력이 약하고 부귀를 누리기 어렵다.
 특히 여자의 입은 자궁(생식기)을 상징한다. 생식기가 허약하면 자식생산과 부부관계에 이상을 초래한다.
 남자는 눈에서 남성미와 부귀를 본다면, 여자는 입에서 여성미와 부귀를 본다. 남성성은 눈에 있다면, 여성성은 입에 있는 것이다. 여자가 남자에 비해 입이 민감하고 입술이 잘 마르는 이유가 여기에 있다.

여자의 입 형상을 성(性)에 비유하여 이해해보자.

 음양의 합이란 전혀 다른 성질이 교합(交合)하는 것이다. 음양이 화합하기 위해서는 조화를 이루어야하고, 음양조화에는 어떤 기적(氣的) 요소가 필요하다. 이 기적(氣的) 요소를 남녀의 합으로 보면 '사랑'이라는 감정이다. 남녀가 합하기 위해서는 사랑이라는 촉매제가 필요하다는 말이다.

인간은 동물과 달리 성(性)을 종족번식의 수단으로만 사용하는 것이 아니라, 이성과 감성의 교류라는 의미가 더 크다. 사랑을 나눌 준비되지 않은 상태 즉 사랑이 없는 섹스는 동물의 교미(交尾)와 다를 바 없다. 교미는 인간의 성(性)을 손상시키는 결과를 낳는다.

일반적으로 남녀가 사랑을 나눌 때 남자는 쉽게 흥분하는 반면에, 여자는 상대적으로 시간이 걸린다.

여자는 사랑을 나누기 전에 분위기를 잡고 서서히 감정을 끌어올려야하는데 남자는 무작정 덤벼든다. 여자 입장에서 사랑이라는 감정이 개입되지 않은 상태에서 합하는 꼴이 된다. 지금 젊은 세대들의 사랑은 다르겠지만, 예전에 우리네 부모님들의 합방은 대개 이런 모습이었을 것이다.

여자의 성(性)은 민감하고 복잡하기에 여성성의 손상은 남성보다 위험하다. 여자가 합(合)할 준비가 되지 않은 상태에서 합을 한다는 것은 자궁이 준비되지 않은 상태에서 합이 이루어지는 것과 같다. 여자가 사랑할 준비가 되지 않은 상태에서 이루어지는 성관계는 생식기 기능을 손상시키는 원인이 된다.

**여성은 자궁(생식기) 손상되거나 폐경 등 여성성의 상실은 인중과 입술에서 나타난다. 입술이 갈라지거나 굵은 주름이 생기거나 쭈글쭈글해지거나 윗입술에 주름이 생긴다.
여성에게 화장 1순위가 입술 화장인 점을 보더라도 여성들은 무의식 중에 입술을 보호하고 여성성을 잃지 않으려는 의도가 내재되어 있음을 알 수 있다.**

 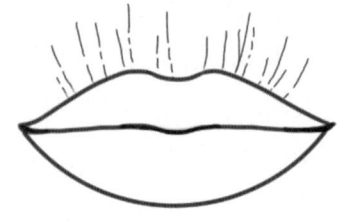

〈메마르고 굵게 패인 입술〉　　　〈윗입술 주름〉

　얼굴에서 인중의 나이는 51세이고, 입의 나이는 60세이다. 생식기·신장 기능에 문제가 있거나 젊은 시절에 방탕한 생활을 일삼으면 60세 전후로 윗입술(인중) 또는 입에서 주름으로 나타나는데, 남자보다 여자에게서 흔히 보게 된다.
　여자의 인중과 입술주름의 징표는 잘못된 성생활에서 비롯되는 경우가 많다. 젊은 시절부터 습관적으로 사랑이 준비되지 않은 상태에서 성생활을 했기 때문이리라.

　만약 60세가 되지 않는 부인의 윗입술 또는 입술에 굵은 주름이 있으면 그 책임은 누구에게 있겠는가?
　만약 남편이 부인의 입술주름을 보고 흉을 본다면 제 발등 제가 찧는 꼴이다.

　여성들은 사랑을 나눌 준비가 되지 않았는데 남편이 달려들면 과감하게 'NO~'라고 외쳐야 한다. 그것이 나이가 들어서도 예쁜 입술을 유지하는 비결이다.
　남자는 부인이 자신에게 매력을 느껴 사랑을 원하도록 평소에 자기관리를 충실히 하는 것이 부인의 마음을 얻는 길이다. 자기 부인을 아끼고 사랑한다면 교미가 아니라, 사랑을 나누어야 할 것이다.

··· 얼굴 상하좌우의 균형조화와 인생등락

관상은 눈·코·입·귀 등 형상들이 좋아야 하지만 그보다 얼굴 각 부위가 서로 균형과 조화를 이루는 것이 더 중요하다. 눈 형상이 좋고 나쁨보다 눈과 눈썹의 조화가 더 중요하다는 말이다.

이마가 높고 넓으면서 턱이 둥글고 두툼하다.
양쪽 눈과 눈썹이 바르고 밝게 빛난다.
윗입술과 아랫입술이 바르고 촉촉하다.

이런 상들은 음양이 조화를 이룬 얼굴형상이다. 얼굴형상이 균형과 조화를 이루면 삶이 편안하고 성취감이 있다.

이마가 높고 넓은데 턱이 좁거나 뾰족하다.
양쪽 눈·눈썹이 크기·높이·모양이 서로 다르다.
윗입술-아랫입술의 형상·크기가 다르거나 입이 삐뚤다.
양쪽 콧방울의 크기·높이·모양이 서로 다르다.

이런 상들은 음양조화를 이루지 못한 얼굴형상이다. 얼굴형상이 다르다하여 삶이 황폐한 것은 아니다.

얼굴 상하·좌우가 균형·조화를 이룬 형상과 그렇지 못한 형상의 차이점은 조절력에 있다. 균형을 이룬 형상은 조절력이 있기에 것은 조급하지 않고 실수가 적다. 불균형을 이룬 형상은 조절력이 약하기에 즉흥적이어서 실수가 많다.

다만 균형을 이루지 못한 형상이라도 얼굴형상에 맞는 가치를 찾고 삶의 방향성을 구한다면 발달할 수 있다. 관상이 좋고 나쁨을 떠나 자신의 형상에 맞는 직업으로 승화시키는 것은 조절력이고 선택에서 비롯된다.

우리는 매순간 선택의 기로에 서게 된다.

10년 뒤에 나는 어떤 사람이 되어 있을까?
내년에는 꼭 집을 사야겠다!
올해 목표는 1억 매출이다!
지금 이 순간, 인생목표를 위해 무엇인가를 선택하고 결정해야만 한다. 설령 목표가 없더라도 매 순간 선택해야 할 상황이 내 앞에 도사리고 있다. 어제도, 오늘도 어떤 선택을 하였고, 내일 또 다른 선택의 기로에 서게 될 것이다.
이 일을 먼저 할까, 저 일을 먼저 할까?
오늘 회식에 참석할까, 말까?
택시를 탈까, 지하철을 탈까?
이걸 먹을까, 저걸 먹을까?
살까-말까? 줄까-말까? 할까-말까? 이거냐-저거냐?

순간의 선택이 10년을 좌우한다고들 하지만, 평생을 좌우할 수도 있다. 가령 대학입시생이 학교-학과를 선택함에 있어서 둘 또는 셋 중 하나를 선택한다고 가정해보자.

대개는 자신의 성적에 맞는 선택을 하게 되고, 어느 것을 선택하더라도 지금은 큰 차이가 없어 보인다. 그런데 그 선택의 차이는 시간이 지나면서 현격하게 벌어지게 되고, 사회적 지위와 경제적 능력에 큰 격차를 보이기도 한다.

만약 자신의 적성에 맞지 않은 선택을 했다면 발달하지 못하거나 발달하더라도 살아가면서 괴리감에 빠지게 된다. 반대로 자기 적성에 맞는 선택을 했는데도 미래의 사회적 상황이나 직업적 변화 등으로 도리어 좋지 않은 결과가 초래되기도 한다.

쉽게 말해서 30년 후에, 공부도 못하고 턱걸이로 입학한 사람은 때를 잘 만나 크게 성공하고, 공부도 잘하고 우수한 성적으로 합격한 사람은 직업적 미래가치가 하락하여 경제적 어려움을 겪는 것을 흔히 본다. 이를 우리는 운(運)이라고 말하기도 한다.

어떤 이는 큰 굴곡 없이 잘 살기만 하는데, 어떤 이는 인생풍파가 널뛰기다. 한때 100억대 재산가였다가 어느 날 노숙자 신세가 되기도 하고, 재물은 많은데 감옥에 들락날락하거나 가정을 깨뜨린다면 좋은 인생이겠는가.

선택은 경험에서 나오고, 경험은 실패에서 비롯된다.
인생등락의 근원은 선택에 있고, 옳고 그릇된 선택은 얼굴형상의 균형·조화 또는 부조화에 따라 행해진다.

얼굴형상이 균형을 이룬 사람은 미래가치가 좋은 올바른 선택을 하게 되고, 부조화를 이룬 사람은 미래가치가 낮은 선택을 하게 된다. 부조화가 극심한 사람은 자신의 능력과 상관없이 살아가면서 행하는 수많은 선택이 미래가치가 떨어지거나 어긋난 결과를 낳는 경우가 많다.

매 순간의 선택들이 모여서 인생등락으로 나타난다.
누구나 인생에는 등락이 있을 수밖에 없다. 인생살이는 좋을 때도 있고 나쁠 때도 있게 마련이다. 좋은 일이 있을 때 더 좋아지고, 나쁜 일이 있을 때 조금 나빠지면 인생풍파가 적거나 느끼지 못하게 된다. 자연히 인생등락 속에서도 삶의 질이 상승된다.
그런데 좋은 일이 있을 때 조금 좋아지고, 나쁜 일이 있을 때 왕창 나빠지면 인생풍파를 실감하게 된다. 인생등락 속에서 삶의 질이 계속 하락하고 삶이 황폐해진다.

〈인생 상향곡선〉　　　〈인생 하향곡선〉

상향인생은 균형을 이룬 얼굴형상의 인생 방향성이요,
하향인생은 부조화를 이룬 얼굴형상의 인생방향성이다.

우리는 항상 준법-위법 사이에서 줄타기를 하고 있다.

도로에서 신호등을 지키면 준법이요, 신호등을 어기면 위법이다. 공공장소에 침을 뱉어도 위법이고, 식당주인이 현금을 요구해도 위법이요, 아파트에서 애완동물을 키워도 위법이고, 부가세를 내지 않고 거래해도 위법이다.

준법-위법 사이에는 편법(便法)이 있다. 신호등이 없는 한산한 도로에서 정지선을 지키지 않는 것은 편법이 될 수 있고, 재래장터에서 물건 값을 깎고 덤으로 주는 정감어린 상거래에서 물건을 판 할머니가 현금영수증을 발급해주지 않았다고 세금탈세를 문제 삼지는 않는다. 이것이 편법인데, 편법이 지나치게 되면 불법·위법이 된다.

균형·조화를 잃은 얼굴형상의 특징은 머리가 좋고 똑똑한 반면에 인생등락이 심하다는 특징이 있다. 조절력이 약하기 때문에 크게 발달하기도 하지만 크게 망하기도 하는 것이다.

얼굴 왼쪽-오른쪽이 차이가 많거나, 이마-턱, 눈-눈썹, 코-관골, 코-입 등 크기가 조화를 이루지 못한 사람은 브레이크 없는 차와 같다. 편법적인 일에 가담하는 경우가 많고 점차 위법·탈법·불법 행위로 변질된다. 갑자기 폭발적으로 대박을 터뜨렸다가 한 순간에 신용불량자가 되기 쉽다. 인생등락이 극심하고 결국 하향인생이 되는 것이다.

얼굴형상이 바르지 않더라도 형상에 맞는 직업으로 승화시키고 완급조절을 잘하면 얼마든지 사회적 성공과 재물의 풍요로움을 누릴 수 있다. 자동차에 비유하면 달릴 때 달리고, 멈출 때 멈출 줄 알아야 한다. 자기컨트롤로 브레이크를 잘 잡아야하는 것이다. 탐욕을 버리고 덕을 베푸는 마음씀씀이가 곧 브레이크이다.

⋯ 음양에 의한 남녀의 육친(六親) 분별

얼굴에서 육친분별은 상하-좌우 음양개념에 따라 정한다.

구분	오른쪽 부위	왼쪽 부위
남자	〈타인〉〈부인〉 어머니·딸·여자형제	〈자신〉 아버지·아들·남자형제
여자	〈자신〉 아버지·아들·남자형제	〈타인〉〈남편〉 어머니·딸·여자형제

〈남녀의 육친구분〉

남자는 왼쪽이 자기본위이기에 자신을 비롯하여 아버지·아들 등 남자육친은 얼굴왼쪽에 자리하고, 부인을 비롯하여 어머니·딸 등 여자육친은 얼굴오른쪽에 자리한다.

여자는 오른쪽이 자기본위이기에 자신을 오른쪽에 두고 나머지는 남자와 반대로 본다. 여자의 오른쪽부위는 자신과 아버지·아들 등 남자육친이 자리하고, 왼쪽부위는 남편과 어머니·딸 등 여자육친의 자리가 된다.

남자의 좌우 육친구분…

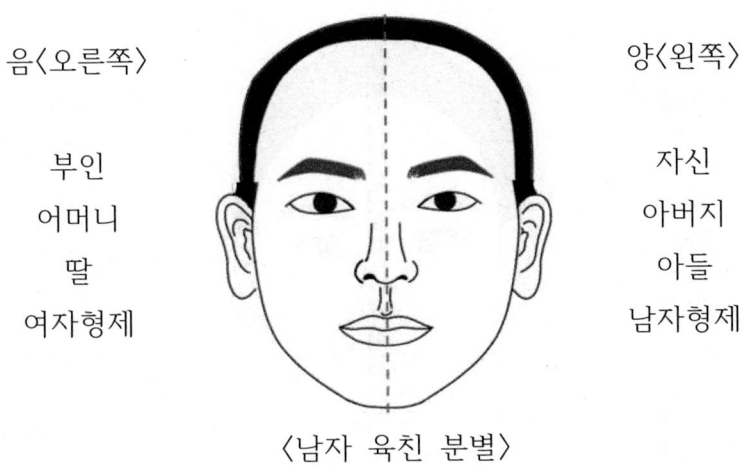

음〈오른쪽〉

부인
어머니
딸
여자형제

양〈왼쪽〉

자신
아버지
아들
남자형제

〈남자 육친 분별〉

남자의 얼굴 왼쪽이 작으면 자신이 작은 모양새이고 상대적으로 오른쪽 부위가 크다. 부부간에는 애처가 타입이고, 부모인연으로 보면 아버지가 건강하지 않거나 아버지와 인연이 길지 않다. 아들과 인연이 약하고, 남자형제와 인연이 약하다는 의미이다. 달리 말하면 아버지보다 어머니와, 아들보다 딸과의 인연이 상대적으로 좋거나 인연을 오래 유지한다는 의미도 된다.
　반대로 남자의 왼쪽부위가 크면 집안에서 가부장적 기질이 있고,

아버지가 어머니보다 건강하고, 아들과 인연이 깊고, 형제와 인연이 좋다. 상대적으로 어머니, 딸, 여자형제가 건강하지 않거나 인연이 약하게 된다.

여자의 좌우 육친구분...

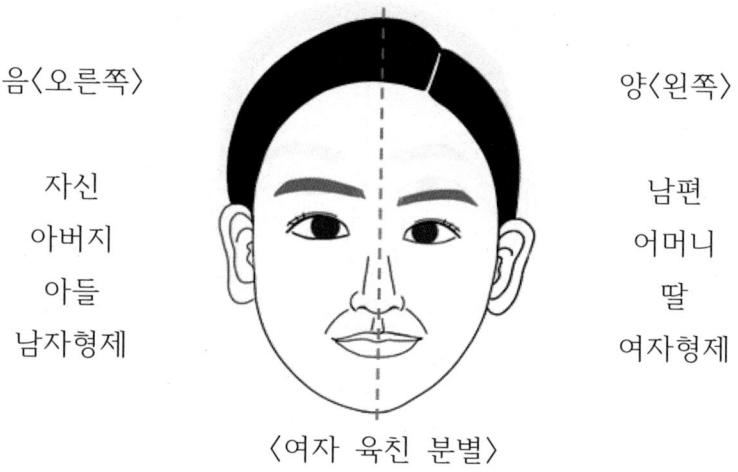

〈여자 육친 분별〉

여자의 얼굴 오른쪽이 작으면 자신의 모양새가 작다. 자신을 낮추는 성향이 있고, 부부간에는 내조형의 타입이다. 남편이 건강하고, 아버지보다 어머니가 건강하고, 아들보다 딸과의 인연이 좋고, 남자형제보다 여자형제와 인연이 많다. 상대적으로 아버지, 아들, 남자형제와 인연이 약하다.

얼굴 오른쪽이 크면 자신이 가장역할을 하고, 남편이 무능하거나 건강하지 못하다. 아버지·아들·남자형제와 인연이 있지만, 상대적으로 어머니·딸·여자형제와는 인연이 약하다.

　남자는 자신을 비롯하여 남자육친은 왼쪽부위, 여자육친은 오른쪽부위에 자리하기에 육친을 분별하기 수월하다. 그런데 여자는 오른쪽 자기자리에 남자육친을 두고, 왼쪽 여자육친에 남편을 둔다. 여자는 성별 육친구분이 이질적이고 헷갈리게 되어 있다.
　여자의 육친이 복잡한 이유는 관상의 태동에서 기인한 것으로 보인다. 관상은 남자(관료)를 중심으로 전개되어 발달했기 때문이다. 이는 관상 용어에서 노복·관록·학당·정사·광전·난대·정위·법령·금루 등 벼슬과 관련된 명칭들이라는 점에서도 쉽게 알 수 있다.
　특히 배우자자리를 '처첩궁'이라 칭하여 처와 첩으로 구분한 것을 보면 남자를 중심으로 관상이 전개되었음을 단적으로 보여준다. 또한 '여인상'편을 별도를 두었는데, 이는 여자상이 중요하다는 의미도 있겠지만 관상법칙이 남자를 위주로 구성되었기에 여자상을 별도로 봐야 했기 때문이다.

　남자는 왼쪽(양)에 남자 육친이 배열되고 오른쪽(음)에 여자 육친이 배열되니 육친분별에서 음양 이치에 부합한다.
　여자는 오른쪽(음)에 자기자리를 삼는 것은 합당하지만, 아버지·아들 등 남자육친을 오른쪽(음)에 두고 어머니·딸 등 여자육친을 왼쪽(양)에 두는 것은 음양이치로 보면 어긋난다.
　남녀를 불문하고 얼굴 좌우크기가 지나치게 차이가 나거나 조화를 잃으면 부모 중 어느 한 분이 건강하지 않거나 인연이 약하다는 의미로 받아들여야 할 것이다. 더불어 아들·딸을 불문하고 자식과의 인연이 고르지 않고 배우자애정에 굴곡이 있음을 예고한다는 의미로 이해하는 것이 합리적이다.

부조화된 얼굴형상은 명예·재물의 손상 뿐 아니라 육친인연이 왜곡되고 인생굴곡과 등락을 겪게 된다.

이마와 눈의 육친분별

얼굴부위 명칭에서 음양으로 명명(命名)한 부위는 이마와 눈뿐이다. 얼굴에서 이마와 눈은 육친 분별의 주요자리가 되는 것이다.
위에서 얼굴 전체의 왼쪽-오른쪽 크기로 육친인연을 보았다면, 여기서는 이마와 눈의 왼쪽-오른쪽의 크기로 육친인연을 분별하는 방법을 알아보자.

남자 이마·눈의 육친구분...

남자의 이마		남자의 눈	
월각(오른쪽)	일각(왼쪽)	태음(오른쪽)	태양(왼쪽)
어머니	아버지	어머니·딸	아버지·아들

〈남자의 이마와 눈의 육친구분〉

왼쪽 이마뼈를 일각(日角)이라하고, 오른쪽 이마뼈를 월각(月角)

이라한다. 왼쪽 눈은 태양(太陽)이라하고, 오른쪽 눈은 태음(太陰)이라한다.

남자의 왼쪽 이마가 낮거나 왼쪽 눈이 작으면, 아버지와 인연이 약하거나 아들과의 인연이 약하다. 딸만 두거나 딸 바보 아빠가 될 소지가 많다는 의미이다.

여자 이마·눈의 육친구분...

여자의 이마		여자의 눈	
일각(오른쪽)	월각(왼쪽)	태양(오른쪽)	태음(왼쪽)
아버지	어머니	아버지·아들	어머니·딸

〈여자의 이마와 눈의 육친구분〉

여자는 남자와 반대로 본다.

여자의 이마 오른쪽은 일각, 이마 왼쪽이 월각이 된다. 또 오른쪽 눈은 태양이 되고, 왼쪽 눈은 태음이 된다.

여자의 왼쪽이마가 낮거나 왼쪽 눈이 작으면, 어머니와 인연이 약하거나 딸과 인연이 약하다. 어머니가 일찍 돌아가시거나 아들만 두는 경향이 있다. 딸이 있더라도 일찍 유학을 떠나는 등 딸과 함께 생활하는 세월이 적어진다.

왼쪽이 작거나 낮다는 것은 상대적으로 오른쪽 이마와 눈이 큰 형상이다. 여자 이마가 높고 넓거나 오른쪽 눈이 크면 대체로 가장 역할을 하는 경우가 많고, 자신이 삶을 주도하려한다. 그렇지 않으면 부부인연을 저해하는 경향이 있다.

**이마는 부모와의 인연·혜택, 명예·벼슬의 성취를 본다면,
눈은 배우자·자식과의 인연·혜택, 재물의 성취를 본다.**

양쪽 이마 형상이 바르지 않으면 부모인연이 고르지 않다. 부모 중 한 분이 건강하지 않거나 일찍 돌아가시거나 부모가 이별하는 경우도 있다. 명예 손상이 있고 시비구설이 잦게 된다.

양쪽 눈 형상이 다르면 부부애정에 굴곡이 있고 자식과의 인연이 약해진다. 재물손상이 많고 인생굴곡이 심하게 된다.

한편 배우자인연과 자식인연은 같이 맞물린다. 가령 짝눈이면 배우자인연이 고르지 않고, 입이 삐뚤면 자식인연이 원만하지 않음을 의미한다. 짝눈이든 입이 삐뚤든 모두 배우자·자식인연을 깨뜨릴 수 있다는 말이다.

《얼굴나이》

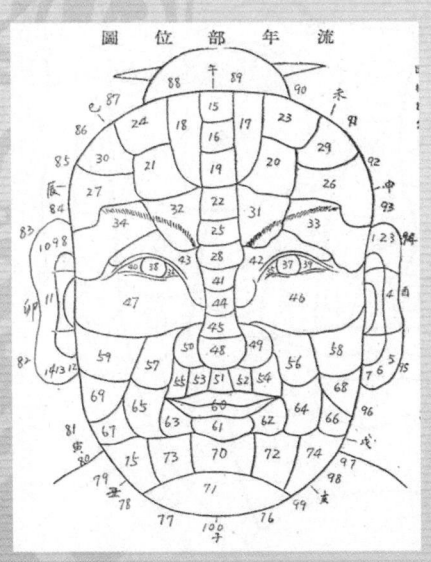

얼굴에 부여된 나이 순서는
인생을 살아가는 순리이다.

받았던 음덕을 덕행으로
되돌리는 것이
인간의 권리이자 의무이다.

덕행은 관상을 뛰어넘는다.
탐욕은 자식을 방해한다.

얼굴 부위와 나이

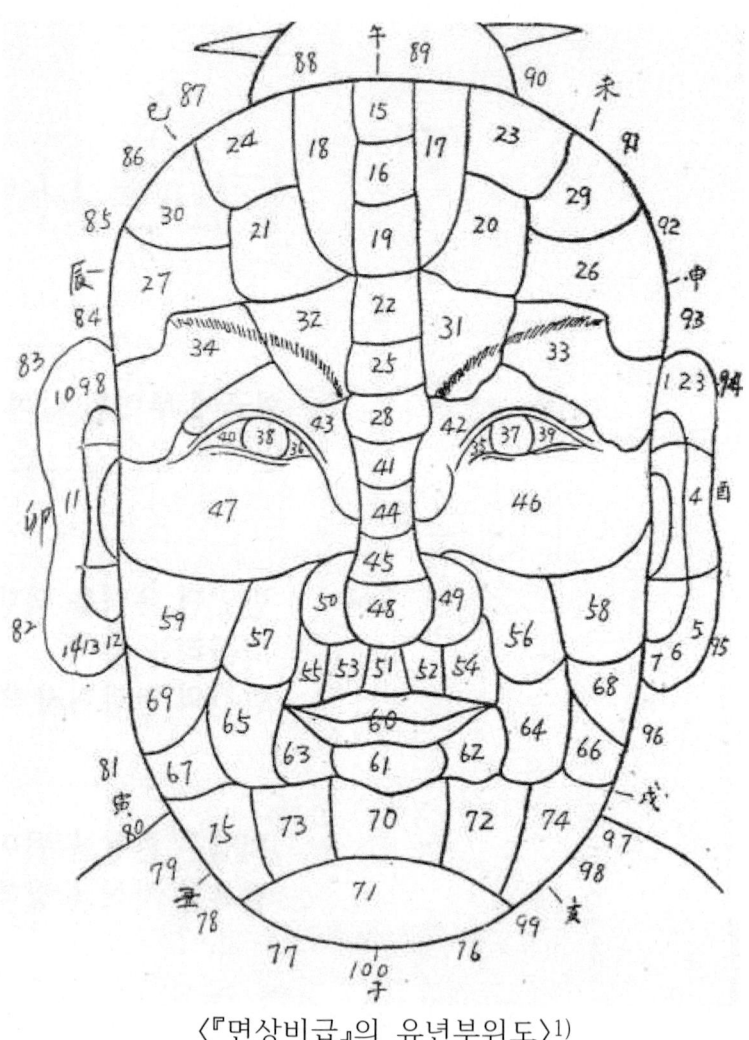

⟨『면상비급』의 유년부위도⟩1)

─────────────
1) 그림 출처 : 小通天 著, 『面相秘笈』 「流年部位圖」.

얼굴 각 부위의 나이와 명칭[2]					
1·2 천륜	3·4 천성	5·6·7 수주[3]	8·9 천륜	10·11 인륜	12·13·14 지륜
15 화성[4]	16 천중	17 일각	18 월각	19 천정	20·21 보각
22 사공	23·24 변성	25 중정	26 구릉	27 총묘[5]	'天倉'
28 인당	29·30 산림	31 능운	32 자기	33 번하	34 채하
35 태양	36 태음	37 중양	38 중음	39 소양	40 소음
41 산근	42 정사	43 광전	44 연상	45 수상	46·47 관골[6]
48 준두	49 난대[7]	50 정위			
51 인중	52·53 선고	54 식창	55 녹창	56·57 법령	58·59 호이
60 수성	61 승장	62·63 지고	64 피지	65 아압	66·67 금루
68·69 귀래	70 송당	71 지각	72·73 노복	74·75 시골[8]	'地庫'
76·77·100 자子	78·79 축丑	80·81 인寅	82·83 묘卯	84·85 진辰	86·87 사巳
88·89 오午	90·91 미未	92·93 신申	94·95 유酉	96·97 술戌	98·99 해亥

얼굴 부위와 나이의 의미

관상에서 유년(流年)은 얼굴의 각 부위에 정해진 나이를 말한다. 얼굴에 부여된 나이는 그 부위에 해당하는 나이의 운세를 살피는 법칙이다.

얼굴의 각 부위에 배속된 나이는 각 부위의 모양새와 기색에 따라 그 길흉이 일어난다. 해당 부위의 형상·기색이 좋으면 해당 나이에 좋은 일이 일어나고, 해당 부위의 형상·기색이 좋지 않으면 해당하는 나이에 흉한 일을 겪을 수 있다.

얼굴에 나이를 정하는 방법은 여러 가지가 있지만, 위 그림과 같이 얼굴부위를 75개로 나누어 나이를 정하는 정위유년법(定位流年法)이 보편적인 방법이다.

---

2) 얼굴 각 부위의 명칭 및 유년은 『마의상법』과 『면상비급』에서 논한 바를 종합하였다.
3) 수주는 귓볼을 말하는데, 천곽(天廓)이라고도 하고 천랑(天廊)이라고도 한다.
4) 화성(火星)은 통상 이마 부위를 통칭한다. 유년법에서 화성이라 칭한 부위는 발제(髮際)를 말한다. 명칭이 혼용되어 헷갈리는 경우가 많은데, 15세에 해당하는 부위는 발제이다.
5) 구릉·총묘는 보각을 위주로 한 이마 가장자리이다. 통상 '천창(天倉)'이라 칭한다.
6) 관골의 顴은 '광대뼈:권'으로 표기된다.
7) 난대는 한자어로는 諫臺(간할:간, 뜰:대)이다.
8) 시골의 '腮'는 顋(뺨:시)의 속자(俗字)이다. 이 부위는 일명 '지고(地庫)'라 불리어진다.

72 《얼굴 나이》

앞의 얼굴그림에 적힌 숫자는 해당 부위의 나이를 말한다. '얼굴 각 부위의 나이와 명칭'표는 해당 부위의 나이와 명칭을 상세하였다.

얼굴부위의 명칭은 이미 알고 있는 것도 있지만, 대부분 생소하고 어렵게 느껴진다. 명칭이나 용어를 외우는데 집착하면 공부에 재미가 없어지거나 실증을 느끼게 된다. 용어는 의사소통에 필요한 수단인 만큼 여기서는 되도록 우리가 자주 쓰는 용어로 전환하여 의사소통을 할 예정이다.

예를 들어 얼굴 나이를 유년이라 하는데, 여기서는 '나이'로 통일한다. 또 콧대를 년상·수상이라 하는데, 여기서는 '콧등(콧대)'이라 칭하겠다는 말이다. 그러니 용어·명칭에 너무 집착하지 않아도 된다.

얼굴나이 정하는 방법은 남녀에 차이가 있다.

얼굴에 나이를 정해 놓은 이유는 해당 부위의 좋고 나쁨에 따라 해당 나이에 길흉을 예측하기 위함이다.

예컨대 콧등 나이는 44세·45세이다. 콧등이 꺼지거나 튀어나오는 등 형상이 좋지 않거나 흉터가 있으면 44세·45세에 좋지 않은 일을 예고한다. 반면에 44세·45세에 콧등에 윤기가 흐르면 좋은 일이 생길 것이다.

얼굴은 형상 못지않게 기색도 중요하다. 얼굴 혈색이 좋고 환하게 빛나면 오장육부의 건강하고 운세가 좋음을 의미한다. 반면에

혈색이 어둡거나 기미주근깨 등이 많으면 건강에 이상이 있거나 운세에도 영향을 미치게 된다.
　얼굴에 나이를 정할 때 남좌여우(男左女右)법칙에 따른다.

**　남자는 양이니 왼쪽부터 나이를 시작하고,**
**　여자는 음이니 오른쪽부터 나이를 시작한다.**

　얼굴 좌우부위에 나이를 정할 때 남자는 왼쪽부터 시작하고, 여자는 오른쪽부터 시작한다.
　가령 양쪽 이마뼈는 17세·18세이다.
　남자는 왼쪽 이마뼈(일각)가 17세이고, 오른쪽 이마뼈(월각)는 18세이다.
　반대로 여자는 오른쪽 이마뼈가 17세가 되고, 왼쪽이 이마뼈는 18세가 된다.
　다시 예를 들면, 콧방울의 나이는 49세·50세이다.
　남자는 왼쪽 콧방울(난대)이 49세이고, 오른쪽 콧방울(정위)이 50세이다.
　반대로 여자는 오른쪽 콧방울이 49세이고, 왼쪽 콧방울이 50세가 된다.
　귀, 눈썹, 눈, 관골, 법령, 뺨, 시골 등 다른 좌우 부위들도 이와 같이 보면 된다.

주요 부위별 나이...

1세~14세 = 귀

1세~7세까지는 왼쪽 귀에 위치하고, 8세~14세까지는 오른쪽 귀에 위치한다.

15세 = 이마 가장자리

머리(두상)와 이마 경계선 부위로 발제(髮際)라 한다. 이마에서 머리카락으로 된 경계선이 15세이다.

16세~30세 = 이마

16세~30세는 이마에 해당한다. 인당은 28세로 눈썹 사이에 있지만 이마 부위에 속한다.

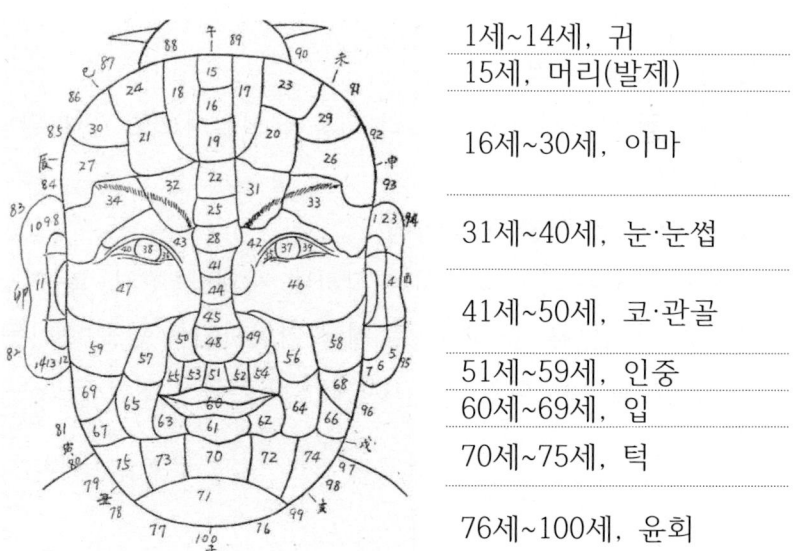

1세~14세, 귀
15세, 머리(발제)

16세~30세, 이마

31세~40세, 눈·눈썹

41세~50세, 코·관골

51세~59세, 인중
60세~69세, 입

70세~75세, 턱

76세~100세, 윤회

얼굴 부위와 나이

31세~40세 = 눈·눈썹

눈썹의 나이는 31세~34세이고, 눈의 나이는 35세~40세이다. 통상 눈썹과 눈은 총괄하여 30대를 주관한다.

41세~50세 = 코·관골

코는 40대를 주관한다. 세분하면 산근이 41세이고, 콧등은 44세~45세이며, 코끝(준두)은 48세이고, 콧방울은 49세~50세이다. 관골은 46세·47세로 코 나이에 포함된다.

51세~59세 = 인중·법령

인중은 51세이고, 법령은 56세·57세이다. 윗입술, 법령, 양쪽 뺨 위쪽을 포함하여 전체적으로 50대를 주관한다.

60세~69세 = 입

입 나이는 60세이다. 입은 양쪽 뺨을 포괄하여 60대를 주관하고 말년을 총괄한다.

70세~75세 = 턱

턱끝(지각)은 71세이고, 시골과 더불어 실질적으로 70대 말년인생을 관장한다.

76세 이후 = 얼굴 가장자리

76세 이후에는 턱 아래에서 시작하여 시계방향('자-축-인-묘-진-사-오-미-신-유-술-해')으로 얼굴 가장자리를 원을 그리듯 돌아 다시 턱 밑으로 회귀하여 100세에 이른다.

귀의 특성과 귀 나이의 의미는?

얼굴(머리) 관상은 면상(面相, 얼굴 앞면)과 두상(頭相, 얼굴 뒷면)으로 구분한다. 두상은 머리카락이 있는 뒤통수를 말하고, 면상은 흔히 말하는 얼굴을 말한다.

귀는 인생 100년을 아우르는 부위이다.

귀는 얼굴 앞면에 드러나 있으니 얼굴에 포함되고, 귀의 위치를 보면 머리카락(구레나룻) 뒤에 있으니 두상에 포함되기도 한다. 귀는 얼굴 앞면과 얼굴 뒷면을 아우르고 얼굴과 두상의 기운을 상통하게 하는 연결점이다.

귀 나이는 직접적으로 1세~14세로 정해지고, 76세 이후에 얼굴 가장자리를 돌아가면서 82세-83세에 오른쪽 귀를 거치고, 94세-95세에 왼쪽 귀를 거친다. 유아기와 인생황혼기를 걸쳐 얼굴 기운을 영속하는 곳이 귀다.

귀 형상은 본래 모습이 바뀌지 않는다.

어린아이는 얼굴형상이 완벽하게 형성되지 않고 자라면서 형상이 바뀌어간다. 턱이 뾰족하던 아이가 자라면서 턱이 둥글어지거나, 입이 컸던 아이가 작아지기도 하고, 들창코였던 아이가 자라면서 콧대가 건실해지기도 한다. 그런데 귀는 태어날 때의 모양새가 성인이 되어서도 바뀌지 않는다.

얼굴형상이 제 모습을 갖추는 시기는 대략 15세~16세로 본다.

중학교 2~3학년에 해당하는데, 이 시기가 되면 몸체-얼굴 형상이 어느 정도 완성하게 된다.

달리 말하면 어린아이의 얼굴로 관상을 본다는 것은 허상을 보는 것과 같다. 어린아이의 관상을 볼 경우에는 변하지 않는 귀를 볼 수밖에 없다. 그래서 1세~14세까지 나이를 귀에 부여하고, 15세·16세에 비로소 얼굴부위에서 나이가 시작되는 것이다.

귀는 계속 자라나는 특성이 있다.

귀는 모양이 바뀌지 않지만 나이가 들면 들수록 계속 자란다는 특징이 있다. 흔히 귀가 크면 장수한다고들 하는데, 장수한 사람들의 귀가 클 수밖에 없다. 귀가 커서 장수하는 게 아니라 오래 살다보니 귀가 커진 것이다.

얼굴의 나이에서 76세 이후에 얼굴 가장자리를 윤회(輪廻)하는 과정에서, 82세~83세와 94세~95세에 귀를 거치게 된다. 장수하기 위해서 반드시 거쳐야 할 부위가 귀인 것이다.

마땅히 귀는 장수를 의미하는 부위이다.

귀는 인체와 더불어 소우주의 개념이 있다.

『마의상법』에서 말하기를 "귀는 대뇌를 주관하고, 심장과 가슴을 통하여 마음을 다스리고, 신장을 관장한다"[9]고 하였다. 즉 귀는 인체 상중하를 대표하는 대뇌(머리)-심장(가슴)-신장(하복부)의 기운을 총괄하는 곳으로 보았다.

---

9) "耳主大腦, 而通心胸, 爲心之司, 腎之侯也", 『麻衣相法』.

귀는 인체의 축소판이자, 얼굴과 더불어 하나의 소우주의 개념으로 보았음이다. 귀는 얼굴부위 중 하나이지만, 또 다른 하나의 소우주이기도 하다.

'천지우주의 기운을 닮은 것이 인체'이고, '인체의 기운을 함축한 것이 얼굴'이며, '얼굴의 기운(앞면-뒷면)을 상통하게 하는 것이 귀'이다. 귀를 통해 인체기운을 알 수 있고, 얼굴복록을 읽을 수 있다.

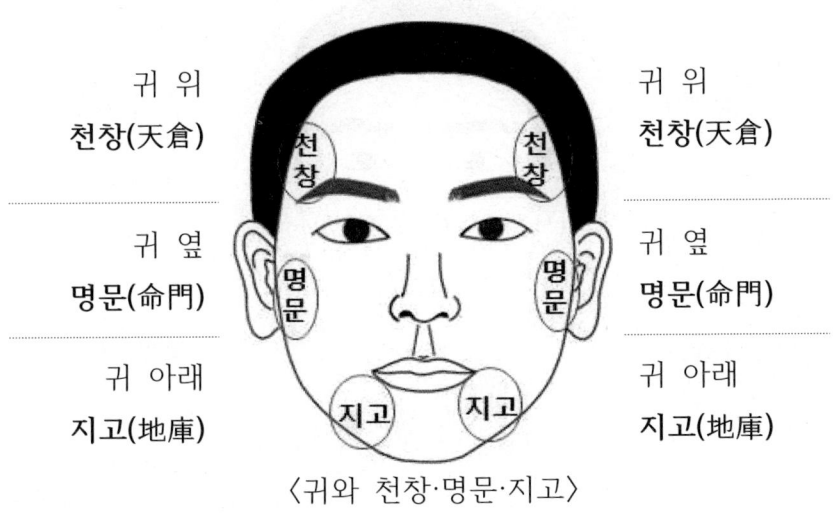

〈귀와 천창·명문·지고〉

귀는 얼굴 복록의 울타리이다.

얼굴의 복록이 새어나가지 못하도록 성곽역할을 하는 곳은 천창(天倉)-명문(命門)-지고(地庫) 등이다. 뒤에서 다시 살피겠지만, 천창-명문-지고는 '복덕궁(福德宮)'으로 복덕을 완성하는 자리이고, '육부(六府)'로 복록을 담는 자리이다.

복덕·육부를 관장하여 얼굴복록이 새어나가지 못하게 방비하고, 얼굴기운이 빠져나가지 않게 막아주는 울타리가 바로 귀다.

⋯ 얼굴나이로 보는 삶의 참의미

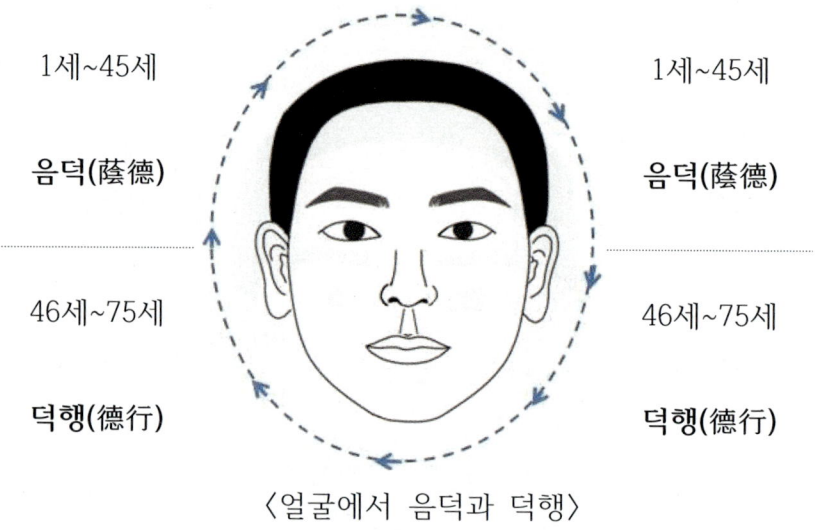

〈얼굴에서 음덕과 덕행〉

  얼굴에 직접 부여된 나이는 75세까지이고, 76세부터는 턱 밑에서 얼굴 가장자리를 돌아 다시 턱으로 돌아온다.
  '자-축-인-묘-진-사-오-미-신-유-술-해'라는 12지를 이용하여, 원을 그리듯 얼굴 가장자리를 돌아 회귀(回歸)하는 것은 두루두루 둥글게 살아가는 인생을 의미하고, 받았던 음덕을 덕행으로 되돌려주는 인간상을 말해주고 있다.

또한 60세 이후는 자식이 주관하는 나이이므로 60세 이후에 재물·명예를 탐하면 자식이 발달하지 못하거나 수명이 줄어든다. 특히 75세 이후에는 얼굴에 직접 부여된 나이가 없으니 탐욕을 부리면 사건·사고를 불러들이게 된다.

음덕(蔭德)과 덕행(德行)의 의미...

얼굴을 상하로 나누어 음양으로 분별하면,
윗부분(양)은 이마가 차지하고 부모가 주관하는 자리이고,
아랫부분(음)은 턱이 차지하고 자식이 주관하는 자리이다.

나를 기준으로 부모-자식을 음덕-덕행으로 보면,
부모는 나에게 음덕을 주는 주체이고,
자식은 내가 덕행으로 베풀어야 할 대상이다.

내가 부모에게 받았던 음덕을 자식에게 되돌려주는 것이 인생 이치이자 자연의 순리이다. 인간관계에서 부모는 윗사람이고, 자식은 아랫사람에 해당한다. 인생사에서 입었던 음덕을 덕행으로 되돌려주고, 덕행으로 다시 음덕을 누리는 것이 인생의 참 의미이다. 인생의 참 의미는 덕행에 있고 순리에 따라야 함을 얼굴나이의 배속에서 밝히고 있다.

음덕이 곧 덕행이고, 덕행이 곧 음덕이다.
내가 음덕을 입었다는 것은 누군가 덕을 베풀었기 때문이고,
내가 덕을 베풀면 누군가는 음덕을 입게 된다.
음덕을 입는 순간 누군가의 덕행이 있었고, 덕행을 실행하는
순간 누군가는 음덕을 입게 되는 것이다.

음덕과 덕행을 글자의미로 보면, 음덕(蔭德)은 보이지 않게 입는 복록이고, 덕행(德行)은 덕을 베푸는 행위이다. 음덕은 내가 원하든 원치 않든 주어지는 것이라면, 덕행은 내가 행하지 않으면 할 수 없는 행위이다. 덕행은 내가 행하고자 하는 의지가 있어야 실행할 수 있다.

덕행은 곧 음덕이니 보이지 않게 행하는 것이 참된 덕행이다. 누군가에게 밥 한 그릇 사주고 생색을 내거나, 교회에 헌금내고 절에 보시한 것을 덕행이라 착각하지마라. 굳이 왼손이 하는 일을 오른손이 모르게 하라는 속담을 들먹이지 않더라도 본디 좋은 일은 보상을 바라지 않는다.

덕행의 의미를 관상논리로 보면 얼굴에서 음덕-덕행이 교차하는 부위가 코이다. 코는 얼굴의 주인공으로 자신이 역량을 발휘하는 자리이다. 콧대의 나이가 45세로 100년 인생의 중간지점에 놓여 있다. 음덕을 덕행으로 돌려야하는 시작점이 코이고, 이는 음덕을 덕행으로 돌리는 주체가 바로 자신임을 의미한다. 덕행은 스스로 행하는 의지에서 비롯되는 것이다.

내 태초의 모습은 정자(精子)·난자(卵子)이다...

어느 생물학자가 생물실험을 한 내용을 들은 적이 있다. 똑 같은 종류의 나무 씨앗을, 하나는 추운 지방에 심어 자라게 하고, 하나는 더운 지방에 심어 자라게 한 후에, 2그루의 나무를 같은 기후와 환경에 옮겨 키웠는데, 같은 종의 2그루 나무의 꽃을 맺는 시기가 달랐다고 한다.

똑 같은 종류, 기후, 환경조건인데도 불구하고, 더운 지방에서 씨를 내렸던 나무가 추운 지방에서 씨를 내렸던 나무보다 더 빨리 꽃을 피웠다는 사실이다. 나무의 씨앗이 자신이 자랐던 기후와 환경을 기억하였기 때문이다.

나무의 태초 모습이 씨앗이라면, 인간의 태초 모습은 정자이다. 나무는 씨앗이 커진 모습이고, 인간은 정자가 성장한 모습이다. 지금 내 모습의 태초는 정자인 것이다.

**내 의지와 상관없이 일방적으로 부모가 나를 낳았는가,
내가 부모를 선택하여 세상에 나왔는가,
생각해볼 문제이다.**

내 의지와 상관없이 부모라는 두 남녀가 만나 사랑을 나눈 결과물이 자신이라고 생각하는가?

인체공학적으로 보면, 인간은 하나의 정자와 난자가 합하여 잉태하고 어머니 품에서 키워져서 세상에 나온다. 세상에 태어난 내

모습은 태초에 정자의 형태였다. 수 억개의 정자 중에서 선택받은 정자가 바로 세상 빛을 본 내 모습이다.

인간 태초의 모습에서 탄생비화를 거슬러 생각해보자.

수 억개의 정자들은 모두 세상에 태어나기를 원한다. 내 태초의 모습인 정자가 세상 빛을 보기 위해서는 부모의 합방에서 입지를 선점해야한다. 아버지 안에 있는 무수한 정자들 중 하나인 내가 어머니 품에 안착하기 위해서 부모의 합방을 조작했을 것이다. 내가 조작하지 않았다면 부모가 그 때 그 시간에 합방할 이유가 없지 않겠는가.

부모 입장에서 보면 내가 아니더라도 넘치고 남아도는 것이 정자다. '나'였어야 할 이유가 없다.
부모가 사랑노름으로 나를 낳은 게 아니라,
내가 세상에 나오기 위해 부모를 이용한 것이리라.

지금 자신이 별 볼일 없는 사람이라고 한탄한다면,

자신의 신세를 부모 탓으로 돌리지 말고 돈 없고 빽 없는 부모를 원망하지 마라. 자신 태초의 정자 모습이 그러한 것뿐이다.

부모 입장에서 나 때문에 더 훌륭한 자식이 나오지 못했으니 부모가 나를 원망해야하지 않겠는가. 못난 내가 나오기 위해 부모를 이용하고 부모에게 더 좋은 자식을 안겨드리지 못한 것에 죄송스럽고 부모를 위로해야하지 않겠는가.

부모는 못난 나를 조건 없이 나오게 해주었다. 인생에서 가장 큰 음덕은 부모로부터 태어난 그 자체이다.

어떤 이들은 음덕도 없고 지질이 복도 없다고 말하곤 한다. 이들은 음덕을 모르는 배은망덕한 사람이고, 덕을 베풀 줄 모르는 옹졸한 사람이다.

살아있는 지금의 나는 부모의 음덕에서 비롯된 것이고, 재물이 많고 적거나 벼슬이 높고 낮은 현재의 내 모습은 내가 행한 덕행의 값이다. 금수저-흙수저는 부모가 만든 것이 아니라 자신이 이미 가지고 있던 몫의 가치이다. 자신의 현재 모습은 자신이 정자였던 시절에 품었던 기질이 자란 모습이다. 이것이 윤회이다.

자신의 현재 모습을 사랑하고 존중하는 것이 부모의 음덕에 보답하는 길이다. 부모를 존경하고 나를 존중하고 자식을 사랑하는 마음씀씀이 또한 덕행이다.

얼굴나이의 윤회(輪廻)...

얼굴나이에서 75세 이후에 얼굴 가장자리를 회귀하고, 얼굴상하 음양분별에서 음덕-덕행의 의미는 윤회의 개념이다.

종교적 관점에서 인간은 윤회한다고들 한다. 현생(現生)의 모습은 전생(前生)의 모습이기도하고, 지금의 내 모습은 후생(後生)의 내 모습이기도하다.

지금 내가 어렵게 산다면, 전생에 업을 많이 지었거나 잘 못 살았기 때문이다. 달리 말하면 지금 내가 건실하지 않으면 다음 생의 내 모습이 초라할 것이다.

어제 행한 내 모습이 지금의 내 모습이고, 지금 행하는 내 모습이 내일의 내 모습이 된다. 이는 전생-현생-후생의 윤회와 다르지 않다.

나이 40이 되면 지금의 내 얼굴에 책임을 져야 한다는 말이 있다. 40년 동안 살아온 인생여정과 삶의 모양새가 지금 내 얼굴에 반영되어 있기 때문이다. 40년 동안 덕을 쌓고 웃음을 잃지 않았으면 얼굴이 환할 것이요, 40년 동안 불만과 짜증으로 인상을 쓰고 살아왔다면 얼굴에 주름이 가득하고 이글어진 모습으로 변해 있을 것이다. 지금의 흉한 모습은 내일의 흉함을 예고하는 것이다. 내일의 영광을 기대할 수 없음이다.

76세 이후에 얼굴 가장자리를 회귀하는 것을 인생의 윤회개념으로 이해해보자.
76세 턱 밑에서 시작해서 오른쪽 귀를 거쳐 이마로 올라갔다가 왼쪽 귀를 거쳐 다시 턱으로 회귀한다.
이마는 양이고 턱은 음에 해당하는데, 오행으로 보면 이마는 화(火)이고, 턱은 수(水)이다.[10] 물(水)은 아래로 흘러내리는 성질이 있는데, 물을 위로 끌어올리기 위해서는 동력이 필요하다. 턱에서 수(水)가 상승하여 이마로 가기 위해서는 마치 양수기로 물을 펌프질하듯 동력이 필요하다는 말이다.

---

10) 오행은 목화토금수(木火土金水)를 말한다. 오행을 크게 음양으로 나누면 木火는 양이고, 金水는 음이다. 양을 대표하는 오행은 화(火)이고, 음을 대표하는 오행은 수(水)이다.

관상에서 부귀·장수의 동력은 덕행(德行)이다. 75세까지 베풀었던 덕행의 값이 76세 이후에 이마로 상승하는 동력이 되는 것이다. 75세까지 쌓은 덕행이 없다면 장수하지 못한다는 것이 얼굴 나이의 의미이다.

얼굴에 직접 정해 놓은 나이인 15세~75세까지 덕행을 쌓아두지 못했다면 76세 이후의 삶을 기대하기 어려운 셈이다. 덕행이야 말로 76세를 넘겨 건강하게 장수하는 동력이요 노년에 복록을 누리는 비결인 셈이다.

여기서 잠깐, 숫자 9의 의미를 생각해보자.

선천의 자연수는 0~9까지가 있다. 0, 1, 2, 3, 4, 5, 6, 7, 8, 9 중에서 '9'는 미완성의 숫자이다. 흔히 숫자 9를 '아홉수'라 하여 구멍에 빠진다는 의미로 받아들이고, 29살에는 결혼을 하지 않을 정도로 꺼리는 숫자였다.

서양점성의 타로에서도 9를 '구구절절' '굽이굽이' 등 인생고난으로 해석하기도 한다. 아직도 여러 방면에서 9는 좋지 않은 숫자로 여기고 있지만, 미완성이 있기에 완성하기 위한 노력이 있다.

미완성은 완성으로 가기 위한 정체기 또는 조절기이다. 한 단계 성숙하기 위해서 아픔을 겪을 수밖에 없지만, 아픔이 없는 성장은 없다. 아홉수를 잘 넘기면 완성이 될 것이요, 그렇지 못하면 구멍에 빠져 허우적거릴 것이다. 이는 자신의 의지와 노력에 달려있다.

얼굴부위에 직접 부여된 나이 중 '9'를 되새겨보자.

　얼굴부위 중 처음 나타나는 9는 이마 정중앙(천정)인 19세이다. 부모로부터 독립을 준비하고 자기역량을 키워야하는 시기이다. 자신의 본위를 갖추는 중요한 시기이다.
　29세는 이마 가장자리에 위치하고, 부모로부터 완전히 벗어나 자신이 일가를 직접 일구고 활동을 강화하는 시기이다.
　39세는 눈꼬리로 배우자와 가정의 안녕을 구하는 자리다.
　49세는 콧방울로 자신이 성취한 재물을 다듬는 곳이다.
　59세와 69세는 귀 밑 얼굴 가장자리에 위치한다. 59세(호이)는 명문과 연결되고, 69세(귀래)는 지고와 연결된다. 덕을 베품으로써 복록을 이어간다는 의미가 있는 부위이다.
　79세는 오른쪽 귀로 힘겹게 올라가야하고, 89세는 이마 꼭대기 나이이다. 90세 이후에는 아래로 내려가기에 최소한 89세까지 올라갈 동력을 저축해야 한다. 89세까지 사용할 덕행의 값이 있다면 100세는 무난하게 살 수 있을 것이다.
　공교롭게도 나이 '아홉수'는 부모 음덕에서 자립하는 부위이고, 얼굴 가장자리 또는 눈·코 등 해당부위의 가장자리에 위치한다.

　인생에서 '아홉수'에 빠져 허덕이지 않고 잘 넘기기 위해서는 음덕에서 덕행으로 되돌리는 자신의 의지가 얼마나 중요한지를 얼굴 나이에서 여실히 보여주고 있다. 관상의 이치에 이토록 인생의 참 의미와 인생가치를 담았다는 사실에 놀라울 따름이다.

진정한 백수(百壽)의 의미는?

관상에서 얼굴나이를 100세까지 정해놓은 것은 누구나 100세까지 살 수 있다는 의미이다. 바꿔 말하면 인간이 태어나서 100세까지 살아야 한다는 의미도 된다.『황제내경』에서도 인간의 자연수명을 100세로 보았고, 100세를 넘기지 못하는 것은 인간의 탐욕 때문이라 하였다.

술을 음료삼아 마시고, 간사하고 요망함을 일상으로 삼고, 술에 취하여 욕정으로 성관계를 하여 기운을 소비하고, 몸 안의 진기를 흩뜨려 소비하고, 만족할 줄 아는 마음이 없고, 정신을 바르게 하지 않고, 생각이 쾌락에만 있어 진정한 삶의 즐거움을 거스르고, 잠자리를 일정하게 하지 않기 때문에 50살에 쇠해지는 것이다.[11]

인간이 태어나서 100세를 넘기는 것은 인간에게 주어진 권리이자 의무이다.『황제내경』이 한나라 초기에 쓰이진 것으로 추정한다면, 이미 2,000여년전에 인간의 자연수명을 100세 넘게 보았다. 의학이 발달한 현대사회를 감안하면 이 시대에 살고 있는 사람들은 200년은 살아야 하지 않겠는가.

인간이 100세를 넘기지 못하는 이유는 탐욕과 쾌락에 있다고

---

[11] "以酒爲漿, 以妄爲常, 醉以入房, 以欲竭其精, 以耗散其眞, 不知待滿, 不時御神, 務快其心, 逆於生樂, 起居無節, 故半白而衰也",『黃帝內經』「上古天眞論」.

하였다. 결국 인간의 탐욕이 과로와 정력소비를 부추기고 주어진 제 수명을 다하지 못하게 만드는 것이다. 탐욕은 덕행을 저해하는 요인이 되고, 타인을 해롭게 만들거나 눈물 흘리게 만든다. 음덕을 덕행으로 되돌리지는 못할망정 악업을 지으니 마땅히 수명이 짧아 질 수밖에 없다.

'남에게 못된 짓을 해도 오래 잘만 살더라'라고 항변하는 사람도 있을 것이다. 못된 짓하고 떵떵거리고 사는 사람들을 자세히 들여다보면 가정이 편하지 않거나, 자식이 제대로 되지 않거나, 말년에 좋지 않게 생을 마감하는 것을 흔히 보게 된다.

인간은 태어난 순간 인간에게 주어진 생명력을 온전히 다하는 것이 숙명이다. 건강하게 장수하는 것이야 말로 인간이 태어난 의무를 다하는 것이리라. 그래서 공자는 오복 중 壽(장수)를 가장 먼저 제시하였다.

오복 중 첫 번째가 장수하는 것이요,
풍족하게 장수를 누려야 하니 둘째가 재물이요,
건강하게 장수를 누려야 하니 세 번째가 건강함이요,
풍족하고 건강하게 장수를 누리는 비결은 덕행에 있으니 네 번째가 덕을 베풀기 좋아하는 마음가짐이요,
덕을 많이 쌓음으로써 풍족하고 건강하게 백수(百壽)를 누리고 편안한 죽음을 맞을 수 있는 것이 마지막 복이다.[12]

관상(觀相)은 심상(心相)이다...

덕행은 스스로 행해야 하는 것이니, 돈독한 의지가 없으면 행하기 어려운 숙제이다. 공자(孔子)가 말하기를. "널리 배움에 그치지 않고 뜻을 돈독히 하고, 마음을 다하여 생각하고 또 생각하면 인(仁)은 그 돈독한 마음 안에 있다"13)고 하였다. 공자가 주창하는 인을 얻는 방법은 돈독한 의지에 있다는 말이다.

인(仁)은 어진 마음을 의미하고, 어진 마음은 곧 덕행이다.

관상(觀相)은 곧 심상(心相)이라 하였다. 얼굴의 형상을 통하여 보이지 않는 마음을 보고자 함이다. 엄밀히 말하자면 관상의 목적은 길흉이나 부귀를 알고자 하는 것이 아니라, 마음의 선악을 보고자 함이다.

마음을 바르게 하고 욕심을 버리면 마음씀씀이가 좋아지고 의지가 생겨나기 마련이다. 그렇게 되면 얼굴의 표정이 편안하게 되고, 말이 부드럽게 나오고, 몸짓이 바르게 된다. 바른 생각이 바른 행동을 낳은 것이다.

항상 웃는 표정을 짓고, 고운 말을 하고, 말을 할 때 상대방의 눈을 바르게 마주하는 것만으로 덕을 행하는 것과 같다. 자신의 이런 모습은 다른 사람을 기분 좋게 하고, 기분이 좋은 상대는 일이 잘 풀리게 될 것이다. 이것이 덕행이 아니고 무엇이겠는가.

---

12) 五福 = ①壽 ②富 ③康寧 ④修好德 ⑤考終命, 孔子, 『詩經』.
13) "博學而篤志, 切向而近思, 仁在其中矣", 孔子, 『論語』.

마음이 바르지 않으면 표정이 일그러지고, 눈을 마주하지 않게 되며, 입을 삐죽거리게 된다. 이는 자신의 운세가 나쁘게 만들 뿐 아니라, 자신을 보는 다른 사람의 마음을 다치게 하여 다른 사람의 운세마저도 나쁘게 만든다. 그러면 자신도 모르는 사이에 악업을 짓게 되는 것이다.

마음이 착하면 성공할 것이고, 마음이 악하면 결국에는 실패하거나 낭패를 당한다는 것이 관상의 기본법칙이다.

내가 행한 행위는 돌고 돌아 나에게로 되돌아오는 것이 '인생 윤회'이다. 덕행으로 복록을 불러들이든, 악업으로 불행을 불러들이든, 자신의 마음과 의지에 달려있다.

《삼정三停》
얼굴의 天地人

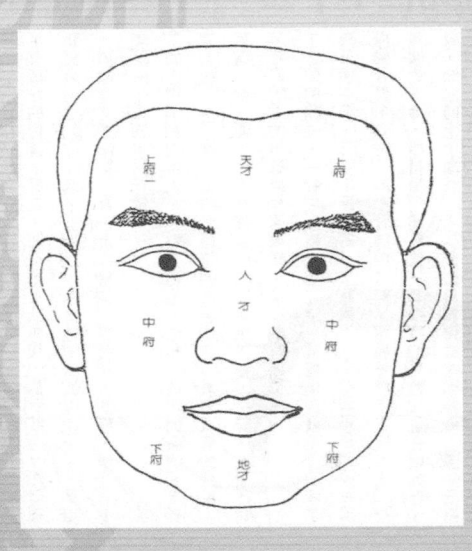

하늘과 땅
그리고 사람

부모와 자식
그리고 자신(배우자)

윗사람과 아랫사람
그리고 나

"우리" 속에서의 "나"

삼정 三停

관상의 이론적 근간은 음양논리에 있고, 음양에 의한 천지만물의 생장쇠멸과 자연 순환은 천지인상응이론으로 밝히고 있다. 천지인 상응은 인간이 살아가는 순리이고, 관상에서는 삼정(三停)으로 설명된다.

⋯ 인체-얼굴-귀 삼정(三停)

관상에서 삼정(三停)은 인체를 3부분으로 나누어 상-중-하의 균형과 조화를 살피는 방법론이다.

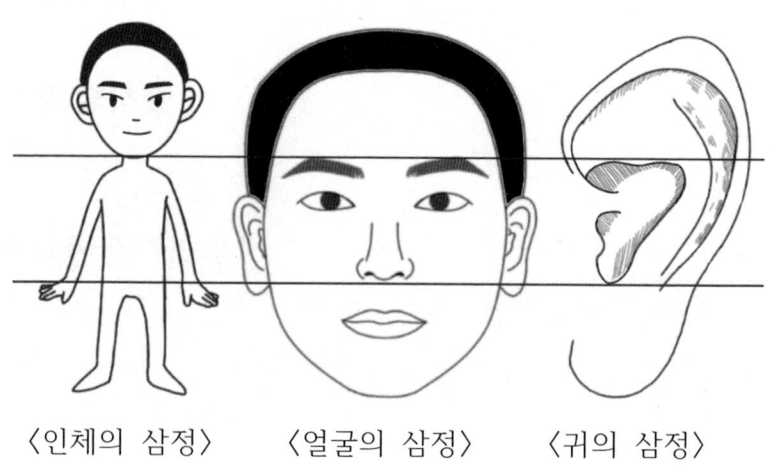

〈인체의 삼정〉　〈얼굴의 삼정〉　〈귀의 삼정〉

《삼정-얼굴의 천지인》

삼정은 인체를 기본원리로 하고, 주로 얼굴로 구체화한다. 귀는 하나의 소우주로 얼굴과 조화를 이루어야 한다는 측면에서 '인체-얼굴-귀'를 삼정 논리로 살펴보기로 한다.

구분	인체 삼정	얼굴 삼정	귀 삼정
상정	머리(얼굴)	이마·인당	천륜(귀바퀴)
중정	몸통(가슴)	눈썹·눈·코	명문·풍당·이문
하정	하복부(하지)	인중·입·턱	수주(귀볼)

〈인체-얼굴-귀 삼정구분〉

머리가 적당히 크고, 이마가 넓고, 귀 바퀴가 둥글다.

인체-얼굴-귀 삼정이 서로 부합한 모양새이다. 인생바탕을 갖춘 꼴이다. 설령 부모음덕이 없더라도 살면서 보이지 않은 행운과 귀인의 도움이 있다.

몸통이 건실하고, 코가 크고, 귓구멍이 크다.

주관이 뚜렷하고 일에서 실행능력이 있다. 직업적으로 안정되고 좋은 배우자를 만나 행복한 가정을 이루는 능력이 있다.

하지가 튼실하고, 입·턱이 방정하고, 수주가 크다.

중년에 얻는 재물을 말년까지 유지하고 건강하게 장수한다.

인체 삼정은 머리-몸통-하지이다...

인체를 3부분으로 나누면 얼굴(머리)은 상정이요, 몸통은 중정이요, 아랫배 이하의 하체부분은 하정에 속한다.

인체 삼정에서 머리가 적당하게 크고, 몸통과 하지의 길이가 비슷하면 이상적이다.

만약 머리가 작으면 부모음덕이 약하고, 몸통이 작으면 삶을 주체적으로 이끌지 못하고, 하지(다리)가 지나치게 길면 바쁘게 움직여도 소득이 적게 된다.

귀 삼정은 귀바퀴-귓구멍-수주이다...

귀를 3부분으로 나누면, 귀 윗부분(귀바퀴)은 상정에, 귀 중간부분(명문·풍당·이문)은 중정에, 귀 아랫부분(수주)은 하정에 해당한다.

귀는 대뇌-심장-신장을 통괄하는 인체의 축소판이다.
귀 윗부분(귀 바퀴)은 이마(대뇌)와 연결되고,
귀 중간부분(귓구멍)은 눈·코(심장)과 연관되고,
귀 아랫부분(수주)은 입·턱(신장)과 연결된다.

**귀바퀴는 이마와 상응하니 부모인연(초년)을 관장하고,
귓구멍은 눈·코와 상응하니 배우자인연(중년)을 주관하고,
수주는 입·턱과 상응하니 자식인연(말년)을 주관한다.**

귀 바퀴가 뾰족하거나 홈집이 있다.

이마가 바르지 않은 것과 같다. 부모음덕이 없거나 부모인연이 약하다. 부모가 건실하더라도 부모에 의존하지 말고 자수성가해야 함을 명심해야 한다.

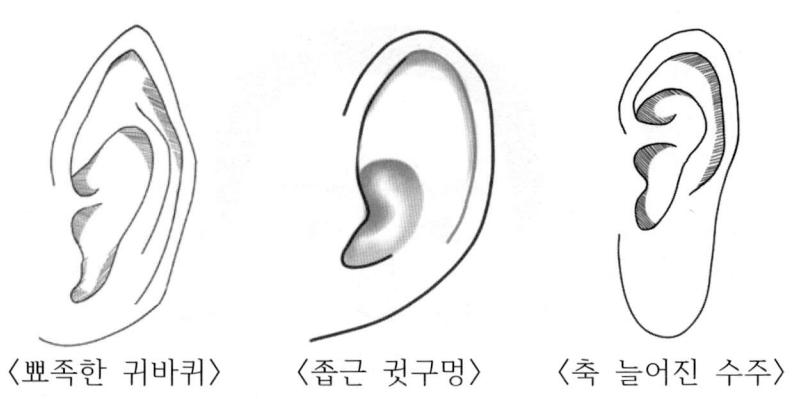

〈뾰족한 귀바퀴〉　　〈좁은 귓구멍〉　　〈축 늘어진 수주〉

귀 구멍이 좁거나 귀가 뒤집어졌다.

귀 구멍을 보호하는 테두리(곽廓)가 뒤집어지면 부모를 거역하고 배우자와 등을 돌리는 형국이다. 코가 불량한 것과 같다. 자신만의 특별한 재능을 살려 성취를 이루어야 한다. 여성은 사회생활을 통해 능력을 발휘해야 가정이 안정된다.

귀 수주가 작거나 짧거나 힘이 없거나 축 늘어진다.

입·턱이 바르지 않은 것과 같다. 자식이 효도하지 않거나 노년에 재물을 탕진하거나 건강하게 장수하기 어렵다. 덕을 많이 베풀어야 복록을 지킬 수 있다.

얼굴 삼정...

얼굴을 3부분으로 나누면 이마부위는 상정이요, 눈썹·눈·코 부위는 중정이요, 인중·입·턱은 하정에 해당한다.

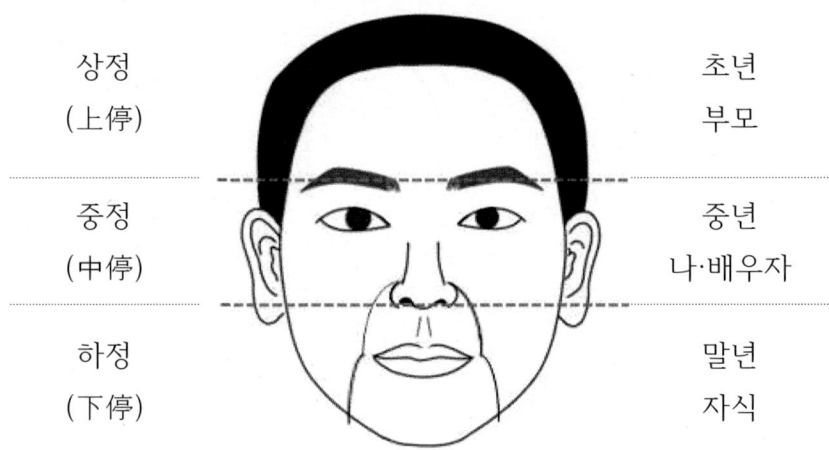

상정
(上停)

중정
(中停)

하정
(下停)

초년
부모

중년
나·배우자

말년
자식

얼굴 삼정에서...
  상정(上停)은 이마~인당까지로 초년을 관장하고, 이마·인당의 형상으로 부모음덕 또는 부모와의 인연을 살핀다.
  중정(中停)은 산근~준두까지로 중년을 관장하고, 눈썹·눈·코의 형상으로 자신을 비롯한 배우자인연과 벼슬·재물·직업 성취 등을 살핀다.
  하정(下停)은 인중에서 턱까지로 말년을 관장하고, 인중·입·법령·턱의 형상으로 자식인연 및 자식의 운세를 살핀다.

얼굴 삼정은 상-중-하의 균형과 조화로 그 사람의 그릇의 크기와 질량을 판단하는 중요한 포인트가 된다.

구분	얼굴 삼정	육친	인생
상정(天)	이마·인당	부모	초년(~30세)
중정(人)	눈썹·눈·코·관골	나·배우자	중년(31세~50세)
하정(地)	인중·입·법령·턱	자식	말년(51세 ~)

〈얼굴 삼정의 의미〉

☞ 얼굴 삼정에서 '상정-중정-하정'는
☞ 인생 과정에서 '초년-중년-말년'의 삶이고,
☞ 육친 관계에서 '부모-나·배우자-자식'을 상징하고,
☞ 일의 진행에서 '시작-과정-결과·결실'
　　　　　'결단력-추진력-인내력'을 의미한다.

　이마가 좁으면 부모음덕이 약하고 초년이 순탄하지 않고 일의 시작이 늦거나 결단력이 부족하다.
　눈썹·눈·코가 작으면 주체성이 부족하고 중년에 등락을 겪는다. 일의 과정이 순조롭지 못하고 추진력에 문제가 발생하니 부부관계를 깨뜨리거나 실패를 경험하게 된다.
　인중·입·턱이 작으면 자신은 성공하더라도 자식이 발달하지 않거나 결실물이 좋지 못하니 부귀를 오래 유지하지 못한다.

상정(이마·인당)은 일생의 바탕이다.

이마는 부모의 음덕으로 인생의 바탕이고 삶에서의 행운을 내포한다. 인당은 이마 기운을 함축하여 얼굴 전체에 기운을 분산하는 곳으로 삶의 행복지수·만족지수를 관장한다.

이마가 높고 인당이 넓으면 부모가 건실하여 초년에 순조롭게 성장한다. 한마디로 금수저인 셈이다. 머리가 똑똑하고 두뇌활동이 활발하여 사물을 보는 직관력이 뛰어나다. 일을 행함에 있어서 결정력과 판단력이 좋다. 감성을 중요시하고 경거망동을 하지 않으며 명예를 소중히 여긴다.

공직자, 법조인, 정치인, 학자·학문, 연예인 등 머리를 이용하거나 자신의 이름을 높이는 직업에서 발달한다.

중정(눈썹·눈·코)은 자신이 주도하는 삶이다.

눈썹은 31세~34세, 눈은 35~40세, 코는 41세~50세를 주관한다. 눈·눈썹은 형제, 배우자, 자식, 주거 등 가정을 직접 일구고 유지하는 기능을 수행하고, 코는 재물·벼슬 등 삶의 수단을 직접 관장하는 부위이다.

육친으로 보면 부모에게서 태어나→ 결혼하여 배우자를 만나→ 자식을 얻어→ 가정을 완성하는 곳이다. 특히 남자는 일가(一家)를 이루는 주체이기에 여자에 비하여 눈썹·눈의 형상이 삶에 지대한 영향을 미친다.

눈썹-눈-코가 균형과 조화를 이루면 중년의 운세가 이롭다. 자신감이 넘치는 사람으로 이성적이고 재물·벼슬에 대한 욕구도 많다. 일에 대한 추진력이 강하고 에너지가 왕성하여 사업적 소질이 있다. 성실하고 맡겨진 소임을 충실히 해내는 능력으로 자수성가할 수 있는 조건이 완비된 사람이다. 신체적으로는 상체가 발달하고 오장육부가 튼튼하다.

인생에서 31세~50세는 가정을 이루고 직업성취를 이루는 등 왕성한 활동력으로 자신이 삶을 개척해야 한다. 배우자·자식과 함께 안정을 얻고 노년의 바탕을 이루어야하는 인생에서 가장 중요한 시기이다.
10대·20대는 부모가 주관하는 시기로 부모의 영향력 아래에서 자신이 주체적으로 삶을 이끌지 못하는 환경이고, 50대 이후에는 자식이 주관하는 시기로 자신의 의지대로 삶을 주도할 수 없는 환경이다.
세상만사를 나 혼자서 돌릴 수 없듯이 인생도 부모-나(배우자)-자식으로 연결된 기운흐름에 따라 돌아간다. 30세 이전은 부모의 뜻을 받들어 자신의 역량을 펼쳐야하고, 51세 이후는 자식이 뜻을 펼칠 수 있도록 도와야한다.

얼굴삼정에서 눈썹·눈·코 등 중정은 자신이 직접 삶을 개척하여 자식에게 전달하고 말년의 삶을 대비하는 부위이다. 그 시기가 31세~50세이다.

마땅히 30세 이전에 재물·벼슬을 탐하면 부모가 발달하지 못하고, 51세 이후에 탐욕을 부리면 자식이 발달하지 못한다. 이는 뒤에서 밝히는 '인생 총량제'의 개념이다.

인생 100년 중 20년이 자신의 의지로 삶을 주도한다는 것은 권리이자 의무이기도 하다. 31세~50세에 온전히 부모에게 효도하고 자식을 아낌없이 사랑해야 한다는 의미도 된다.

자식 입장에서 보면 부모로부터 온전한 사랑을 원하는 시기는 대략 20대 이전이다.

내 나이 31세~50세에 얼마나 부모를 공경하고 진정 자식 입장에서 자식을 사랑했는가? 되새겨볼 문제다.
'그렇다'고 자신 있게 말할 수 있는 사람은 몇이나 되겠는가. 혹 '그렇다'고 자신 있게 말하는 분이 있다면, 부모 또는 자식 입장에서도 그렇게 생각하는지 되짚어볼 여지가 있다.

요즘은 맞벌이가 대세다. 자기발현, 경제적 성취, 가치실현에 대한 욕구 등 다양한 이유로 맞벌이를 선택한다. 자식을 남부럽지 않게 키우겠다는 부모의 의도에서 비롯되는 경우도 있을 것이다.

50세 이전의 맞벌이는 결국 돈 문제 때문에 부모의 사랑이 필요한 자식을 소홀히 하는 꼴이다. 자식은 부모의 온전한 사랑을 원하는데, 부모는 자식을 위한다는 명목으로 자신의 입장에서 진정한 사랑을 망각하는 어리석음을 범하게 된다.

부모는 자식이 성인이 되기 전까지 자식을 돌보고 사랑을 가슴에 심어주어야 할 의무가 있고, 자식은 성인이 되기 전까지 부모의 사랑을 요구할 권리가 있다.
　부모의 사랑을 온전히 누리지 못한 자식이 나중에 효도를 하겠는가. 그러면 부모는 이렇게 말할 것이다.

"내가 너 하나 잘 키워보겠다고 뼈 빠지게 일했는데,
　네가 그럴 수 있냐?!"

의무를 다하지 않은 자가 권리를 주장하는 꼴이다.

인생가치는 돈이 전부가 아님을 중정(눈썹·눈·코)의 의미에서 깨달을 필요가 있다. 자신이 주도하는 권리는 의무를 다함으로써 실현된다는 사실을 자각해야 할 것이다. 이것이 진정한 인생 20년(31세~50세)의 의미이다.

하정(인중·입·법령·턱)은 자식이 주도하는 삶이다.

　얼굴 아랫부분(하정)은 인중-입-턱으로 이루어진다.
　인중의 나이는 51세로 51세~59세까지 주관하고, 입의 나이는 60세로 60세~69세까지 주관하고, 턱은 70세~76세를 주관하면서 77세 이후 인생을 관장한다.
　입·턱은 주로 노년의 건강과 행복, 자식의 발전을 살피는 곳이다.

51세 이후는 자식이 주도하는 시기로 자식의 기운(힘)으로 살아가게 된다. 벼슬·재물의 성취는 자식이 주관하고, 자신은 덕성(덕행)으로 삶을 안정되게 해야 한다.

**얼굴을 인생 항해에 비유하면, 입은 배에 비견된다.
눈·코에서 재물을 형성하여 입에 담아 운행하게 된다.**

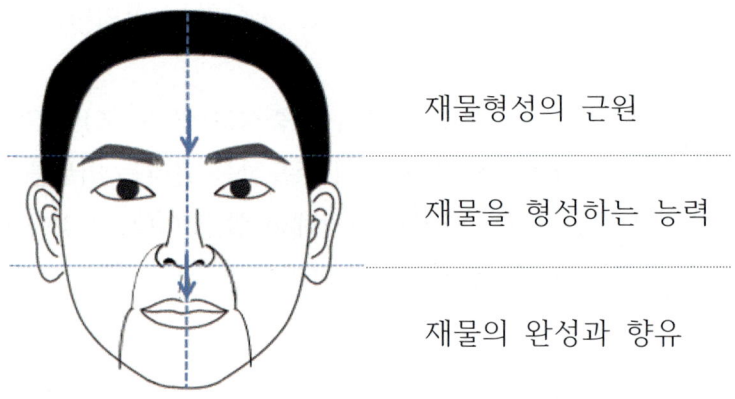

재물형성의 근원

재물을 형성하는 능력

재물의 완성과 향유

입은 오행으로 수(水)에 해당하고 신장·생식기·수족(手足) 건강과 관련이 있다. 힘과 지구력 등 삶을 살아가는 정열적이고 왕성한 에너지는 하정에서 나온다.

눈·코에서 형성한 복록은 인중을 거쳐 입으로 들어오는데, 그 흐름을 돕고 지키는 곳이 법령이고 복록을 견고하게 하는 곳은 턱이다. 입 형상도 중요하지만 인중·법령형상에 따라 형성한 복록을 창고에 담고 누릴 수 있느냐의 관건이 된다.

인생 항해에서 복록을 배에 싣고 순항하기 위해서는 배(입)가 튼튼해야하고, 배가 항로를 벗어나지 않고 안정되기 위해서는 물길(인중과 법령)이 순조로워야 하는 것이다.

인중이 바르고, 입이 두툼하고, 턱이 원만하면 일생을 살아가는 힘의 원천이자 에너지원이 된다. 여기에 법령이 완성되면 경거망동하지 않고 복록을 더욱 견고하게 한다. 덕성을 갖춘 사람으로 품행이 단정하다. 자식이 효도하고 말년까지 재물을 향유하면서 건강하게 장수한다.

인중-입-턱 형상이 조화롭고 두툼하면 일을 함에 있어서도 한번 시작한 일은 끝까지 해내는 집념이 있다. 인내와 끈기로 결실을 이루는 타입이다. 신체의 특징으로는 하체가 발달하고 생식기능이 왕성하다. 관료 또는 군인 등 부하를 거느리는 직업에서 발달하고 사업적 재능이 있다.

배(입)가 아무리 좋아도 항로(인중·법령)가 없으면 난파되기 십상이고, 항로(인중·법령)가 완전해도 배(입)가 부실하면 아무 소용이 없고, 항구(턱)가 부실하면 배에 담은 복록을 얻을 수 없다.

턱은 크고 풍만한데 입이 작다.

항구(턱)에 비해 배(입)가 작은 꼴이고 창고는 큰데 넣을 곡식이 없는 형국이다. 적합하지 않은 항구에서 빛을 보기 어렵고 큰 창고에 한 줌의 곡식은 이삭이나 다름없다. 복록의 바탕은 마련되었지만 완성한 복록이 없는 형국으로 유명무실하게 된다.

입이 작지 않더라도 턱이 지나치게 앞으로 튀어나오거나 시골이 벌어져도 입에 복록을 담기 어렵다.

입이 큰데 턱이 뾰족하다.

턱이 뾰족하거나, 턱 끝이 갈라지거나, 삐뚤거나, 뒤로 넘어가거나, 입이 크고 턱이 지나치게 작으면, 턱이 입을 보좌하지 못하는 꼴이다. 삶이 풍요롭지 못하거나 노년에 복록을 현실적으로 누리기 어렵다.

입이 크고 두툼해도 턱이 부실하면 항구가 부실한 꼴이니 입에 복록을 담더라도 온전히 누릴 수 없다. 인생복록은 배 안이 아니라 육지에서 온전히 누리게 되니 그러하다.

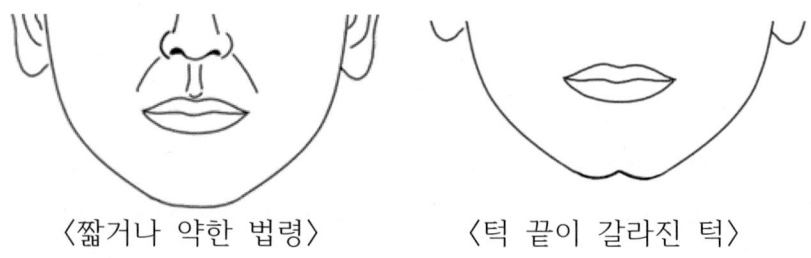

〈짧거나 약한 법령〉　　〈턱 끝이 갈라진 턱〉

입은 바른데 인중·법령이 바르지 않거나 삐뚤다.

인중이 없거나 법령이 바르지 않으면 형성된 복록이 입으로 들어오지 못한다. 복록을 담는데 한계가 있거나 복록을 크게 하지 못한다. 인생항로가 정해지지 않은 꼴이니 잘못된 방법(위법·편법)으로 명예와 재물을 취한다는 의미도 있다. 자신의 의지와 상관없이 삶의 방향이 엉뚱하게 흘러가기도 한다.

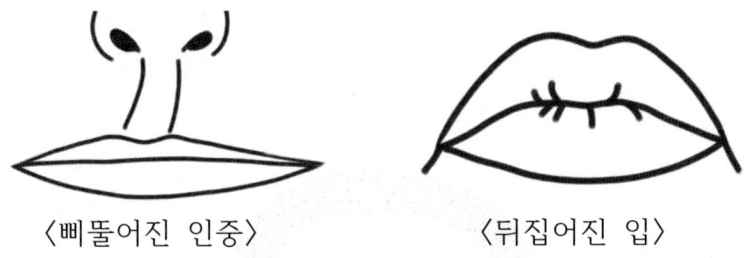

〈삐뚤어진 인중〉　　　　　　〈뒤집어진 입〉

인중은 바른데 입 형상이 좋지 않다.

　복록을 담을 창고가 부실한 것과 같다. 배에 재물을 가득 실었다 한들 배(입)가 뒤집어지면 재물이든 생명이든 온전하지 못하게 된다. 스스로 복록을 뒤엎거나 재난을 자초하는 경우가 많다. 배가 침몰하는 형국이니 탐욕을 부리면 일시적으로 성공할지라도 말년에 반드시 화(禍)를 당하게 된다.

⋯ 얼굴 삼정과 인생여정

얼굴 삼정은 그 사람 그릇의 크기이자 그릇의 질이다.
얼굴 삼정에서 상정-중정-하정 관계는 초년-중년-말년, 부모-나(배우자)-자식, 일의 시작-과정-결과의 관점으로 보았다.

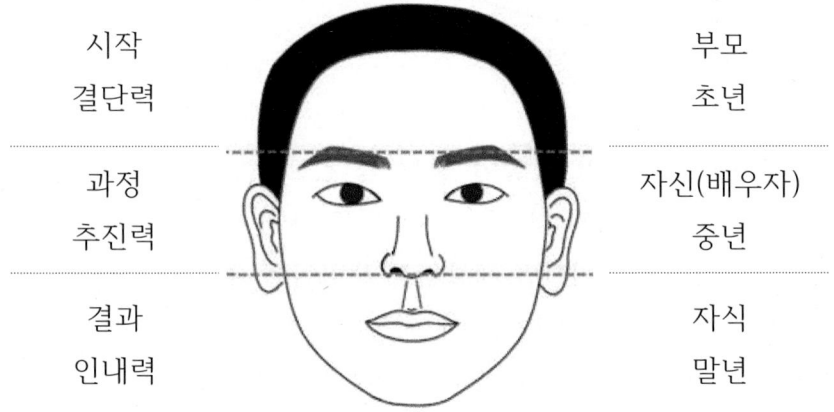

얼굴 상-중-하 3부분의 균형·조화만으로도 일생의 등락성쇠를 판단할 수 있고, 일생을 큰 틀에서의 가치와 인생관을 짐작할 수 있다.

기본적으로 삼정이 균형·조화를 이루면 일생을 살아가는데 큰 어려움이 없을 것이요, 삼정이 조화를 잃으면 성취하더라도 인생에 굴곡이 많고 성공과 실패가 다단하게 된다.
다만 이마의 형상이 비록 좋지 않더라도 이목구비(耳目口鼻) 등 다른 부위가 좋으면 그 부위(位)의 나이에 이르러 자연히 운세를 좋아진다고 하였는데, 이를 득(得)이라 한다.[14]

즉 얼굴 삼정으로 길흉을 짐작할 때 자신의 얼굴부위 중 상대적으로 좋은 부위와 좋지 않은 부위를 살피는 것도 중요하다.

얼굴 上中下의 균형·조화에서 인생등락과 육친관계와 일의 성취 등을 알아보자.

상정이 좋지 않다는 것은 이마가 좁거나, 낮거나, 뒤로 넘어가거나, 튀어나오거나, 가운데가 푹 꺼지거나 하는 것들이다. 인당이 좁거나 지나치게 넓거나 뾰족하게 튀어나오거나 꺼져도 마찬가지이다.

중정이 좋지 않다는 것은 눈썹이 없거나 끊어지거나 흩어지거나, 눈이 동그랗거나 눈빛이 흐릿하거나, 산근이 납작하거나, 코가 삐뚤거나 콧등이 바르지 않거나 손상된 것들이다.

하정이 좋지 않다는 것은 인중이 없거나 삐뚤거나, 입이 삐뚤거나, 입술이 지나치게 얇거나, 법령이 없거나, 턱이 뾰족하거나, 턱 끝이 갈라지거나 뺨에 살이 없이 움푹 들어간 것들이다.

이런 얼굴 각 부위의 모양새에 대하여는 뒤에서 차차 살펴보기로 하고, 여기서는 삼정 형상에 따른 삶의 방향성을 살펴보기로 하자.

---

14) 『柳莊相法』「蹇通得失」.

**상정(이마)은 좋은데,
중정(눈·코)-하정(입·턱)이 좋지 않다.**

초년에 부모음덕은 좋은데 중년이후의 운세가 좋지 않다.

부모로부터 재산을 물려받더라도 다 까먹고 말년에 빈털터리가 된다. 일을 함에 있어서 시작은 잘하지만, 중도에 쉽게 포기하고 끝이 흐지부지하다.

**상정(이마)-중정(눈·코)은 좋은데,
하정(입·턱)이 좋지 않다.**

초년과 중년은 순탄하지만, 말년에 고독하게 지낸다.

좋은 부모를 만나고 음덕으로 인생출발이 순조롭고, 중년에 자신의 능력을 발휘하여 승승장구하지만, 말년에 복록을 지키지 못하거나 누리지 못한다.

자식 또는 아랫사람으로 인해 재산을 탕진하거나 명예가 실추되는 일이 생긴다. 자신 또는 배우자의 과실로 가정을 파하고 홀로 되어 가난한 노년을 맞는다.

일에 대한 결단력과 추진력이 좋아서 능력을 발휘하고 성과를 얻을 수 있는데, 마무리가 약하거나 결실물이 부실하여 성과에 비하여 손에 쥐는 게 적다.

다만 턱이 좋지 않다는 이유로 말년이 허망하겠는가.

턱이 좋지 않은 사람은 평소에 덕을 많이 쌓고 열심히 살아간다면 노년의 건강과 행복을 누릴 수 있다. 특히 턱이 뒤로 넘어간 사람은 늙어서도 일을 손에 놓지 않으면 복록을 지킬 수 있다고 하였다. 일을 손에 놓지 않음은 건강하다는 의미이고, 건강은 육체 뿐 아니라 정신건강을 포괄한다.

**턱이 빈약한 사람이 노년에 행복을 누리고자 한다면, 평소에 덕을 많이 쌓아라! 내가 베푼 덕행에 이자가 붙어서 다시 나에게 음덕(행운)으로 되돌아 올 것이다.
항상 다른 사람을 존중하고 배려하는 마음씀씀이가 바로 덕행이고 부귀의 조건이 된다.**

**상정(이마)-하정(입턱)은 좋은데,
중정(눈·코)이 좋지 않다.**

중년운세가 순조롭지 않고 배우자인연이 순탄하지 않다. 자신이 주도하는 일에서 실패가 많은 것이 특징이다.

좋은 부모를 만나 초년에 풍요롭지만, 중년 이후에 방황하고 실패를 거듭하다가, 노년에 이르러 자식이나 부하의 도움으로 중년의 실패를 딛고 뜻을 이루는 인생여정이다.

대개 평범한 배우자를 만나 별 볼일 없이 살다가 자식이 출가한 후에 뒤늦게 성공하거나, 아랫사람의 도움 또는 자식의 성공으로 말년에 복록을 누리는 타입이다.

사업적으로 시작은 잘 하는데 큰 성과를 얻지 못하다가 자식을 낳고 발복하거나 부하직원의 덕택으로 결실을 보는 경우가 많다.

부모-자식의 뒷배를 믿고 자기과시욕이 강하다. 수중에 돈이 없어도 있는 척하고, 하고 싶은 것은 해야 직성이 풀리는 타입이다.

자신의 부족함을 숨기려는 의도이기도 하다.

상정(이마)-중정(눈·코)-하정(입·턱) 모두 좋다.

인생에서 걸림돌이 없고 하는 일에 장애가 없다. 부모음덕에, 좋은 배우자에, 효도하는 자식에, 노년에는 건강하게 장수하는 인생여정이다.

일을 시작하면 딴 눈을 팔지 않고, 일관성 있게 추진하고 실행하여, 결실을 크게 한다. 안 될 것 같은 일도 귀인의 도움으로 성사되고 나쁜 일이 생겨도 전화위복이 된다.

상정(이마)-하정(입·턱)이 좋지 않은데,
중정(눈·코)이 좋다.

초년에 고생하다가, 중년에 자수성가하지만, 말년에 고독하게 되는 허망한 인생여정이 되기 쉽다. 부모음덕은 없지만 배우자의 도움은 있는데 자식이 애를 먹이는 꼴이다.

건강함과 성실함을 밑천으로 노력하여 힘겹게 터전을 일구고 자수성가하지만, 말년에 자식 또는 부하의 잘못으로 재물을 탕진하거나 명예를 잃게 된다. 고생 끝에 이룬 것을 제대로 지키지 못하는 경우가 많다.

일에 있어서도 어렵게 시작하는데, 일단 시작한 일은 성실함으로 성과를 내지만, 결실이 적거나 시비구설 등으로 끝이 좋지 않은 경향이 있다.

**상정(이마)은 좋지 않은데,
중정(눈·코)-하정(입·턱)이 좋다.**

초년에 고생하지만 중년기 이후의 삶이 풍요롭다.

부모가 훌륭해도 학문을 이어가지 못하거나 어린 시절에 고생을 자초하는 경향이 있다. 중년에 자신의 노력으로 터전을 일구고 성공을 이루어내는 자수성가형이다.

결혼하여 배우자의 내조가 있고 자식을 얻은 후에 발복하는 경우가 많다. 음덕이 없고 시작은 더딜지라도 일단 일을 시작하면 성실함을 무기로 끈질기게 일을 완성해낸다.

**상정(이마)-중정(눈·코)이 좋지 않은데,
하정(입·턱)이 좋다.**

초년에 고생하고 중년에도 힘겹게 살다가 인생 막판에 인생복록을 다 누리는 인생여정이다.

하늘에서 내려준 음덕도 없고 배우자 복도 없고 노력해도 성과가 별로 없다. 인생이 허망하다가, 건강이 밑천이 되어 노년에 삶에 활력을 찾게 된다. 지질이도 못 살다가 자식하나 잘 두어서 말년에 떵떵거리고 사는 케이스이다.

일을 어렵게 시작했는데도 일에 성과도 없지만 끈기로 버티다보니 결실을 얻는 대기만성형이라 할 수 있다. 자신의 능력보다 부하의 공덕으로 성공을 이루는 경우가 많다. 고생 끝에 낙이 온다는 말이 어울리는 타입이다.

상정·중정이 비록 좋지 않더라도 인내와 끈기를 잃지 않고 긍정적인 사고로 덕행을 실천하면 말년에 복록을 한꺼번에 누리는 길임을 명심해야 할 것이다.

100년 인생 중 50년은 노년이다.
그만큼 인생에서 노년 행복이 중요하다.
초년-중년-말년이 모두 순조로우면 바랄 것이 없겠지만, 굳이 하나를 고르라면 노년 행복을 꼽을 것이다.
무릇 노년의 건강과 행복은 초년-중년을 거치면서 행한 덕행(德行)의 값으로 누리는 복덕(福德)이다.

상정(이마)-중정(눈·코)-하정(입·턱) 모두 좋지 않다.
부모, 배우자, 자식인연 모두 약하고, 누구하나 도와주는 사람이 없고 기댈 데가 없는 허망한 인생여정이다.
되는 일이 없고, 뒤로 넘어져도 코가 깨지는 형국에 직면한다. 능력을 발휘하지 못하는 인생이 고달픈 인생이다.

삼정이 조화를 잃었거나 이마-눈·코-입·턱 형상이 모두 좋지 않은 사람은 '소확행'을 인생목표로 삼을만하다. 재물·명예를 탐하지 않고 주어진 환경에서 순리에 따르면 복록을 누리게 된다.
소소하지만 확실한 행복을 하나하나 이루다보면 어느새 큰 행복을 누리는 자신을 발견하게 될 것이다.

┈ 얼굴 삼정의 윤회(輪廻)

윤회의 관점에서 인간에게는 4번의 생(生)이 주어진다고들 한다.

  i 씨를 뿌리는 생
  ii 씨앗에서 뿌리와 싹을 내어 기르고 가꾸어가는 생
  iii 결실을 맺고 수확하는 생
  iv 수확한 것을 사용하는 생

봄-여름-가을-겨울 1년 사계절의 만물의 생장-쇠멸의 흐름과 흡사하다. 봄에 씨를 뿌리고, 여름에 만물을 기르고, 가을에 수확을 하고, 그 덕택으로 겨울을 지낼 수 있다.

겨울에 곡식을 축내기만 하고 씨앗을 보관하지 않으면 봄에 뿌릴 씨앗이 없게 된다. 봄에 씨앗을 뿌린다는 것은 겨울에 씨앗을 준비했기에 가능하다. 이렇게 천지만물이 영속하듯이 인간도 영속한다는 개념이 윤회이다.

인간의 생(生)을 윤회개념으로 보면 현재의 내 모습은 전생(前生)의 내 모습이고, 동시에 후생(後生)의 내 모습이기도하다. 인간의 윤회는 태어나서 죽음을 맞고 다시 다음 생에서 태어나고 죽음을 맞는 등 4번의 환생을 의미한다.

인간의 윤회를 봄-여름-가을-겨울 천지만물의 순환으로 설명한 것이다.

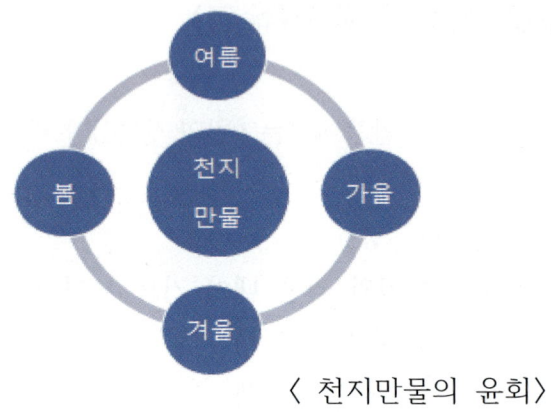

〈 천지만물의 윤회〉

　윤회를 통한 내 모습은 그저 주어지는 게 아니다. 전생의 모습이 반영되어 이어지게 된다. 씨앗이 튼실해야 생장하여 결실이 완성되는 이치와 같다. 이생에서 엉망으로 살아 놓고서 다음 생에서 잘 살기를 바라는 것은 욕심이다.

　윤회를 믿는다면 다음 생에서 음덕과 복덕을 타고 나기를 원하지 않는 사람은 없을 것이다. 그런데 우리는 다음 생의 내 모습은 생각지 않고 눈앞의 현실에 급급하여 욕심을 부린다. 봄-여름에 노력한 대가로 가을에 결실의 기쁨을 얻는다는 사실을 망각하고 설익은 사과로 배를 채우려한다.

　지금 내 삶이 고달프다면 내가 전생에 못된 짓을 많이 한 까닭이다. 지금 이 순간부터라도 열심히 노력하고 덕행을 쌓으면 그 보상은 다음 생에서 받게 될 것이다. 윤회를 믿는다면 말이다.

설익은 사과는 몸을 해치고 씨앗을 얻을 수 없다. 봄을 기약할 수 없는 허망한 인생이 된다.

다음 생에서 부모를 원망하고 자기신세를 한탄하지 않으려면 지금 내 모습을 잘 가꾸어야 한다. 지금의 시련은 전생의 업보(業報)라면 업보를 청산해야하지 않겠는가. 지금 생에서 업보를 덕행으로 돌리면 전화위복의 기회가 된다는 사실을 망각해서는 안 될 것이다. 윤회는 거듭되니까…

윤회를 얼굴삼정으로 보면 상-중-하로 3번의 생(生)이고, 머리(뒤통수)와 더불어 살피면 4번의 생으로 이어진다.

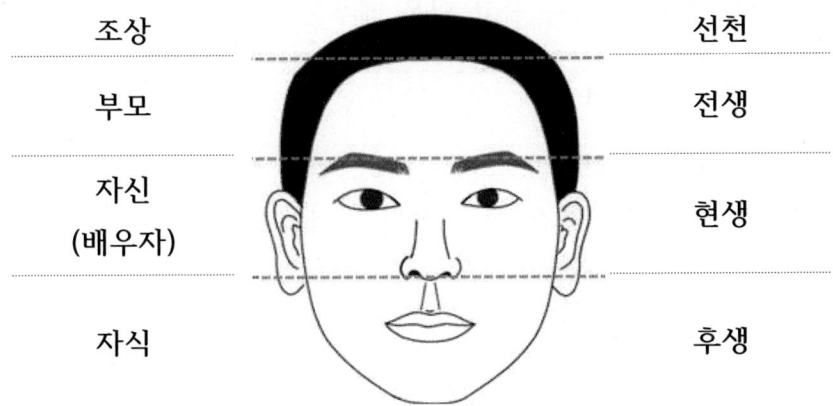

조상		선천
부모		전생
자신 (배우자)		현생
자식		후생

  i 머리(뒤통수)는 윤회의 씨앗이다.
 ii 이마를 중심으로 한 전생(前生)
iii 눈·코를 중심으로 한 현생(現生)
iv 입·턱을 중심으로 한 후생(後生)

머리-이마-눈·코-입·턱 등 4생의 윤회로 보고, 얼굴 삼정은 전생-현생-후생에 해당한다. 이를 육친으로 보면 부모-자신(배우자)-자식으로 이어지는 자연의 순환원리이다.

비록 이마가 낮더라도 눈·코에서 열심히 노력하면 입·턱에 이르러 반드시 풍요로움을 얻는다는 것이 얼굴 삼정의 참의미다. 전생에 집착하지 말고, 현생에서 노력하면, 후생에 영광을 누린다는 이치를 얼굴삼정에서 말하고 있음이다.

부모를 공경하고, 배우자를 존중하고, 자식을 사랑하는 것이 곧 노력하는 삶이고 현생을 잘 사는 방법이다. 인생사로 보면 타인과 더불어 조화롭게 살아가야 함이다. 자신을 낮추고 나보다 못한 사람을 돕고 덕을 베푸는 마음이 선결되어야 한다.

덕행이 인생 행복의 열쇠라는 사실을 얼굴 삼정의 윤회개념에서 인생의 참의미를 곱씹어 보는 계기가 되었으면 한다.

《얼굴 12궁》

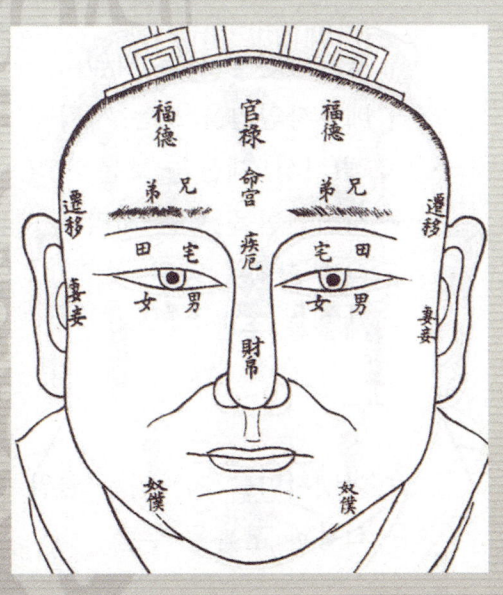

- 명예.벼슬
- 재산.재물
- 부모.형제
- 가정.배우자
- 자식
- 건강과 사건.사고
- 노년의 행복
- 복(福)과 덕(德)

··· 얼굴 12궁의 부위와 의미

《이마·인당》
관록궁 = 복서골(이마 중앙 세로 뼈) - 명예·벼슬을 주관
부모궁 = 일각·월각(복서골 좌우 뼈) - 부모를 보는 자리
천이궁 = 천창(보각 옆 가장자리)   - 이동·승진을 주관
명궁 = 인당   - 자신 운명을 주관

《눈·코》
형제궁 = 눈썹   - 형제인연을 보는 자리
처첩궁 = 눈꼬리   - 배우자인연을 보는 자리
전택궁 = 눈(눈두덩)   - 집(가정)·재산을 보는 자리
남녀궁 = 누당·와잠   - 자식인연을 보는 자리
질액궁 = 산근   - 질병·횡액을 주관
재백궁 = 코   - 재물을 주관

《입·턱》
노복궁 = 턱   - 아랫사람을 거느리는 권위
식록궁 = 인중·식록   - 식복과 복록을 주관

《얼굴 가장자리》
복덕궁 = 천창·명문·지고 - 음덕과 덕행을 보는 자리

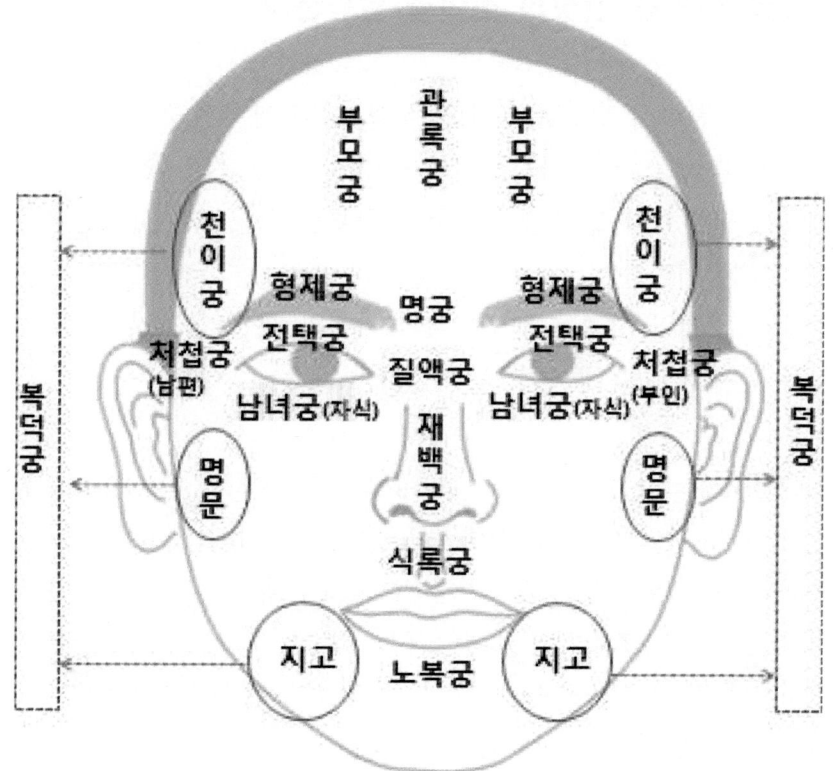

<얼굴 12궁의 위치와 명칭>[15]

---

15) 참고1)『달마상법』은 12궁에 전택궁을 두지 않고, 대신에 상모궁(相貌宮)을 두어 12궁으로 분별하였다.『마의상법』에서는 전택궁과 상모궁을 모두 12궁에 두고, 대신에 부모궁을 '12궁 비결'이라 하여 따로 분류하였다.
참고2) 현대에서는 12궁에 식록궁을 포함하여 13궁으로 분별하기도 한다. 식록(食祿)은 인중 양쪽 옆에 위치한 볼록한 부위로 인중을 포함한 윗입술 전체를 일컫는다.
한편, 얼굴의 이목구비(耳目口鼻) 중에서 유일하게 12궁에 속하지 않는 부위가 귀이다. 이를 보건대 귀는 얼굴부위 중 한 부위라는 인식보다 하나의 소우주로 보았음을 알 수 있다.

얼굴 12궁을 관상의 꽃이라 일컫는다...

　인간의 원초적 생명성(육친)인 부모-형제-배우자-자식, 삶의 수단인 벼슬·재물, 인생가치실현과 관련된 건강-운명-복덕 등 인간 삶에서 필수적인 12가지 요소를 얼굴부위에 고유한 자리를 정한 것이 12궁이다.
　얼굴 12개의 자리는 해당부위의 나이와 상관없이 일생 전반에 걸쳐 운세와 길흉에 영향을 미친다.

　가령 눈 꼬리 형상이 좋지 않다고 가정해보자.
　눈 꼬리 나이는 39세·40세이고, 배우자자리에 해당한다.
　눈 꼬리 형상이 좋지 않으면 39세·40세에 좋지 않은 일이 일어나거나 배우자 인연을 깨뜨릴 수 있다. 궁위의 특징은 일생에 영향을 미치기에 39세·40세를 넘겼더라도 언제든 부부애정이 왜곡될 가능성을 안고 있다는 뜻이다.

이마는 삶의 바탕이자 뿌리이다...

　이마는 벼슬(관록궁), 부모(부모궁), 승진(천이궁) 등 주로 명예·벼슬과 관련이 있다.
　이마는 하늘의 복록으로 부모음덕 또는 선천복록을 말한다. 고대에서 벼슬이 삶의 최고수단이었고 벼슬은 부모로부터 비롯되었다. 부모의 벼슬·신분은 곧 나의 벼슬·신분이자 운명을 결정짓기에 이마 4개 궁위는 삶의 바탕이자 뿌리가 되는 것이다.

인당은 명궁(命宮)이라 하여 사람의 운명을 주관하는 자리이다. 이마 기운을 함축하여 얼굴 상하좌우 사방팔방으로 밝히는 기운이라 할 수 있다.

12궁의 절반은 눈과 코에 포진되어 있다...

눈·코는 중정에 해당하고 자신이 역량을 펼치는 시기이다. 배우자를 만나 자식을 얻어 가정을 이루고, 삶의 수단인 재물과 벼슬을 생산하고 성취하는 영역이다.

100년 인생 중 고작 20년에서 일생의 바탕을 이루고 삶의 수단을 완성하는 등 인생에서 막중한 책무를 담당하여 가장 많은 일을 해내야하는 중요한 부위가 눈과 코이다.

눈·눈썹은 가정을 주관하고 성(性)과 관련된 궁위다.

눈썹은 형제, 눈두덩은 집(가정), 애교살은 자식, 눈꼬리는 배우자를 의미하는 자리이다. 모두 성(性)과 관련된 육친들이고 성을 이루는 가정이라는 특징이 있다.

이마는 부모를 상징하고 눈썹은 형제자리이다. 이마(부모)의 기운을 눈으로 전달하는데 조절작용을 하는 곳이 눈썹이다. 부모로부터 독립한 형제 중에서 내가 존재하고, 나는 배우자를 만나 자식을 얻음으로써 부모가 되어 일가를 형성하는 곳이 눈이다.

눈은 가정 뿐 아니라 재물과 벼슬을 성취하는 중심기능을 수행한다. 행복한 가정을 이루기 위해서는 삶의 수단인 재물 또는 벼슬이 필요하기 때문이다. 가화만사성(家和萬事成)의 의미에 딱 어울리는 부위가 눈이다.

코는 재물의 성취능력과 활동력을 관장하는 궁위다.

코는 얼굴에서 주인공으로 중년의 정점(40대)에서 인생의 전반-후반 운세의 변화를 총괄한다. 산근(山根)은 '질액궁'이라 하여 질병횡액 즉 건강을 관장하고, 코 전체는 '재백궁'으로 현금·폐물·비단 등 재물을 관장한다.

코에서 건강-재물을 관장한다는 것은 재물의 많고 적음보다 재물을 다루고 성취하는데 필요한 요소를 의미한다. 재물성취활동을 하기 위해서는 건강(활동력)이 필요하고, 재물을 실질적으로 성취하기 위해서는 재물활동과정에서 빚어지는 사건·사고에 대한 임기응변·대처능력이 필요하다.

☞ 코는 삶에 대한 열정·의지력·결단력·대처능력 등을 관장하여 벼슬·재물의 실질적 성취와 안정성은 물론 부부애정과 가정평안을 실현되는 부위이다.
☞ 코가 바르고 풍만한데 50세가 넘도록 재물성취가 없다고 실망하지 마라. 재물을 관장하는 풍만한 코는 언젠가 코 값을 하게 되니 말이다.

☞ 콧대가 손상되고 코가 휘어진 사람이 재물이 많다고 목에 힘주지 마라. 코가 바르지 않으니 그 돈은 돌고 도는 과정에서 잠시 머물렀을 뿐이다.

입·턱은 노년의 행복을 주관하는 자리이다...

노복궁은 턱을 지칭하고 입·턱을 총괄한다. 노복(奴僕)은 노비를 말하는데 현대적 의미로는 부하·직원 등 아랫사람이다. 육친으로는 자식을 상징하고, 고대에는 부인을 아랫사람으로 보기도 했으니 배우자까지 포괄하는 개념이다.

입이 바르고 턱이 풍만하면 노비를 두고 많은 식솔(食率)을 거느리는 권세 높은 대가(大家)의 모습이다. 노년에도 여전히 권력이 있고 자신이 직접 행하지 않아도 아랫사람을 부려서 행복을 누린다는 의미도 있다.

인중(입술 윗부위)은 식록궁의 별칭이다.

현대는 능력을 위주로 하는 사회이기에 고대에 비하여 경제활동 기간이 길고 다양성이 있다. 인중부터 노년으로 본 것은 자신의 역량을 자식에게 넘겨주라는 의미인데, 현대사회에서는 51세가 뒷방을 차지하고 앉아 있을 수 없는 환경이다.

식록(食祿)은 먹을 복과 행복·복록·벼슬 등 재물·벼슬을 포괄하는 의미이다. 인중이 주관하는 51세~59세는 다양성·변화성의 현대사회구조에서 자신이 터득한 특별한 능력을 실현하는 자리라 할 수 있다. 자신의 노년과 자식의 발달에 촉진제가 되는 곳이 바로 현대적 관점에서의 식록궁이다. 인중을 비롯한 입술 윗부분은 노복궁(결실)의 원인이 되고 노년의 행복·복록을 견고하게 하는 부위이다.

얼굴 상중하를 아우르는 복덕궁은 덕행의 실천이다.

복덕궁은 특정한 부위가 아닌 천창-명문-지고를 연결하는 양쪽 얼굴 가장자리이다. 또 다른 궁위와 달리 특정한 삶의 수단이나 육친 등 의미를 부여하지 않는다.
천창(부모·하늘)으로부터 입은 음덕을, 지고(자식·타인)로 전달 즉 덕행을 베풀어야 하는데, 그 주체는 명문(자신)이라는 의미이다.

복덕궁은 받았던 음덕을 덕행으로 되돌리는 것이 진정으로 복덕(福德)을 누리는 방법임을 암시하고 있다. 이것이 삼정(천지인)의 이치이고, 뒤에서 살펴볼 육부-삼농의 개념과도 연관된다.

지금까지 얼굴 12궁의 원리와 전체적인 의미, 각 궁위의 부위와 의미, 해당 부위의 특징 등에 대하여 알아보았다.
이제부터는 각 궁위의 기능과 해당부위의 성격과 작용에 대하여 좀 더 구체적으로 살펴보기로 하자.

명궁(인당印堂)...1

인당은 화룡점정이라는 상징적 의미가 있다. 풍수에 비유하면 명당에 해당하는 자리이고, 도교수련에서는 '제3의 눈'이라 하여 실체는 없지만 다른 세상(혜안)을 보는 신비로움으로 표현한다.
　인당은 명(命)을 주관하는 곳으로 일생 운행에서 등대와 같은 곳이다. 명(命)이란 그 사람의 운명을 말하고 일생의 운세를 의미하기도 한다. 이마-눈·코의 기운을 모이고 분산하는 중심축으로 일생의 길흉을 주관하게 된다.

인당의 형상으로 그 사람의 행복지수와 만족지수를 알 수 있다. 인당은 행운을 불러들이거나 횡액을 자초하게 될 순간의 선택을 좌우한다. 모양새가 뚜렷한 형상은 아니지만 보이지 않는 기운을 함축하기 때문이다.

인당은 미릉골(눈썹뼈)과 함께 이마의 기운을 함축하여 눈·코의 작용을 북돋아주는 통로이자 연결고리이다.
　인당은 나이(28세)로 보면 상정(이마)에 속하고, 위치적으로 눈썹 사이에 있고 산근과 연접하기에 중정(눈·코)에 속하기도 한다. 이마-눈썹·눈-산근(코)과 인접한 관계로 이마의 특성을 갖고 눈·코의 기능에 영향을 미친다.
　인당은 얼굴 각 부위의 운세를 더욱 좋게 하거나 나쁘게 만드는 데 한 몫 하지만, 귀·눈·입·코 등 얼굴형상을 뛰어넘어 좌지우지하는 것은 아니다.

**인당은 넓고 평평하면서 살집이 도톰하고 밝게 빛나고,
주름·흉터·점 등이 없이 깨끗해야 한다.**

인당이 좋으면 학문·벼슬은 물론 재물·사업적 성취를 이루고 건강하게 장수하는 요건이 된다. 마음이 풍족하니 인생길이 순탄하고 복록이 가득하다. 설령 재물이 많지 않더라도 삶에 만족지수가 높고 작은 것에 감사하고 행복감을 느끼는데 더 이상 바랄 게 있겠는가.

다만 인당이 좋더라도 이마가 좁거나, 눈썹이 탁하거나, 눈빛이 흐리거나, 산근에 주름이 많으면, 학문에 능통해도 출세하지 못하고 재능이 있어도 발달하는데 제약이 있다.

〈주름이 많은 인당〉　　〈눈썹이 침범한 좁은 인당〉

인당이 좁거나 함몰되거나 돌출되거나 주름이 산란하다.

삶의 바탕이 약한 모양새로 일에 정체함이 많고 인생길이 험난하게 된다. 재물이 많아도 만족할 줄 모르고 벼슬이 높아도 불만을 갖게 된다. 만족지수가 낮고 행복지수가 떨어지니 매사에 짜증이 많고 탐욕을 부리게 된다.

관록궁(복서골伏犀骨)...2

관록궁을 살피기 전에 '이마의 뼈'의 구성과 작용적 의미에 대해 알아보자. 이마는 우보각-월각-복서골-일각-좌보각 등 5개의 세로 뼈로 구성되어 있다.

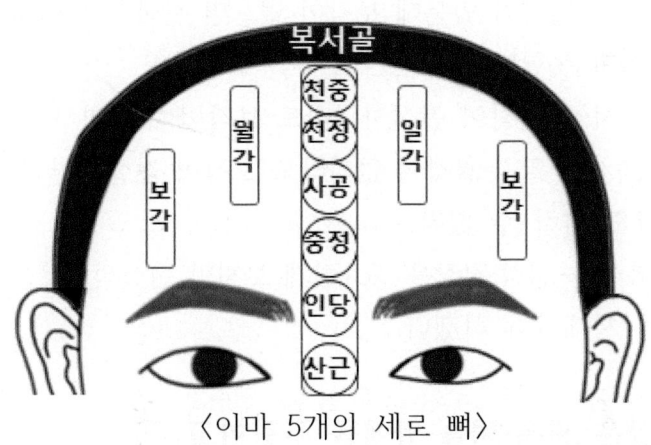

〈이마 5개의 세로 뼈〉

관록궁은 이마 중앙에 있는 세로 뼈(복서골)를 지칭한다.
복서골은 이마의 중심 뼈로 이마의 기운을 총괄한다.
천중-천정-사공-중정으로 구성되고, 위로 정수리로 향하고, 아래로 인당-산근을 거쳐 준두(코)에 이른다.

복서골 좌우에 있는 일각·월각은 부모궁이다.
일각·월각은 양쪽에서 복서골을 보좌하는 뼈로 관록을 지키는 기둥과도 같다. 부모의 음덕으로 벼슬을 세우고 그 벼슬을 부모의 기운으로 견고하게 하는 모습이다.

일각·월각을 받쳐주는 뼈는 좌우의 보각(보골)이다.

　복서골은 일각·월각이 보좌하고. 일각·월각은 좌우 보각이 지탱해준다. 보각은 이마 5개의 마지막 보루라 할 수 있다.

　복시골이 있는데 일각·월가이 없거나 약하면 관록이 무너지는 꼴이고, 일각·월각이 있는데 보각이 없으면 관록이 무너지고 부모가 바로서지 못한다.

　월각-복서골-일각이 건실하더라도 보각이 없으면 오래 견디지 못하고, 복서골·일각·월각이 없더라도 보각이 건실하면 크지 않은 관록이라도 지킬 수 있다.

　비록 복서골-일각·월각을 중요하게 보지만 현실적으로는 보각의 작용력이 지대하다 하겠다.

복서골은 관록·벼슬·명예를 주관하고,
일생의 원천뿌리로 운명(명궁)을 밝힌다.

　일반적으로 이마의 형상은 크기로 판단하지만, 실제로는 이마 뼈의 형성에 따라 이마의 운세가 결정된다.

　복서골(관록)의 기운은 정수리-천중-천정-사공-중정-인당-산근-콧대-준두로 이어진다. 명실 공히 얼굴의 중심 뼈로 귀·눈·입·코의 원천기운이다. 얼굴부위의 기능과 작용은 복서골 기운에 영향을 받는다.

고대에는 관록(벼슬)이 삶의 가장 중요한 수단이었기에 복서골을 관록궁이라 하였다. 현대적 의미로는 모든 직업군에서 두각을 나타내는 능력과 재능을 말한다.

또한 복서골은 '품격(品格)'을 내포하기에 사회적·직업적으로 존경받는 인물이 되는 기본 도량이다.

부모궁(일각日角·월각月角)...3

일각·월각은 부모와의 인연, 부모의 운세·건강·수명, 부모로부터의 음덕 등 부모의 건실함을 보는 자리이다. 일각(복서골 왼쪽)은 아버지, 월각(복서골 오른쪽)은 어머니 자리로 본다.[16] 일각·월각은 '부모'를 상징하는데, 이마 전체를 아버지로 보기도 한다.

일각·월각은 양쪽이 모두 둥글게 솟아 기운이 정수리로 이어져야 한다. 일각과 월각이 바로 선 사람은 부모가 건강하고 영화로우니 부모의 음덕이 있다. 부모가 자신의 입신양명(관록)을 돕는 형상이니 발달하게 된다.

일각·월각이 형성되지 않거나, 이마 좌우의 한쪽은 낮고 한쪽은 높거나, 좌우 형상이 서로 다르거나, 이마가 뒤로 넘어가면, 부모음덕이 적거나 부모인연이 약하다. 정상적인 부모 밑에서 자라지 못하거나, 일찍 부모와 헤어져서 살거나, 일찍 부모를 잃는 경향이 있다.

---

[16] 여자는 반대로 오른쪽이 아버지이고, 왼쪽이 어머니 자리이다.

일각이 꺼지거나 기울어지거나 낮다.

아버지의 일이 잘 풀리지 않거나, 아버지가 건강하지 못하거나, 아버지가 먼저 돌아가신다.

월각이 꺼지거나 기울어지거나 낮다.

어머니의 일이 잘 풀리지 않거나, 어머니가 건강하지 못하거나, 어머니가 먼저 돌아가신다.

관록궁과 부모궁의 관계...

이마 전체형상은 관록-부모의 모양새로 보고, 특히 아버지 모습으로 보기도 한다. 고대에는 부모의 관록이 곧 자신의 관록이었던 시대였고, 부모라 함은 아버지를 두고 한 말이기 때문이다. 이마 전체형상으로 아버지와의 인연 또는 아버지의 도움, 자신의 관록정도를 통괄하는 것이다.

지금 시대도 크게 다르지 않다. 관록이 세습되지는 않지만 부모의 성공은 자신의 발전을 도모하고, 부모의 불행은 자신의 불행으로 이어진다. 반대로 자신의 성공은 부모의 영화가 되고, 자신의 불행은 부모에게 불행을 안겨 준다.

관록궁(복서골)은 자신의 '관록' 즉 인생 최고가치의 실현이고, 부모궁(일각·월각)은 자신 관록의 대들보이자 기둥이다. 복서골이 솟아야 관록을 성취하지만 양쪽에서 일각·월각이 보좌하지 않으면 관록을 완성하지 못하는 것이다.

　만약 일각·월각이 좋은 자식을 낳는다면 그 자식의 부모가 성공하거나 심신이 건실한 부모라는 의미이다. 지금까지 부귀하지 않았더라도 그 자식을 얻고 난 이후에 자식의 기운으로 발복하거나 집안이 흥하게 된다. 그렇지 않으면 그 자식이 성장하여 집안을 일으키게 된다.

**이마가 높고 넓으면 관록-부모궁이 좋은 형상으로 본다.
여기에 월각-복서골-일각이 드러나면 더욱 귀하다.**
　부모가 건실하고 자신의 가치를 실현하는 모습이다.
　자신의 능력을 발휘하여 두각을 나타내는 자질이 있다. 일생에 음덕·행운이 따르고 하는 일에 막힘이 적고 삶이 평화롭다. 설사 좋지 않은 일을 당해도 무난히 해결되거나 전화위복이 되어 도리어 발달하는 계기가 된다.
　도량이 넓어 경거망동하지 않고 소인배와 다투지 않는다. 자존심이 강하고 사고력이 뛰어나며 대응능력이 포괄적이고 대인관계가 원만하다.

이마가 좁거나, 낮거나, 좌우가 다르거나, 뒤로 넘어가거나, 튀어나오거나, 주름이 어지럽거나, 발제(髮際)부위가 불규칙하면, 관록궁-부모궁이 좋지 않은 형상으로 본다.
　관록-부모의 그릇이 작고 도량이 좁은 꼴이다. 관록을 세우지 못하는 모양새인데, 설령 관록을 세우더라도 바탕이 약하고 기둥이 부실하여 오래 지탱하지 못한다.

사소한 일이 다툼이 되거나 시비구설로 일에 정체가 있다. 능력이 있어도 크게 성공하지 못하고, 힘겹게 이루고 쉽게 잃는 편이다. 조그만 일이 큰 사건으로 변하고, 작은 질병이 목숨을 위협하기도 한다. 여기에 귀·눈·입·코 등 다른 부위가 흉하면 더욱 심하다.

이마 형상이 흉하면 부모의 영향력에서 자신이 바로 설 수 없다. 부모를 떠나 자수성가해야 성공을 이룰 수 있다.

관상에서 '모든 복록은 이마형상에 비롯된다'고 하는데, 이는 이마 즉 부모음덕에서 삶의 근원인 관록(벼슬·승진·직위)이 형성되었던 고대의 사회구조에서 비롯된 관념적 논리일 뿐이다.

이마형상이 좋지 않은 사람은 실망하거나 기죽지 마라. 현대사회는 능력을 위주로 한 자수성가의 시대이다. 이마형상이 좋지 않은 사람이라도 본인의 의지에 따라 성공기회를 잡을 수 있는 일들이 널려있다.

**이마형상이 좋지 않은 사람은 부모에게 의존하지 않는 것이 성공비결이다. 스스로 삶을 개척하고 자신만의 독특함으로 영역을 구축하면 이마가 좋은 사람보다 성공의 크기를 크게 할 수 있다.
이마형상이 좋지 않은 사람이 부모음덕이나 행운을 바라면 성공을 이루지 못하거나 삶이 허망하게 될 여지가 많다.**

---

17) 이마가 뒤로 넘어가면 일각·월각이 없는 깎인 이마가 된다. 이런 이마를 격각살(隔角殺)이라 하여 부모인연이 없다고 하였다.

천이궁(천창天倉)...4

천이궁(遷移宮)은 좌우 보각(左輔角)에서 비롯된 이마 가장자리 부위이다. 좌우 보각은 월각-복서골-일각을 보좌하여 관록-음덕을 견고하게 하고, 천이궁에서 복록을 담는다.

일각·월각이 부모음덕이라면, 보각은 귀인(주위)의 도움이다.

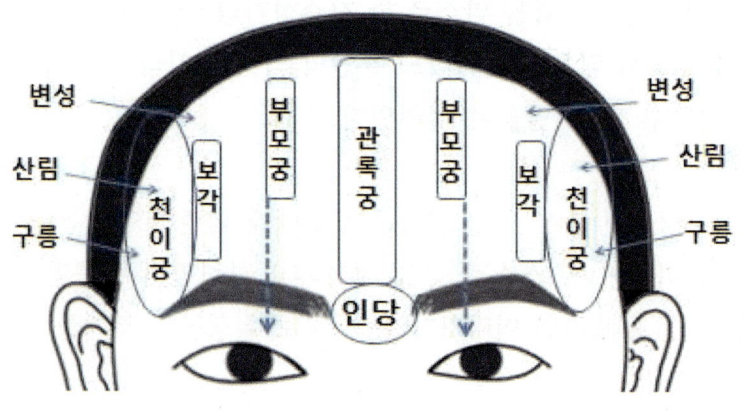

보각은 미릉골(눈썹 뼈)과 함께 천창(天倉)을 형성하고, 이를 12궁에서 천이궁이라 부른다.

천이궁의 얼굴부위는 변성·산림·구릉·총묘에 해당하는 곳으로 통상 '천창(天倉)'이라 불리는 부위이다. 천창(天倉)은 하늘창고라는 뜻이고 선천복록을 의미한다.

변성·산림은 역마(驛馬)라고도 한다. 역마는 지금으로 보면 터미

널에 해당한다. 예전에 역마를 이용하는 사람은 벼슬아치였다. 과거에 급제하여 금의환향하거나, 벼슬을 얻어 거주지를 옮기거나, 발령지로 떠날 때 나라에서 말을 이용하고 역마를 이용하였다.

천이(遷移)는 이동하거나 옮긴다는 뜻이다. 고대에 서민들은 마음대로 주거를 옮기는 자유가 없었던 시절이었다. 거주지를 옮길 수 있는 사람은 양반신분이고, 거주지를 옮긴다는 것은 벼슬 또는 지위상승으로 이동한다는 의미이다. 천이궁을 역마궁, 변동궁 또는 복당(福堂)이라고 부르는 이유이다.

보각이 바로 서고 천이궁이 풍만하면 이마의 타고난 복록을 온전히 누리게 된다.

천창(天倉)은 하늘의 창고이고,
지고(地庫)는 땅의 창고이다.

천창은 이마(벼슬)의 창고라면, 지고는 턱(재물)의 창고이다. 또 이마에서 월각-복서골-일각은 벼슬을 주관한다면, 보각(천창=천이궁)은 벼슬을 지탱하는 재물적 속성이 있다.

천창-지고가 상응해야 함은 음양이 상응하는 것이고, 월각·복서골·일각- 좌우 보각이 상응해야 함은 이마에서 음양이 상응하는 것이다.

마땅히 천창을 살필 때는 이마(월각·복서골·일각)와 지고(뺨)의 형상을 함께 살펴야 한다.

이마가 높고 넓은데 보각이 없다.
월각·복서골·일각이 솟았는데 천창이 함몰되었다.
보각이 뚜렷한데 천창이 함몰되었다.
천창이 풍만한데 지고가 함몰되었다.
천창-지고는 원만한데 뺨이 홀쭉하다.

이런 형상이면 관록을 오래 유지하지 못하고 재물을 지키지 못한다. 주거지가 일정하지 않거나 직업이 안정되지 못한다. 좋지 않은 일로 거처를 자주 옮기거나 직장·직업 변동이 많다. 특히 천창이 꺼지고 지고(턱)가 함몰되면서 뺨이 홀쭉하면 부모의 묘마저도 옮기게 된다고 하였다.

〈홀쭉하게 꺼진 천창〉

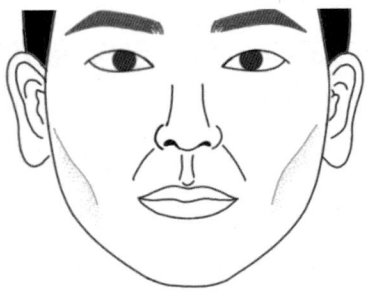
〈홀쭉하게 꺼진 지고(뺨)〉

천이궁의 현대적 의미…

천이궁은 관록(벼슬)에서 승진, 발탁, 출세를 의미한다. 예전의 관록은 현대에서 삶의 수단이자 자신의 가치실현인 '직업성'이고 '변동·변화'의 가치이다. 천이궁의 변동·변화는 주변 환경 등 외적 변화와 관련이 있다.

천이궁은 이마에 위치하여 눈썹·눈과 인접해 있기에, 천이궁의 현대적 의미는 벼슬·재물의 성취 뿐 아니라 부모·형제·배우자·자식 등 육친관계도 아울러 살핀다.

　　직장에서의 승진, 직위의 변동으로 인한 이동
　　사업에서의 투자, 사업규모, 사업현황의 변동
　　재산증식을 위한 투자여부 및 재산의 변동
　　주거지 또는 사업장, 직업, 직장의 이동
　　삶에서의 행운, 주위 사람으로부터의 도움
　　부모의 이별 또는 부모의 안정성
　　배우자와의 애정정도, 인연정도
　　처가 또는 시댁으로부터의 혜택·도움
　　학문적 성취의 활용여부, 재능발현 여부
　　해외, 국가 등으로 인한 발달여부
　　먼 곳 출입이나 장거리여행에서의 길흉

천이궁은 선천보다 후천복록을 주재하고, 벼슬·재산의 변동으로 길흉이 달라진다.

천이궁이 형상이 좋으면 주위사람의 도움·혜택 등 후천복록이 좋고 변동·변화로 발전하게 된다.

천이궁 형상이 좋지 않으면 주위사람으로 인해 곤경에 처하고 흉한 일에 가담하여 흉한 변화가 초래된다.

천이궁(천창)을 살피는 방법...

천이궁(천창)은 보각과 미릉골에 둘러싸여 함몰되기 쉽고, 이마 가장자리에 위치하여 머리털에 덮일 우려가 있다. 살집으로 채워야 하니 기색이 중요하다.

☞ 보각 형상으로 관록(벼슬)의 성취정도를 판단한다.
☞ 천이궁의 면적과 살집으로 주위의 도움혜택을 본다.
☞ 천이궁의 기색으로 변동·변화의 운세, 현재운세를 판단한다.

보각이 서고 천창이 넓고 두툼하면서 기색이 밝으면 천이궁이 좋은 형상이다.

심신이 건강하고 똑똑한 배우자를 만난다. 배우자의 집안이 좋고 처가 또는 시댁의 도움·혜택이 있다.

직장·사업에 근심이 적고 재산증식이 용이하고 명예와 이름을 알린다. 주위에서 좋은 소식이 들려오고 뜻밖의 행운이 찾아온다. 다른 사람들로부터 공경을 받고 먼 곳에 있는 사람들에게까지 부러움의 대상이 된다.

역마성 기질이 있으니 국가 또는 큰 단체와 연계한 직업이거나, 해외, 무역 등에서 성공을 이룬다. 내근보다 외근, 직장보다 사업, 작은 단체보다 큰 단체에서 발달한다.

사업적으로는 국가 또는 해외를 대상으로 하거나, 큰 단체를 이용한 OM방식의 사업형태에서 발전한다. 남의 돈을 이용하거나,

타인을 이용하여 돈을 버는 직업에 어울린다.

이마·천창이 높고 넓은 사람은 결혼이 늦은 경향이 있다. 이상이 높고 원하는 바가 많기 때문이다. 여자는 더욱 그러한데 결혼을 하지 않으면 발달하기 어렵다.

보각이 없거나, 천창이 함몰되거나, 좁거나, 반듯하지 않거나, 머리털(잔털)이 많거나, 흠집·주름이 많거나, 실핏줄이 나타나면, 천이궁이 좋지 않은 형상이다.

학문-관록과 인연이 약하고 주위의 도움을 기대하기 어렵다. 하는 일에 성과가 적고, 부모 유업을 이어가지 못한다. 고집이 강하고 대인관계가 원만하지 않은 성향으로 크게 성공하는데 한계가 있다.

복잡하지 않은 단순·규칙화된 일, 내근직, 일반사무직 등 정적인 직업에 종사하는 것이 좋다. 공직, 교사, 군인·경찰 등 국가·단체에서 종사하는 직업이면 승진을 위주로 한 직능보다 능력을 위주로 한 직능에서 자신의 가치를 높여야 한다. 자격증을 활용한 직업에서 역량을 발휘할 수 있다.

**천창에 갑자기 실핏줄이 나타나거나 기색이 어두우면
현재 변화가 이롭지 않고 현재 운세가 좋지 않은 징조이다.**

새로운 시작 또는 변화가 흉하게 작용할 여지가 많다. 사업을 시작한다면 실패할 가능성이 높고, 동업 또는 투자는 허울은 좋아 보여도 손실을 초래한다. 전망이 좋은 사업이었는데 주위환경이 바뀌어 망치게 되고, 승진은 했는데 권위가 없거나 좌천 또는 한지 발령인 경우들이다.

새로운 인연은 좋지 않은 인연이고, 결혼을 약속했다면 성사되지 않거나 속아서 하는 결혼인 경우가 있다. 돈 많은 집안과 결혼을 했는데 결혼 후에 그 집안이 망하거나, 배우자는 훌륭한데 집안이 형편없거나, 시댁·처가로 인해 명예·재물이 훼손되기도 한다.

천창의 기색이 좋지 않을 때는 크게 움직이는 것을 삼가는 것이 좋다. 먼 곳 여행, 투자, 사업개시, 동업, 결혼, 승진, 이사, 중요한 이동 등에서 손해를 입을 수 있다.

형제궁(눈썹)...5

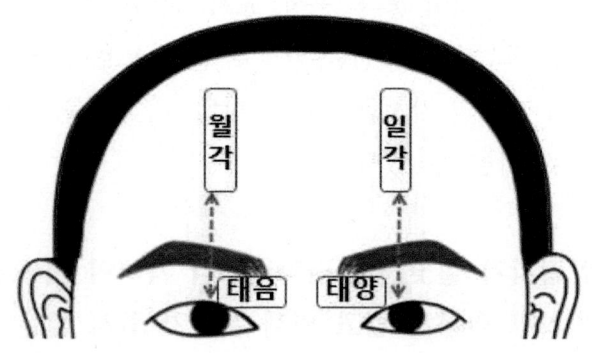

눈썹은 이마기운을 눈으로 전달하는 위치에 있고 눈을 보호하는 기능이 있다. 그래서 눈썹은 이마와 눈의 기능과 작용을 돕기도 하고 해롭게 만들기도 한다.

12궁에서 눈썹은 형제를 의미하고, 눈썹의 형상으로 형제와의 인연, 유정·무정 등 친화력을 살핀다. 눈썹은 미릉골(眉稜骨, 눈썹뼈)과 함께 살피고 눈과 일체로 봐야 한다.

**좌우 눈썹은 라후-계도라 하여 형제뿐 아니라,
이마와 더불어 부모인연을 살피고,
눈과 더불어 배우자·자식 인연을 살핀다.**

눈썹은 눈을 보호하는 기관이기에 눈의 육친구분 방법을 눈썹에 확대 적용할 수 있다. 눈썹이 길고 가지런하면, 형제애가 두텁고 심신이 건강한 형제가 있다는 뜻이다. 자신은 물론 부모도 건강하다는 의미이고, 가정과 사회생활에서 왕성한 활동력을 발휘한다.

☞ 남자는 왼쪽 눈썹으로 자신-아버지-아들-윗사람과의 인연을 보고, 오른쪽 눈썹으로 부인-어머니-딸-아랫사람과의 인연 또는 혜택을 본다.

오른쪽 눈썹(계도計都)			왼쪽 눈썹(라후羅睺)		
소녀	중녀	장녀	장남	중남	소남
막내	여동생	누나	형님	나	막내
어머니, 딸, 여자형제			아버지, 아들, 남자형제		

<눈썹의 육친구별 원칙 - 남자 기준>

남자의 왼쪽 눈썹으로 아버지, 아들, 남자형제와의 인연을 본다. 왼쪽 눈썹머리-눈썹중간-눈썹꼬리로 나누어 차례로 큰아들-작은아들-막내아들로 보고, 형님-나-동생으로 본다.

남자의 오른쪽 눈썹으로 어머니, 딸, 여자형제와의 인연을 살핀다. 오른쪽 눈썹머리-눈썹중간-눈썹꼬리로 등분하여 차례로 큰딸-작은딸-막내딸로 보고, 누나-둘째-막내동생이 된다.

☞ 여자는 남자와 반대로 보는데, 보는 방법은 같다.

여자의 오른쪽 눈썹으로 자신-아버지-아들-윗사람과의 인연을 보고, 왼쪽 눈썹으로 남편-어머니-딸-아랫사람과의 인연 또는 혜택을 본다.

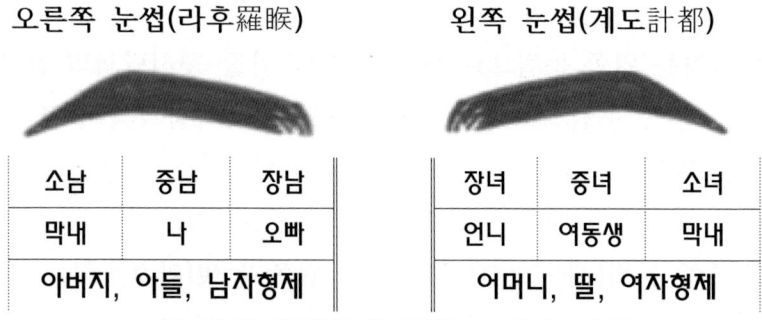

〈눈썹의 육친구별 원칙 - 여자 기준〉

여자의 자매 또는 딸이 4명일 경우에는 왼쪽 눈썹을 4등분하여 살피면 된다. 요즘시대는 형제와 자식이 많지 않기에, 여자의 경우에 왼쪽 눈썹으로 어머니, 자매, 딸 등 여자육친과의 인연과 친화력을 살피게 된다.

눈썹에서 부모인연 분별은 눈 육친구분과 동일하다.

눈썹으로 부모인연을 분별하는 방법은 눈과 유사하다.
남자는 왼쪽 눈썹·눈 형상이 아버지 모습이고, 오른쪽 눈썹·눈 형상이 어머니의 모습이다.
남자의 왼쪽 눈썹·눈이 오른쪽 눈썹·눈보다 낮거나 짧거나 끊어지면, 아버지가 먼저 돌아가거나 어머니와 인연이 약하다. 오른쪽 눈썹·눈이 낮거나 짧거나 끊어지면, 어머니가 먼저 돌아가시거나 어머니와 인연이 약하다.

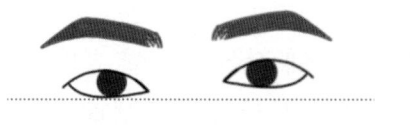
〈오른쪽이 낮은 눈·눈썹〉

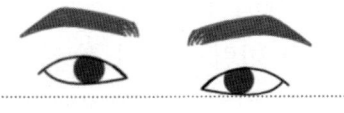
〈왼쪽이 낮은 눈·눈썹〉

여자는 오른쪽 눈썹·눈 형상이 아버지 모습이고, 왼쪽 눈썹·눈 형상이 어머니의 모습이다.
여자의 오른쪽 눈썹·눈이 왼쪽 눈썹·눈보다 낮거나 짧거나 끊어지면, 아버지가 먼저 돌아가거나 아버지와 인연이 약하고, 왼쪽 눈썹이 낮거나 짧거나 끊어지면 어머니가 먼저 돌아가시거나 어머니와 인연이 약하다.

이렇듯 눈썹에서 육친을 다양하게 보는 것은 얼굴에서 눈썹이 차지하는 비중이 크다는 반증이다. 얼굴 중심부위인 귀·눈·입·코의 작용은 눈썹에서 비롯되고 눈썹에서 완성된다. 그래서 뒤에서 살펴볼 오관에서 눈썹을 보수관(保壽官)이라 하였다.

눈썹의 육친분별은 법칙에 불구하고 남녀를 불문하고 양쪽 눈썹을 함께 살피는 것이 합리적이다.

남녀를 불문하고 꼬리부분에 눈썹이 없거나 갈라지거나 가지런하지 않으면, 동생과 인연이 약하고 자식과 인연이 약함을 의미한다. 본인이 독자이거나, 자식을 두지 않거나 1자식을 두는 경우가 많다. 본인이 막내이면 스스로 다른 형제와 친화하지 않거나 배다른 형제이다.

만약 이런 사람이 첫 자식을 출산했는데 자식의 눈썹 끝이 없거나 흐트러지거나 끊어지거나 갈라지면 그 자식은 동생과 인연이 약한 것이다. 본인은 둘째자식과 인연이 없고, 첫째자식은 동생과 인연이 없는 형상이다. 둘째 출산에 대해서 고민해볼 필요가 있다.

반대로 첫째자식의 눈썹이 수려하고 맑으면 그 다음에 낳는 자식은 훌륭하고 효도하는 자식이 될 가능성이 높다.

결론적으로 남녀를 불문하고 좌우 눈썹의 모양·높이·길이·형상이 서로 다르면, 부모·배우자·자식 등 육친인연이 고르지 않다.

여기에 양쪽 이마형상이 다르면 더욱 심하다. 이런 사람은 부모의 행실이 바르지 않거나, 배다른 형제가 있거나, 그렇지 않으면 부모를 일찍 잃거나, 부모를 힘들게 한다.

눈썹의 현대적 의미

형제를 사주논리에 비유하면 비겁에 해당한다. 비겁은 나와 동등한 관계에 있는 사람으로 형제를 비롯하여 사회관계에서 친구, 동료 등 위아래 관계가 명확하게 구별되지 않은 관계인을 포괄한다.

사회생활과 경제활동에서 가장 많이 접촉하고 인연을 맺는 사람들이다. 불특정 다수와의 인간관계라고 할 수 있다. 그래서 눈썹으로 '대인관계의 원만성', '인기성', '사회성' '활동성' 등을 판단하는데 중요한 부위이다.

원만한 대인관계와 인기성은 사회활동 뿐 아니라 가정생활과 가족구성원과의 인연·애정에도 직접적인 영향을 미친다.

특히 남자는 일가(一家)를 구성하고 가정을 이끌어가는 주체이고, 음양분별에서 이마·눈을 중심부위로 삼는다. 남자에게 눈썹형상은 삶(가정·직장)의 방향성과 안정성에 대단히 중요하게 작용한다.

자식궁(와잠·누당)...6

남녀궁에서 남녀는 男兒(아들)와 女兒(딸) 즉 자식을 말한다. 남녀궁은 자식인연, 자식생산과 관련이 있고 당연히 성생활과도 관련이 있다.

눈에서 자식자리는 눈 아랫부분을 통괄하는데, 와잠·음즐·누당·삼양삼음·육양·용궁·봉대 등으로 불린다. 통상 '와잠'(애교살) 또는 '누당'이라 칭하는데, 대략 와잠-음즐-누당 등으로 세분한다.

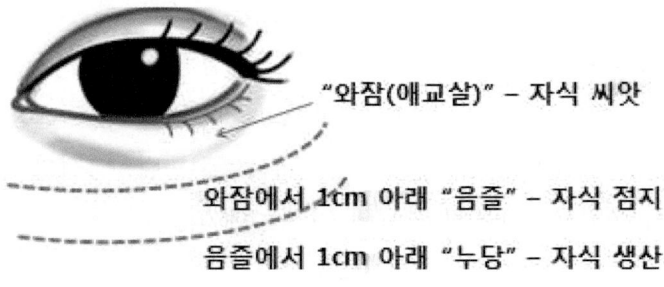

와잠은 눈 바로 아래 볼록하게 나온 아래눈꺼풀 일명 '애교살'이라 불리는 곳을 말하고, 애교살 아랫부분으로 음즐이라 하고, 아래 눈꺼풀에서 2㎝ 아래까지를 누당이라 한다.

와잠·누당 형상에서 자식의 의미

와잠은 자식을 잉태하는 건강미라면, 음즐은 자식의 잉태이고, 누당은 자식을 생산하는 힘이라 할 수 있다. 자식은 부부애정과 행복한 가정을 완성하는 바탕이 된다.
 와잠·누당의 형상이 좋으면 심신이 건강한 자식을 얻는다는 의미이고, 이는 자신은 물론 부부가 건강하고 부부애정도 원만하다는 의미도 된다.
 와잠·누당의 형상이 좋지 않으면 자식을 두지 못하거나 자식인연이 약하고, 그렇게 되면 부부간의 성생활과 부부애정·결혼생활에 좋지 않은 결과를 초래한다.

 고대에는 자식생산을 조절하지 않았던 시대였다. 와잠·누당 형상이 좋으면 심신이 건강하고, 심신이 건강하면 자식을 많이 낳는 조건이고, 많은 자식들 중에 훌륭한 자식이 나오기 마련이다. 그래서 와잠·누당이 좋으면 훌륭한 자식을 얻는다고 하였을 것이다.
 요즘같이 자식을 많이 낳지 않은 시대에는 와잠·누당 형상으로 자식과의 인연, 자식의 성공-몰락을 판단하는 것은 무리이다. 현실적으로 자식은 배우자 인연의 연결고리이고, 명예·재물의 득실과도 연관된다.

 현대에서 와잠·누당의 형상은 자식의 운세보다 부부애정과 성생활, 가정의 안위, 재물성취에 더 영향을 미치게 된다. 와잠·누당의 형상에 따른 경향성은 여자보다 남자에게 더 뚜렷하게 나타나고, 여자는 인중·입 형상에서 경향성이 드러난다. 남자는 눈을 본위로 하고, 여자는 입을 본위로 하기 때문이다.

**와잠·누당은 남성미·여성미의 표상이자,
건강하고 효도하는 자식을 두는 관문이요,
부부애정, 가정안정, 건강과 재물성취의 받침대이다.**

와잠·누당은 눈의 재록을 떠받치는 받침대와 같고, 신장기능을 주관하면서 눈꼬리(소뇌)-산근(심장)을 연결한다. 소뇌의 내분비계통과 심장의 혈액순환계통이 상통하여 기혈-신경-신장기능이 순환하는 자리이다.
와잠·누당의 형상은 주로 살집과 기색으로 판단한다.

**누당은 살집이 도톰하면서 탄력이 있고
아무 흠집 없이 깨끗하고 맑아야 한다.**
남자는 남성미가 있고 여자는 여성미가 넘치니 이성에게 인기가 좋고 생식기가 건강하다는 증거이다. 심신이 건강한 자식을 낳고, 부부간에 애정이 있으며, 가정이 안정된다. 현실적으로는 재물취득에 대한 욕구가 강하게 나타난다.

**와잠·누당이 눈 안으로 말려들어가거나, 눈이 함몰되거나,
유독 애교살이 볼록하게 튀어나오면 좋지 않은 형상이다.**
눈이 함몰되거나 와잠·누당 부위가 눈 안으로 말려 들어가면 자식의 능력을 발휘하지 못하게 하는 꼴이다.
와잠이 볼록하게 튀어나온 사람은 이성으로 인한 분란을 야기하거나 배우자·자식 인연을 깨뜨리기 쉽다.

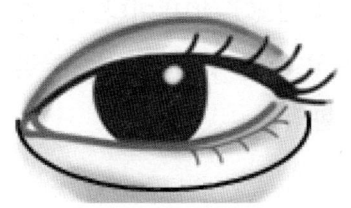 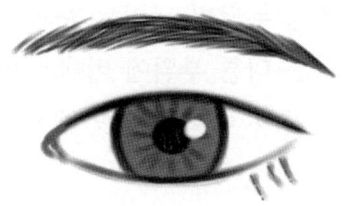

〈뾰족하게 튀어나온 와잠〉　　〈짧고 굵은 눈 밑 주름〉

누당 주위에 실핏줄 또는 주름이 많거나 기색이 탁하다.

와잠·누당의 기색이 거무틱틱하거나, 윤기가 없거나, 시퍼렇게 멍이 든 것처럼 다크서클이 나타나면 생식기능(신장)이 약하거나, 성기능이 정상적이지 않다는 의미이다. 과도한 정력소비 또는 성(性)에 집착성으로 보기도 한다. 밤샘을 하고나면 눈 밑에 다크서클이 나타나는 것도 에너지를 지나치게 소비했기 때문이다.

항상 눈 밑에 기색이 탁하거나 와잠·누당 끝부분에 짧고 굵은 세로주름이 있으면 건강은 물론이고 자식인연을 저해하고 가정이 편안하지 않다.

누당 주위에 반점·기미·주근깨 등이 많다.

기미·주근깨는 근심·걱정을 의미하고, 性호로몬과 관련이 있다. 누당에 기미·주근깨가 많으면 부부애정이 순탄하지 않고, 형제·자식인연이 좋지 않은 등 가정·가족에 대한 근심·걱정이 많다. 여자는 가장역할을 하는 경우가 많고, 개방적 성격으로 사회활동을 하지 않으면 가정을 깨뜨리기 쉽다.

와잠·누당의 나이는 눈과 마찬가지로 35세~40세이다. 눈 주위는 다른 부위에 비해 노화가 빠르고 주름이 잘 잡히는 부위이기에 나이를 감안해서 살펴야 한다.

40세 이전에 눈 밑이 꺼지거나 주름이 많거나 살집이 늘어지거나 처지면 성기능이 약하거나 자식생산능력이 약하다. 선천적으로 생식기능이 약하거나, 색욕이 강하여 정력을 과다소진하거나, 부도덕한 행위를 일삼는 사람이다.

45세 이후에 누당이 꺼지거나 주름이 있거나 탄력이 없어도 흉하게만 보지 않는다. 노인들은 누당이 불룩하고 처지게 되는데 성기능의 정상유무 또는 색욕과 관련이 없다.

애교살은 도톰해야 심신이 건강하고 인기·사회성이 있다. 45세 이후에도 와잠(애교살)이 볼록하면 성(性)에 대한 관심과 애착이 여전함을 의미한다. 45세 이후에는 자식을 생산하지 않는 시기인데, 자식생산과 관련된 성적 욕구가 여전하니 음란성이 발현되기도 한다.

요즘 여성들은 어리게 보이려고 애교살에 보톡스를 맞는 경우가 많다. 만약 가정주부인 중년여성이 애교살을 볼록하게 만드는 시술을 하면 배우자·자식인연을 해치고 자식운세가 발달하지 못하는 원인이 될 수 있다.

눈 밑에 짙은 화장을 하는 것 또한 스스로 자식인연을 해치고 자식운세를 망치게 하는 행위이다.

누당의 자식분별은 눈썹의 육친분별과 유사하다.

 남자의 왼쪽 와잠·누당은 아들을 상징하고, 오른쪽 와잠·누당은 딸을 상징한다. 누당 머리부분에 장남(장녀)을 배속하고 차례로 차남(차녀)-3남(3녀)… 순으로 순차하여 누당 꼬리부분에 막내를 배속한다.
 여자의 오른쪽 와잠·누당은 아들을, 왼쪽 와잠·누당은 딸을 상징한다. 보는 방법은 남자와 같다.

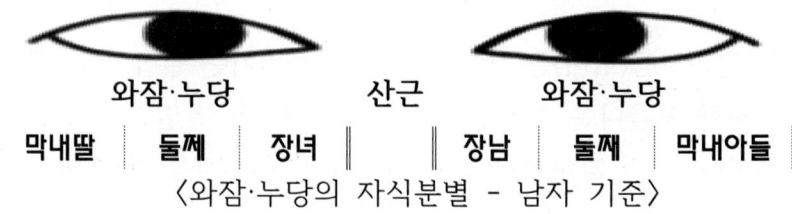

〈와잠·누당의 자식분별 - 남자 기준〉

 눈썹과 눈·누당으로 자식을 구별할 때, 남녀를 불문하고 아들·딸에 상관없이 양쪽 부위를 같이 살피는 것이 합리적이다. 눈썹 좌우 형상을 균형과 조화의 관점에서 살피는 것이 중요하다는 말이다.
 어느 한 쪽이 좋지 않으면 균형과 조화를 잃은 꼴이다. 부모든 형제든 배우자든 자식이든 어느 한 쪽과의 인연이 고르지 않음을 의미하기 때문이다.

배우자궁(눈꼬리)...7

배우자 자리는 눈 꼬리에 위치한다. 눈 꼬리는 물고기의 꼬리모양을 닮았다하여 어미(魚尾)라 하고, 성(性)을 나누는 통로라는 의미로 간문(奸門)이라 한다. 어미-간문을 합하여 '배우자 자리'(처첩궁)로 본다.

눈 꼬리는 소뇌와 간장기능계통이 회합하는 자리로 육욕(肉慾)과 정신(精神)이 함께 하는 자리이다. 사랑하는 감정(정신)을 전제로 한 육체의 결합이라 할 수 있다.

눈 꼬리주름(어미)은 간문(奸門)으로 들어가는 길잡이다. 배우자와 아름다운 성(性)을 나누려 들어가는 은밀한 통로인 셈이다. 그런 의미에서 눈 꼬리주름은 '배우자를 향한 자신의 마음'의 표상이라 할 수 있다.

남자는 자신의 본위인 왼쪽 눈꼬리에 부인의 자리를 두고, 여자는 자신의 본위인 오른쪽 눈꼬리에 남편의 자리를 둔다. 부부는 일심동체라는 개념이 관상에 적용된 사례이다.

배우자는 자식을 낳고 기르면서 함께 가정을 일으키는 동반자이다. 자신의 입장에서 보면 인생의 동반자이자 가장 큰 자산이 배우자다. 특히 남자는 가정을 이끄는 주체이기에 고대로부터 남자에게 처는 재(財)에 비유하였다.

눈 꼬리는 살집이 적당하고 주름·홈집 없이 깨끗해야 한다. 눈 꼬리주름은 하나의 주름이 형성되고, 지나치게 길거나 깊지 않은 것이 좋다.

부부애정이 돈독하고 원만한 가정생활을 유지한다. 여자는 애정이 돈독한 남편을 얻고, 남자는 4덕[18]을 갖춘 현모양처를 얻어 성공을 이룬다고 하였다.

눈 꼬리주름은 평소에는 뚜렷하지 않고 웃거나 말할 때 형성되면 이상적이다. 지나치게 뚜렷하거나 짙고 굵거나 산란하거나 없으면 좋지 않은 형상들이다.

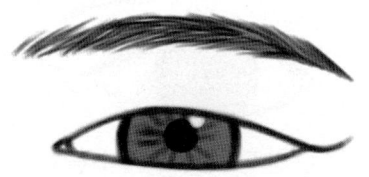 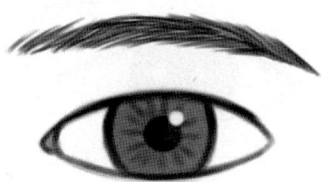

〈좋은 눈 꼬리주름〉   〈눈 꼬리주름이 없는 어미〉

---

[18] 사덕(四德)은 부인이 갖추어야 할 덕목으로 부덕(婦德), 부언(婦言), 부공(婦功), 부용(婦容)을 말한다. 모름지기 여자는 덕이 있어야 하고, 말이 아름다워야 하며, 솜씨가 뛰어나야 하고, 용모가 단정해야 한다는 뜻이다.

☞ 눈 꼬리주름이 하나로 형성되면 배우자에 대한 애정이 일편단심이라는 표상이다.
☞ 눈 꼬리주름이 여러 갈래로 많으면 성적대상이 여럿인 꼴이니 배우자에 대한 애정이 한결같지 않다.
☞ 눈 꼬리주름이 없으면 배우자에 대한 사랑의 통로가 없는 꼴이니 배우자에 대한 애정도가 크지 않음이다.

**눈꼬리 부위가 함몰되거나, 주름이 많거나,
반점·흠집 등이 있으면 좋지 않은 눈꼬리 형상이다.**

배우자 또는 자신의 심성·행실이 불량하거나, 다른 이성을 좋아한다. 배우자를 고생시키거나 배우자의 건강이 좋지 않은 등 배우자 도움·인연이 약하다. 스스로 또는 배우자로 인해 벼슬·재물을 흩어지게 하거나 깨뜨린다.

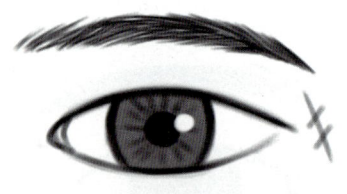

〈눈 꼬리의 흠집〉

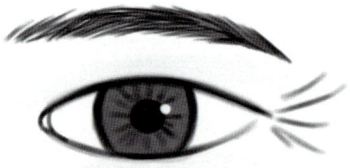

〈산란한 눈 꼬리주름〉

눈 꼬리주름이 많다.

배우자에 대한 애정이 일관되지 않고 다른 이성을 찾는 모습이다. 항간에 눈가에 주름이 많으면 바람둥이라는 속설은 틀린 말이 아니다.

눈 꼬리주름이 하나인데 지나치게 길고 굵고 깊다.

　배우자에 대한 애정·마음이 지나치게 강하고 깊은 모양새이다. 관심이 지나치면 간섭이 되고 간섭이 지나치면 집착이 되기 쉽다. 사랑도 지나치면 상대방 입장에서는 애정폭력이 될 수 있다.

　배우자인연을 깨뜨리는 원인이 되고, 배우자를 고생시킨다는 의미로 해석한다. 배우자와 함께 장사하는 경우가 많고, 배우자가 건강하지 못한 경우도 많다. 부부애정과 상관없이 함께 하는 생활방식이 좋고, 그렇지 않으면 배우자와 인연을 오래 유지하지 못하게 된다.

30세 이전에 어미가 지나치게 뚜렷하다.

　눈 꼬리의 나이는 39세·40세이다. 어린나이에 눈 꼬리주름이 발달했다는 것은 이성에 눈을 빨리 떴다는 의미이고, 벼슬·재물성취에 대한 욕구가 강하다는 의미이다.

　재물에 욕심이 많고 이성에 대한 욕구도 강하고 성격이 악착같다. 여자는 남성적 기질이 있다.

40세 이후에도 눈 꼬리주름이 나타나지 않는다.

　눈 꼬리주름이 없으면 배우자에 대한 애정이 깊지 않거나 애정도가 떨어진다. 주는 것보다 받으려는 성향이 강하다. 이성에 대한 욕구가 강하고 적극적인 반면에 사랑보다 물질을 요구하는 것이 많다. 배우자에게는 더욱 심하다. 성격이 낙천적이고 긍정적인 면은 있지만, 게으르고 공주병기질이 있다.

요즘에 여성들이 눈가 주름을 없애려고 보톡스를 맞는 경우가 더러 있다. 눈 꼬리주름을 없애는 것과 같다. 남편에 대한 애정을 그만 두겠다는 의도가 숨어 있음이다. 남편자리에 이물질을 넣어 손상을 시키는데 남편이 편할 리가 있겠는가.
성형도 그 사람의 마음에 따라 행해지는 경향이 있다.
마음이 음란하면 음란형상으로 성형하는 경우가 많다.

배우자와의 애정실현은 천창-눈꼬리-콧방울-입이다.

배우자 자리는 눈 꼬리이고, 눈 꼬리는 천창과 연접해있다. 천창은 이마(부모)에 속하고 눈 꼬리 위에 위치하기에 배우자의 부모를 상징하기도 한다.

무릇 부부애정과 가정행복은 배우자의 주변육친이 편안해야 지속력이 있고 안정감을 얻는다. 천이궁에서 천창을 시댁 또는 처가의 혜택과 배우자 부모의 성공여부, 배우자 집안의 귀천(貴賤) 등을 살피는 이유이다.

☞ 천창 = 부부 애정·인연의 뿌리이다.
☞ 눈꼬리 = 부부 애정·인연을 맺고 지키는 자리이다.
☞ 콧방울 = 부부 애정·인연을 실현하고 완성해간다.
☞ 입 = 부부 애정·인연의 결실이다.
부부애정의 '시작 - 과정 - 결실·완성'의 흐름은…
'천창·눈꼬리 - 코·콧방울 - 입·턱' 형상에서 알 수 있다.

**천창이 두툼하고, 눈과 코 형상이 바르고,
양쪽 콧방울이 같고 입이 반듯하다.**

배우자와 화합이 좋고 함께 하는 인연의 끈이 길다. 배우자의 심성이 바르고 자신의 심성도 바르며, 배우자의 생각과 자신의 생각이 같게 된다.

눈 꼬리 형상은 좋은데 천창 형상·기색이 좋지 않다.

배우자 심성이 착하거나 부부애정은 돈독하더라도 처가 또는 시댁으로 인해 낭패를 보거나 도움·혜택이 없다.

눈 꼬리 형상은 좋지 않은데 천창이 두툼하다.

부부애정은 좋지 않은데 처가(시댁)과는 친화력이 있거나 도움·혜택이 있다. 부부애정이 없어도 살아가게 된다.

**눈 꼬리 형상은 좋은데 양쪽 콧방울이 다르거나
코가 바르지 않거나 들창코이거나 입 또는 턱이 삐뚤다.**

좋은 배우자를 만나 부부애정에 별 문제가 없는데 중년 이후에 갑자기 애정이 식거나 소원해진다. 주말부부로 살거나, 직업·학업 등으로 별거하거나, 각 방을 쓰기도 한다.

전택궁(눈·눈두덩)...8

  전택(田宅)은 논밭과 집을 가리킨다. 과거에 논밭과 집은 재산목록 1순위였고, 재산축적은 부모에게 물려받은 유산과 관련이 깊었다. 눈은 이마(부모) 기운을 바탕으로 벼슬·재물을 주관하는 부위이고, 눈썹-눈두덩-눈동자 등에서 벼슬·재물을 형성해나가게 된다.
  이마의 기운을 가장 먼저 받는 눈 부위가 눈두덩이기에 눈두덩의 형상으로 전택(田宅)의 정도를 보는 이유이다. 즉 눈두덩은 눈의 언덕으로 '재산(부동산)' 의미가 있다.
  눈두덩의 '재산'은 코의 '재물'과 구별되는 개념이다. 이에 대하여 "코(재백궁)"편에서 다시 살피기로 하자.

눈두덩 형상으로...
1차적으로 자신이 직접 부귀를 만들어내는 정도, 자신이 형성한 벼슬·재물을 오래 유지할 수 있는지를 살피고,
2차적으로 부모·조상의 유업·유산을 지킬 수 있는지, 부모-자신-자식으로 이어지는 가문·가정의 평안을 주도할 수 있는지 등 여부를 살피게 된다.

  전택궁은 전체적으로 눈 형상을 살피고 눈빛의 맑음과 강도의 정도를 살피는 것이 원칙이다. 다만 전택궁에서 재산의 의미는 눈두덩의 살집·기색에서 비롯되는 경향이 있다. 눈은 가늘고 길어야 하는데, 이런 눈은 눈두덩이 두툼하게 형성되기 때문이다.

눈이 봉황같이 길고, 눈두덩이 높으면 3주·5현을 다스리는 고관대작이 된다고 하였다.19) 눈이 가늘고 길면 자연히 눈두덩에 살집이 도톰하면서 탄력이 있고, 검은 눈동자와 흰 눈동자의 흑백이 분명하면 눈빛은 맑고 빛나게 된다.

눈두덩이 두툼하고 탄력이 있으면서 양쪽 눈의 모양·길이·높이 등 형상이 같으면 더욱 복록이 많게 된다.

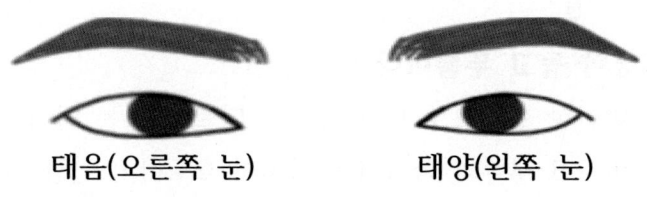

태음(오른쪽 눈)   태양(왼쪽 눈)

눈길이가 지나치게 짧거나, 눈이 지나치게 크거나, 흰 눈동자에 붉은 실핏줄이 나타나거나, 눈동자의 흑백이 분명하지 않거나, 눈빛이 흐트러지거나, 졸리는 듯한 눈 형상들은 눈빛이 맑지 않은 것은 물론이고 자연히 눈두덩이 함몰되거나 눈두덩 살집이 불룩해지거나 힘없이 처지게 된다.

이런 눈의 형상들은 재물을 손상시키고 가정을 깨뜨리는 요인이 된다. 여기에 양쪽 눈의 모양·길이·높이 등 형상이 다르면 더욱 심하다. 특히 일시적으로 성공하거나 갑자기 대박을 칠 때 경계하고 조심해야 한다.

---

19) "鳳目高眉, 稅置三州五懸", 『麻衣相法』.

눈두덩의 살집·면적으로 전택(부동산)의 크기·정도를 판단한다. 이는 벼슬·재물은 물론 가정·직장의 안정을 도모하는 요건이 된다.

눈두덩의 높이는 인당의 너비와 비슷하면 이상적이고, 높은 눈두덩 형상에 해당한다.

눈두덩의 높이가 인당 너비보다 길면 지나치게 높은 눈두덩이고, 인당의 너비보다 작으면 낮은 눈두덩이다.

눈두덩이 높고 두툼하다.

삶이 원만한 형상으로 벼슬·재물이 따르고 하는 일이 순탄하다. 심성이 바르고 부부와 화합하고 자식이 효도하고 건강하게 장수하는 요건을 갖추었다.

다만 여자의 눈두덩이 지나치게 높으면 도리어 삶이 박복하게 변하기도 한다. 이마가 지나치게 높고 넓으면 게으르고 공주병 성향이 있는 것과 같다. 이마와 눈은 남자가 주관하는 부위이기 때문이다.

눈두덩 주위 뼈가 튀어나거나, 움푹 들어가거나, 좁거나, 눈두덩 살집이 얇거나, 지나치게 볼록하다.

벼슬·재물성취가 크지 않고, 성공-실패가 거듭하거나 위법편법적 방법으로 성취를 이루는 타입이다. 부모의 유업·유산을 지키지 못하고 부부불화 또는 자식불효 등 가정이 불안정하게 된다. 일관성이 부족하고 친화력이 부족하다. 건강하지 못한 체질이고 소화기 계통의 질병이 오기 쉽다.

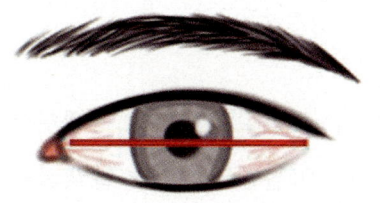 

〈실핏줄이 흑정을 침범한 눈〉 〈움푹 들어간 눈두덩〉

전택궁에서 가장 꺼리는 것은 붉은 실핏줄이 검은 눈동자를 침범하는 것이고, 다음으로 눈두덩이 움푹 들어간 눈이다. 이런 눈동자와 눈두덩을 가진 사람은 결국에는 집과 재산을 잃고 고독하게 된다고 하였다.

대체로 눈두덩이 좁거나 움푹 들어간 눈은 건강하지 않거나 직업·가정이 불안정한 경향이 있다. 직장·직업을 자주 바꾸거나 한 가지 일을 오래 하지 못하거나 주거를 자주 옮기게 된다. 달리 말하면 변화 속에 발전을 도모해야 하고, 변화를 거부하면 건강을 잃거나 하는 일이 잘 풀리지 않는다.

눈두덩이 좁거나 함몰된 사람은 부동산 재테크에 실패하는 경우가 많다. 특히 40세 이전에 취득한 부동산은 배우자(타인) 명의로 하는 것이 좋다. 자기명의를 고집하면 지키기 어렵고, 벼슬·재물에 탐욕을 부리면 그에 상응하는 대가를 치르게 된다.

질액궁(산근)…9

질액(疾厄)은 질병과 횡액을 뜻한다. 인체의 질병과 인생사에서 사건·사고는 산근(山根)이 주관하는데 이를 12궁에서 질액궁이라 한다.

코는 산근-콧대-준두로 형성되고, 산근은 코의 뿌리에 해당한다. 콧대는 2부분으로 나누어 윗부분은 연상이라 하고, 아랫부분은 수상이라 칭한다. 연상(年上)·수상(壽上)의 글자 의미는 수명과 관련이 있다. 〉

산근은 자신, 가정·배우자·자식, 벼슬·재물, 건강·수명 등 인생사의 뿌리이다.

구분	질병(건강)	횡액(사건·사고)
발생 이전	면역력	경계심
발생 이후	저항력	대처능력·임기응변

〈질병·횡액 발생 전후의 작용의미〉

코는 얼굴의 주인공이라 하였으니, 산근(山根)은 산 즉 코(자신)의 뿌리이다. 자신의 뿌리이자 자신을 지키는 뿌리이고 건강·수명은 물론 가정과 배우자·자식의 뿌리가 된다.

산근 형상으로 삶에서 마주할 수밖에 없는 질병과 사건·사고에 대한 정도를 살핀다. 배우자·자식의 인연·애정과 벼슬·재물에 대한 안정성에도 영향을 미친다.

산근이 바르면서 솟고 풍만하다.

질병에 대한 면역력이 강하여 병에 잘 걸리지 않고, 병이 걸려도 저항력이 강하여 스쳐지나가거나 빨리 회복된다.

횡액에 대한 경계심이 있어 사건·사고가 찾아 들지 않는다. 설령 횡액이 오더라도 사건·사고에 대한 대처능력이 뛰어나고 임기응변으로 슬기롭게 헤쳐 나간다.

사람이 경거망동하지 않고, 배우자·자식과 애정이 돈독하고 사업·직장에서도 능력을 발휘한다.

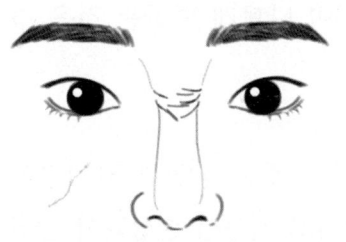
〈주름이 깊고 많은 산근〉

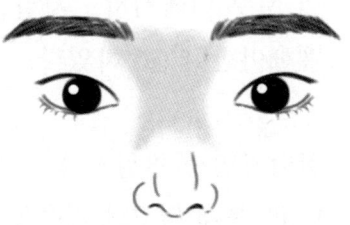
〈없는 듯 납작한 산근〉

산근이 납작하거나 뾰족하거나 튀어나오거나,
산근주름이 깊거나 많거나, 홈집이 있거나 기색이 어둡다.

질병에 자주 걸리고 항상 사건·사고에 노출되어 있다.

면역력이 약하여 질병에 잘 걸리고, 병에 걸리면 크게 아프거나 합병증이 오고 감기가 걸려도 잘 낫지 않는다.

경계심이 약하여 위험에 쉽게 노출되고 사건·사고가 발생하는 빈도가 잦다. 대처능력이 약하여 작은 일도 크게 벌어지거나 법적 문제가 야기되고 실패하면 회복하기 어렵다.

벼슬·재물을 모으기 어렵거나 성취하더라도 지키기 어렵다. 이성 인연이 약하여 결혼을 하기 어렵거나 결혼하더라도 가정을 깨뜨리기 쉽다.

어린나이부터 안경을 끼게 되면 벼슬·재물의 성과, 배우자· 자식의 인연에 좋지 않은 영향을 줄 수 있다. 안경이 산근을 눌러 기운발현이 더디고 뿌리를 손상시키기 때문이다.

《관상》영화에서 송강호(관상가 역)가 이종석(아들 역)의 눈이 자꾸 나빠지자, "사람은 상(相)이 나쁘게 변하는 것을 경계해야한다"고 하였다.

살아가면서 관상을 좋게 만들어가는 것은 당연한 자기관리이고, 본래 타고난 기운을 잘 유지하고 기능이 손상되지 않게 관리하는 것은 마땅한 의무이다.

복은 타고나는 것이라고들 하지만, 만들어가는 복이 더욱 값지고 가치 있다. 성취는 이루는 것보다 지키는 것이 더 중요한 것과 같다.

재백궁(코)...10

재백(財帛)은 재물과 비단(폐백)을 뜻하고, 삶의 수단인 재백은 코가 주관한다하여 코를 재백궁이라 한다.

코는 눈과 더불어 자신이 일가(一家)를 형성하고 벼슬·재물 활동을 통해 삶의 바탕을 만들어가는 곳이다. 코를 얼굴에서 '주인공' '자존심'으로 의미를 부여하는 이유이다.

재물의 근원은 천창에 있고, 재물을 지키는 곳은 지고이다. 코에서 재물성취 여부를 볼 때는 산근-콧대-준두-콧방울-콧구멍은 물론 천창-지고를 함께 살펴야한다.[20] 재물성취는 근원이 있어야 수월하고, 재물성취 후에는 지키는 것이 관건이기 때문이다.

산근이 풍만하고, 콧대가 바르면서 두툼하고, 준두가 둥글고 힘있게 맺히고, 양쪽 콧방울이 바르면서 두툼하고, 콧구멍이 보일 듯 말 듯 하면서 크고, 콧구멍 입구가 깨끗하면 재백궁이 좋은 형상이다.

적극적이고 능동적인 사람으로 자존심이 강하고 심성이 곧다. 경거망동을 하지 않으니 인생의 굴곡이 적고 일생동안 재물 걱정이 없다. 설령 재물이 많지 않더라도 돈과 인연이 많고 수중에 돈이 떨어지지 않는다. 수중에 돈이 없어도 필요할 때 자연스레 필요한 만큼의 돈이 생기기도 한다.

남의 돈이든 은행 돈이든 쉽게 사용하는 타입이다. 돈을 관리하

---

[20] "鼻乃財星, 位居土宿, 天倉, 地庫, 金甲, 二陰, 井竈, 總曰財帛", 『麻衣相法』.

거나, 남의 돈을 다루는 직업에 어울리고 사업적 소질이 있다. 직장에서도 인정받고 가정이 원만하다.

산근이 납작하거나, 코가 지나치게 작거나, 콧대가 삐뚤거나 울퉁불퉁하거나, 준두가 뾰족하거나 들리거나, 양쪽 콧방울이 얇거나 서로 다르거나, 콧구멍이 지나치게 작거나, 콧구멍이 훤히 보이면 좋지 않은 재백궁 형상이다.

재물인연이 약하고, 재물을 성취해도 흩어지게 한다. 재물 손실은 가정을 파괴하는 원인이 되고 가정이 불안하게 된다.

재백궁에서 가장 꺼리는 형상은 들창코이다. 들창코는 성격이 화통하고 오지랖이 넓어 돈을 간수하지 못하거나 돈을 모으는데 한계가 있다. 재물이 잘 들어오기도 하지만 쏟아내기도 잘하는 타입이다. 특히 여자는 더욱 그러하다.

여자의 코는 남편의 경제적 능력과 재능을 표상한다.
관상에서 남편:부인의 비율이 3:7로 부인의 상이 우선된다.
남편보다 부인의 코가 풍만하면 남편의 경제능력이 좋고, 경제적 실익과 안정을 얻는데 더 유리하다.

코는 풍만한데 천창 또는 지고가 함몰되었다.

재물은 있으나 재물창고가 부실한 꼴이다. 40대에 재물을 성취하더라도 지키기 어렵고, 그렇지 않으면 부부애정이 허물어지기 쉽다. 세월이 흘러가면서 점점 재물이 줄어들거나 부부인연이 약해지는 것이다.

코 형상이 좋지 않은데 천창·지고가 두툼하다.

40대에 재물을 일구고 가정을 건사하는데 제약이 있다. 재물을 어렵게 성취하더라도 지켜내고, 가정에 분란이 있을지라도 평온을 찾는 편이다. 만약 탐욕을 부리면 패가망신할 수 있다.

코 형상이 좋지 않은데 눈·눈썹이 수려하다.

30대에 재물성취가 좋고 배우자 애정이 돈독하지만, 40대에 실패할 가능성이 높다. 남자는 처를 존중하고 재물관리를 처에게 맡기면 재물을 지킬 수 있다.

재백궁의 예외적 형상으로 절통비와 현담비가 있다.

절통비는 일반적인 코에 비하여 산근이 넓고 콧방울이 작은 편이지만 콧대가 곧고 건실하여 부귀한 형상으로 본다.

현담비는 산근이 납작하지만 콧방울이 두툼하여 재물을 성취하는 형상으로 본다. 산두비(마늘코)라고도 한다.

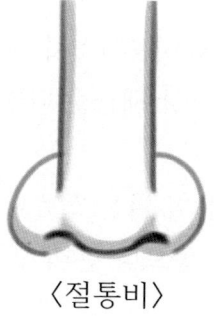
〈절통비〉

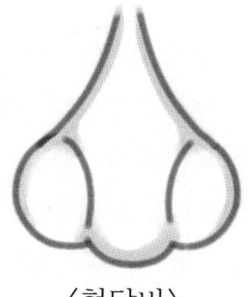
〈현담비〉

재물과 재산의 차이점...

눈은 전택(田宅)으로 재산(부동산)을 의미하고, 코는 재백(財帛)은 재물(동산)을 의미한다. 재산은 보이지 않는 쌓아 놓은 재물이라면, 재물은 보이는 사용가능한 돈이다.

눈두덩으로 보이지 않는 재산의 크기·정도를 본다면, 코로 실질적인 현금·현물의 질량을 의미한다.

눈(눈두덩)	코(콧구멍)
전택궁(田宅宮)	재백궁(財帛宮)
재산, 부동산, 쌓는 자산	재물, 현금·현물, 활용자산
재물을 만들어내는 능력	재물을 활용하는 능력

〈눈과 코의 자산개념〉

**눈은 재물을 만들어내는 능력이라면,
코는 재물을 다루고 활용하는 능력이다.**

재물을 모으고 쌓는 힘은 눈에 있고, 돈을 사용하거나 돈을 다루는 힘은 코에 있다. 코는 재물의 많고 적음보다 재물을 다루는 능력을 의미하는 바가 크다.

눈 형상이 좋은 사람은 남이 모르는 재산이 많은 실속파인 알짜 부자이고, 코 형상이 좋은 사람은 씀씀이 좋으니 돈이 많아 보일 뿐 보기보다 실속 없는 부자이다.

코가 크고 두툼한 사람은 돈에 궁색하지 않고 돈을 잘 쓰기에 돈이 많아 보이지만, 실제로는 눈이 가늘고 길면서 눈두덩이 높은 사람이 더 부자인 경우가 많다.

노복궁(입·턱)...11

노복(奴僕)이란 노비를 뜻하는 말이다. 현대적인 의미에서 노복은 아랫사람, 부하, 자식 등을 의미한다.

노복궁의 위치는 턱 부위이다. 엄밀히 말하면 하정(下停)을 의미하는 바, 입·뺨·턱 등을 통괄한다. 인중-입-턱 등 하정은 자식이 주관하는 자리이고 노년의 삶을 관장하는 자리이다. 노년에 자식의 효도, 아랫사람의 혜택으로 건강하고 풍족한 삶을 살아갈 수 있는지를 보는 것이 노복궁이다.

노년에도 여전히 아랫사람을 다루는 힘이 있고 자신의 품위를 지킬 줄 아는 품성 등 노년행복의 완성자리이다.

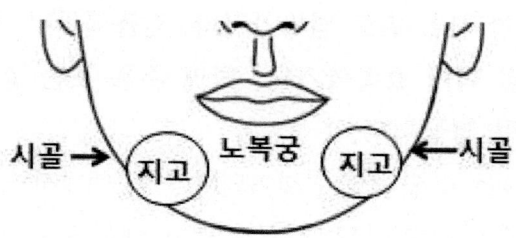

**인생복록의 창고는 입이고,
입(창고)을 보좌하는 기둥은 턱이다.**

 노복궁이 완성되기 위해서는 입이 바르고 입술이 두툼해야 하며, 턱이 바르고 지고가 두툼해야 한다. 입을 떠받치는 곳이 턱이고, 입과 턱을 연결하는 곳이 지고(地庫)이다. 입 형상이 바르고 턱이 방정하고 풍만하면 노복궁이 완성되어 노년운세가 좋아진다.
 입술이 두툼하고, 상하 입술이 서로 비슷하면서 바르고, 입 꼬리가 살짝 위로 올라가면서 맺히고, 입술주름이 보일듯 말듯 촘촘하면서 입술이 붉고 촉촉하면 좋은 입 모양이다.

 턱은 넓고 풍만하면서 바르고, 뺨에 살이 있고, 양쪽 지고(시골)가 두툼하고, 턱 끝이 약간 들리면 좋은 턱 모양이다.
 부하를 거느리는 직위에 오르고 따르는 사람이 많다. 효도하는 자식이 있고 노년까지 부귀를 누린다. 설령 자신의 성취가 적더라도 자식 덕에 떵떵거리고 살거나 부하의 도움이나 덕택으로 성공을 이룬다.

 턱이 뾰족하거나, 뒤로 넘어가거나, 함몰되거나, 턱 끝이 갈라지거나, 귀밑 턱이 뾰족하거나, 턱에 주름 또는 홈집이 많으면 좋지 않은 턱 형상이다.
 인정이 메마르고 도덕성이 결여되어 덕을 행하지 않는 형상이다. 중년에 부귀를 누리더라도 부하(자식)의 실수 또는 하극상으로 곤경에 처하거나 관직에서 물러나거나 명예가 실추된다. 만약 덕행을 실천하지 않으면 복록이 되돌아오지 않는다.

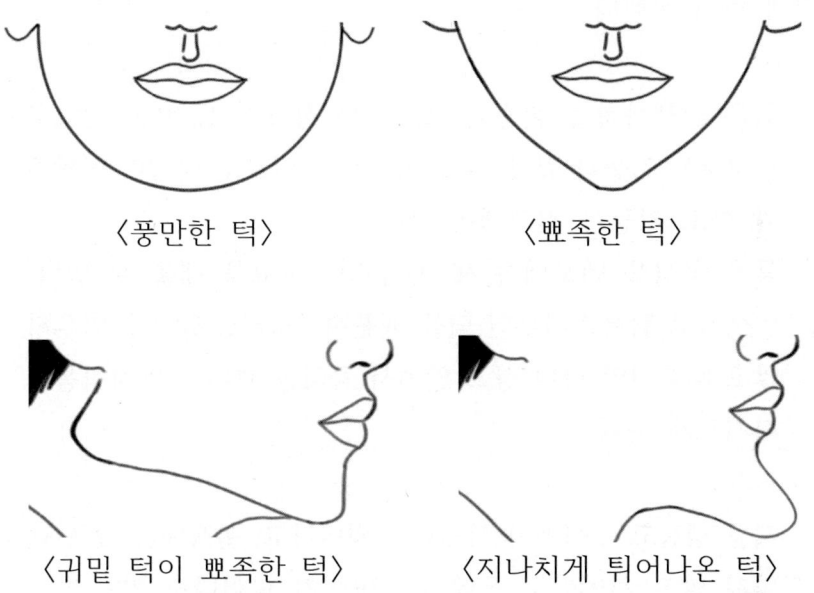

〈풍만한 턱〉　　　　〈뾰족한 턱〉

〈귀밑 턱이 뾰족한 턱〉　　〈지나치게 튀어나온 턱〉

　턱이 바르고 풍만하더라도, 입이 삐뚤거나, 천창이 꺼지거나, 뺨이 홀쭉하거나, 귀밑 턱이 벌어지거나, 턱이 지나치게 튀어나오면 복록이 삭감된다. 아랫사람(자식)으로 인해 곤경에 처하기도 하지만 아랫사람(자식)을 손상시키기도 한다.
　특히 시골은 다음 생(生)을 연결하는 연결고리이다.
　시골이 약하거나, 시골이 벌어지거나 뾰족하거나 삐딱하면 턱을 바로 잡아주지 못하니 턱이 약하거나 불량해진다. 다른 사람에게 은혜를 베풀어도 그 은혜가 도리어 원수로 변하여 돌아온다.

얼굴 12궁의 기능

더불어 턱수염이 수려하고 부드러우면 복록을 채우기 쉽고 오래 유지한다. 만약 턱수염이 없거나 수염이 지나치게 많으면 탐욕이 많고 심성이 인색해진다. 재물이 들어오지 못하거나 재물창고를 크게 하지 못한다.

입은 인생복록을 최종적으로 담는 창고이고, 턱은 창고를 받쳐주는 기둥과 같다. 무릇 창고는 들어오고 나감이 원활해야 하고 기둥은 견고해야 한다.
묵은 곡식을 내보내야 새 곡식으로 창고를 채울 수 있다. 인색하고 탐욕스러우면 덕을 베풀지 못하고, 창고를 비우지 않고 채우기만 하니 창고 안에서 곡식을 썩히는 어리석음을 저지르게 된다.

지금 냉장고 구석에서 식재료가 썩어가고, 옷장에는 몇 년째 입지 않고 처박아둔 옷에서 곰팡이가 피어나지 않는가.
며칠 뒤에 음식물쓰레기통으로 직행할 냉장고 구석에 파묻힌 재료들을 꺼내 음식을 만들어 이웃과 나누어보자. 내어주니 다시 돌아 들어옴을 알게 될 것이다.
옷장에 처박혀 곰팡이가 생기면 버리게 될 옷을 꺼내 재활용 수거함에 겸허히 넣어두자. 누군가에게는 소중한 필수품이 될 것이다.

복덕궁(천창-명문-지고)…12

복덕궁(福德宮)의 위치는 천창-명문-지고에 이르는 얼굴가장자리 부위이다.21) 삼정에서 상정-중정-하정의 복록을 키우고 지키는 곳이고, 육부(六府)에 해당하는 곳이다.

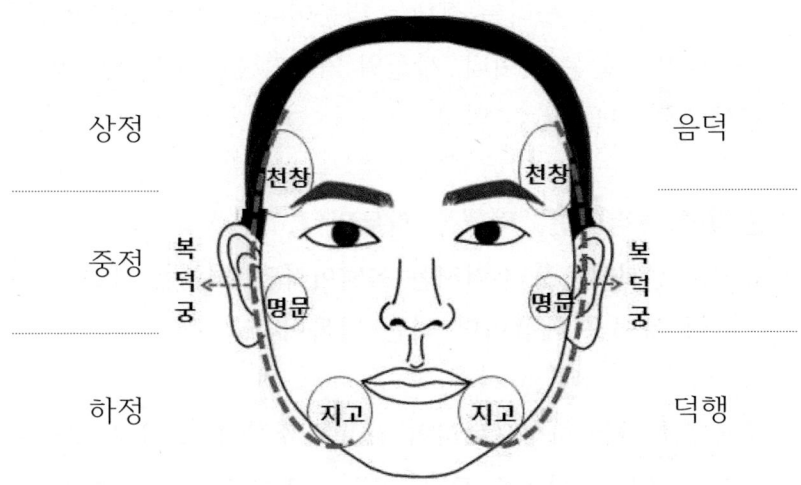

복덕(福德)의 참의미는 덕행(德行)이다.

복덕궁은 다른 궁위와 달리 특정한 부위를 지칭하지 않고 얼굴 가장자리를 통괄한다. 얼굴 상정-중정-하정의 기운을 조화롭게 하고, 면상(얼굴앞면)과 두상(뒤통수)을 연결한다.

---

21) "福德者, 位居天倉, 牽連地閣", 『麻衣相法』.

초년-중년-말년인생을 조화롭게 하고, 부모-나(배우자)-자식으로 이어주는 울타리이다. 인생가치로 보면 입었던 음덕을 덕행으로 되돌리는 행위이다. 천지만물이 생장-쇠멸을 통해 영원성을 갖듯이 인간의 삶은 음덕-덕행으로 승화시켜야 영속한다는 자연의 이치가 숨어 있다.

천창-명문-지고의 관계에서 천창은 음덕이라면, 지고는 덕행이고, 음덕-덕행으로 돌리는 주체는 명문이다. 명문은 코(자신)를 보좌하는 뿌리와 같은 곳이니, 자신의 의지가 돈독하지 않으면 음덕을 덕행으로 되돌릴 수 없다.

음덕이 권리라면, 덕행은 의무이다.

음덕은 선천적으로 주어지는 복덕이라면, 덕행은 자신이 의도하여 복덕을 베풀어야 하는 덕목이다.

부모에게 나는 자식으로서의 권리를 주장하고, 자식에게 나는 부모로서의 의무를 지게 된다. 권리와 의무를 따로 말할 수 없듯이 음덕과 덕행을 분리할 수 없다.

혹자는 "나는 부모에게 음덕을 입은 것이 없다"고 말하곤 한다. 내가 이 세상에 존재하는 것만으로 음덕을 입고 권리를 부여받은 것이다. 음덕을 입지 않았다는 오만으로 의무와 덕행을 저버릴 뿐이다.

의무를 다하지 않고 덕을 베풀지 않는다는 것은 일생이 영속되지 않음을 의미하고, 이는 자식이 발달하지 못한다는 의미가 된다.

덕을 베푸는 심성과 의지를 보는 자리가 복덕궁이고, 복덕궁이 완성되면 복덕을 누린다는 것이 복덕궁의 참의미이다.

복덕의 형상과 기색...

천창-명문-지고는 특별한 형상이 없다. 살집과 기색으로 판단할 수밖에 없는 부위이다. 음덕은 주로 부위의 살집으로 보고, 덕행은 부위의 기색으로 판단한다.

복덕은 얼굴 상-중-하를 아우르는 부위로 3부위가 모두 두툼하게 조화를 이루어야 가치가 있다. 또한 부위의 특성상 살집으로 구성되기에 함몰되거나 볼록하게 튀어나오지 않아야 하고, 무엇보다 기색이 중요하다.

천창과 지고가 모두 풍만하고 흠집이 없으면 윗사람으로부터 받은 음덕을 소중히 여기고, 아랫사람에게 베푸는 덕행을 아끼지 않는 사람이다.

천창과 지고가 모두 꺼지거나 흠집이 있다.

받은 음덕을 알지 못하고 덕행을 베풀 줄 모른다. 의지를 돈독하게 하지 않으면 인생이 공허하게 된다.

천창은 함몰되었는데 지고가 풍만하다.

행운(음덕)이 부족한데 덕을 베풀 줄 아는 소양을 갖춘 사람이다. 갖춰진 소양은 행동으로 실천해야 의미가 있다. 덕행은 음덕을 불러들이는 요인으로 덕을 베풀면 결국 부귀를 누리게 된다.

천창은 풍만한데 지고가 함몰되다.
음덕을 덕행으로 되돌리지 않는 배은망덕한 사람이 되기 쉽다. 덕을 베풀지 않으면 음덕을 낳지 못하니 자신은 성공할지라도 자식이 발달하지 않는다. 대를 이어 풍요로움을 누리려면 덕을 베풀어야 한다.

천창·지고는 풍만한데 명문이 함몰되다.
음덕을 소중히 여기고 덕을 베풀기를 좋아하는 형상인데, 명문이 함몰되면 이를 실천하지 않는다. 인색하고 고집스러워 친화력이 부족하고 중도에 일을 포기하는 경우가 많다.

천창·지고는 함몰되었는데 명문이 풍만하다.
자수성가형으로 열심히 노력하고 성과를 내지만, 자신밖에 모르는 이기심과 방어본능이 있다. 삶에 대한 의지와 노력만큼 덕행으로 풀어내지 않으면 복록을 지키지 못한다.

천창·명문·지고 부위는 두툼한데, 기색이 좋지 않거나 눈썹-구레나룻-수염이 없거나 억세다.
살아가면서 행운(음덕)이 많고 성취를 이루었더라도 덕을 베풀고 행할 심성과 의지가 갖추어지지 않은 사람이다. 거짓말을 잘하고 남을 속이는 사기꾼 기질이 있다.

천창·명문·지고 뿐 아니라 얼굴 부위의 형상은 좋은데 기색이 나쁘면 자신을 성찰하고 경각심을 가져야 한다. 선천적으로 좋은 형상을 살아가면서 스스로 좋지 않게 만들었기 때문이다.

천창·명문·지고 부위는 두툼하고 깨끗한데,
오관(귀·눈·입·코·눈썹)이 바르지 않다.

오관은 복록을 만들어내는 능력과 힘이라면, 복덕은 복록을 가치 있게 누리는 바탕이자 힘이다.

오관이 바르지 않으니 크게 성공할 수 있는 조건을 갖추지 못했지만, 천창·명문·지고가 풍만하면 인생가치를 아는 사람이다. 성과가 크지 않더라도 성취함을 잘 지켜내고 노년에 복록이 굴러 들어오기도 한다.

오관(귀·눈·입·코·눈썹)이 바르더라도,
천창·명문·지고 부위가 함몰되거나 지저분하다.

직위가 높아도 명예롭지 않고, 재물이 많아도 품위가 부족하다. 명예·벼슬 또는 재물을 가치 있게 사용하지 못하는 것이다. 복록을 온전히 누리지 못하거나 건강하게 장수하지 못하게 된다.

복덕은 심성과 성품의 표상으로 심상(心相)이라는 관상의 이치가 담긴 궁위이다.

··· 얼굴 12궁의 인생 참의미

얼굴 12궁위는 부모-형제-자신(배우자)-자식 등 주요 육친의 자리이고, 재물-벼슬 등 삶의 수단을 제시하는 자리이며, 건강·수명 등 운세·운명과 상사·부하·동료 등 인간관계를 살피는 자리이다. 그래서 12궁을 관상의 꽃이라 한다.

인생을 어떻게 살아가야 할 것인가, 더 나은 삶을 위한 인생가치는 무엇인가, 정신적으로나 물질적으로 풍요로운 삶을 향유하고 더불어 잘 사는 방법을 찾기 위해 고민하고 노력해야 한다는 이치가 얼굴 12궁에 담겨 있다.

내 얼굴에는 모든 육친이 들어있다···

내 얼굴 각 부위의 모양새에 따라 육친의 생사와 길흉화복이 달려있다. 인상을 찌푸리고 인당에 주름을 만들면 부모가 손상될 것이고, 산근에 주름을 만들면 스스로 인생길을 끊는 행위이다. 눈을 치켜뜨거나 부라리면 가정을 깨뜨릴 것이요, 턱을 괴거나 다리를 꼬는 습관은 자식운세를 나쁘게 만들 것이다.

> 자신의 얼굴을 바르게 하는 것은 곧 육친의 운세와 인연을 좋게 만드는 방법이다. 마땅히 심신이 편안하고 풍요롭게 장수한다는 것이 12궁의 관점이다.

평소에 짜증스럽고 불만이 많으면 인당·산근과 눈가에 주름이 어지럽게 된다. 인당·산근은 인생의 바탕이고, 눈 주위는 배우자 자리이다. 자신의 짜증으로 인생바탕이 훼손되고, 주름 잡힌 자리에 앉은 배우자가 편할 리가 있겠는가.

'나는 왜 복이 없을까'하는 불만에 인상을 쓰면 오려던 복도 달아난다. 웃으면 복이 온다는 말이 있지 않은가. 배우자에 대한 불만, 애정결핍, 가정 불안 등은 내가 배우자 자리를 지저분하게 만들어 놓은 까닭이다.

또 과욕을 부리거나 자신을 피곤하게 만들어 눈 밑에 다크서클이 생기거나 턱을 괴는 습관이 있으면 자식 자리가 불편해진다. 자식이 밖으로 나돌거나 엉뚱한 생각을 하게 되는 것이다. 자식이 공부를 못한다고 말을 듣지 않는다고 책망할 것이 아니라 자신의 습관을 고치는 것이 더 쉽고 빠르다는 것을 알아야 한다.

마음을 편안하게 하고 상대방을 사랑스럽게 응시하면 눈가주름이 아름답게 형성되고 눈에 복록이 담겨진다. 배우자·자식 자리가 편안하니 배우자·자식이 발달하게 되고, 가정행복과 부부애정을 돈독하게 만드는 요인이 된다.

배우자 복이 없고, 자식 복이 없고, 재물 복이 없고, 벼슬 복이 없음은 결국 내가 자초한 일이다. 내 얼굴을 소중히 가꾸면 배우자가 사랑으로 다가오고 자식이 효도하고 없던 복도 굴러들어 올 것이다.

인생 총량제...

일생의 부귀빈천과 길흉화복은 얼굴에 담겨 있다. 내 인생 복록의 가치는 내 얼굴지도에 들어 있다는 말이다.

얼굴 12개의 자리에는 '부모' '배우자' '자식' '벼슬' '재물' '수명' '건강' 등 자신의 인생복록의 총량이 담겨있다. 사람마다 각각의 복록 값이 같을 수 없고, 총량의 질량도 다를 수밖에 없다.

자신이 가진 인생복록의 총량을 숫자로 비유해보자.

내 얼굴의 인생복록이 각각 재물30, 벼슬30, 부모50, 배우자70, 자식70, 건강60, 심성40…이라 가정하면, 내 인생복록의 총량은 평균 50이 된다.

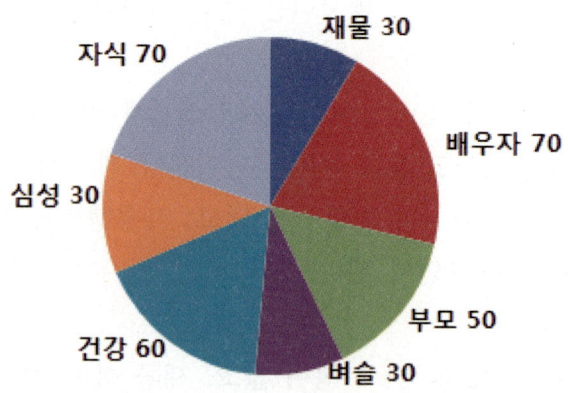

대략 나는 배우자·자식·건강 등은 평균이상이고, 재물·벼슬·심성 등은 평균이하이다. 가족애가 있고 건강한 편인데, 재물·벼슬복은 별로 없고, 소견이 좁은 사람이다.

재물·벼슬 복록이 적은데 탐욕을 부리면, 가정·배우자·자식·건강 등을 잃게 된다.

가령 재물 복이 30인데, 50을 벌었다고 가정해보자.

내 얼굴에 주어진 재물의 값보다 20을 더 가진 꼴이다. 이 20은 내가 가져야 할 재물이 아니다. 내 의도와 상관없이 남의 것을 빼앗아온 것이 되고, 내 것이 아닌 20은 내놔야 하는 것이 인생총량제이다.

만약 재물 20을 내놓지 않으면, 하늘이 그 20을 부모, 배우자, 자식, 명예, 건강 등 다른 복에서 빼내가게 된다.

우리 주변에서 갑자기 돈을 번 사람들을 보면, 부자가 된 뒤에 이혼하거나, 자식이 불효하거나, 부모님이 갑자기 돌아가시거나, 명예가 실추되거나, 다른 사람들에게 욕을 먹는 사람들을 흔히 볼 수 있다.

내 것이 아닌 재물을 쥐고 놓지 않으려하면 하늘이 나서서 바로 잡는다. 이것이 인생총량의 정산이다.

하늘은 세상 만물이 순리에 따라 영원성을 이어가도록 주재한다. 인간이 탐욕을 부리면 하늘이 정기적으로 나타나 교통정리를 하게 된다. 이 사람이 뺏은 복을 저 사람에게 돌려주고, 저 사람이 뺏은 복을 이 사람에게 돌려준다.

내 것이 아닌 재물 20을 덕으로 되돌리지 않으면 하늘이 나서서 바로잡는데, 이 때는 그 값의 2배를 정산해야 한다. 하늘이 나서는 출장비에 괘씸죄가 부가되기 때문이다.
 20×2배 즉 40을 내놓아야 한다.
 만약 70을 취했다면 40을 더 취한 것이니 80을 내놔야 한다. 자신이 가진 70을 다 내주고 알거지가 된 뒤에도 여전히 10을 빚지게 된다.

 간혹 요즘에 빚진 사람들이 파산신고로 면죄부를 받고 할 짓 다하고 다니는 이들도 있다. 빚진 10을 갚지 않아도 되니 룰루랄라~ 좋아 할 일이 아니다.

 하늘은 우리보다 훨씬 똑똑하고 공정하다.
 내가 정산하지 않은 10은 내 얼굴 12궁에 자리한 육친들이 대신 갚아야 한다. 배우자-자식이 가장 먼저 타킷이 된다. 자신의 탐욕으로 배우자가 건강하지 않거나, 가정을 깨뜨리거나, 자식 운세를 망치게 만드는 셈이다.
 가끔 하늘이 그 사람 인생이 불쌍하여 정산을 미루기도 하는데, 하늘의 정산작업에서 요행히 피해갔다고 착각하지 말라. 이 때도 자식이 갚아야하고 자식이 갚지 않거나 다 갚지 못하면 다음 생에서 정산해야 한다.
 다음 생에서 비루하게 살지 않으려면 내가 정산해야 할 것은 지금 생에서 내가 정산해야 하지 않겠는가. 내 업보를 자식에게 물려주지 않으려면 더욱 그래야 할 것이다.

내 욕심과 그릇된 판단이 가정을 깨뜨리고 자식을 망친다고 생각해보라. 그래도 억지로 재물을 쥐고 싶은가?
자식의 불행을, 가정의 불안을 자식 또는 배우자 탓으로 돌리지 말고 자신의 행위를 돌이켜 보자.

내 인생복록의 총량은 세상의 총량에 따른다...

내게 주어진 복은 내 얼굴의 값이다.
세상은 나를 비롯한 만물이 생장쇠멸하기 위한 필요한 일정량이 정해져 있고 각각의 일정량은 총량에서 결정된다.

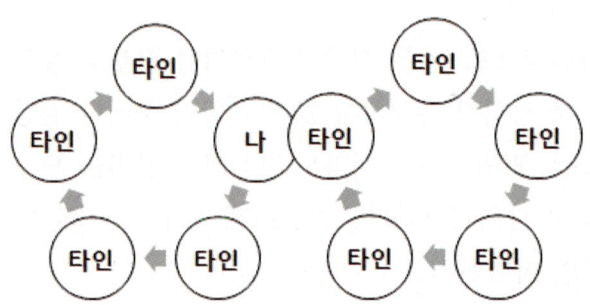

내 얼굴에 부여된 인생복록의 총량보다 많은 행복을 누린다는 것은 그만큼 다른 사람이 불행하다는 반증이다. 내 인생복록의 총량이 있듯이, 천지만물도 정해진 총량이 있기 때문이다.
내 것이 아닌 재물을 탐하면 다른 사람의 인생을 불행하게 만드는 동기가 된다. 내 인생에서 자식 운세를 망치게 하는 것과 같은 이치이다.

나는 다른 사람과 더불어 톱니바퀴처럼 물려서 돌아가게 된다. 세상은 나를 중심으로 돌아가는 것이 아니라, 세상이 돌아가는 흐름에 내가 있을 뿐이다. 내가 세상을 주도하는 것이 아니라, 세상의 움직임에 내가 존재할 뿐이다.

인생복록의 총량은 누구에게나 공평하다. 단지 사람마다 부모·배우자·자식·벼슬·건강·수명 등 그 크기와 질량이 다를 뿐이다. 그런데 우리는 재물(돈)로 인생가치를 판단하다보니 사람마다 인생복록에 차이가 있다고 여기게 된다. 그로 인한 상대적 빈곤이 불안과 불행을 자초하고 인생을 허망하게 만드는 것이다.

나는 개인적으로, 높은 지위에 오르거나 갑부로 살면서 건강을 잃거나 자식이 온전하지 않거나 일찍 죽거나 말년에 고독한 삶보다, 평범하게 살더라도 자식이 성공하는 모습을 보면서 배우자·자식과 더불어 건강하게 장수하는 삶을 원한다. 여러분은 어떠한가?

부귀빈천과 길흉화복

관상의 목적은 흉함을 피하고 길함을 얻는 피흉추길(避凶趨吉) 방법을 찾는데 있다. 이를 부귀빈천(富貴貧賤) 길흉화복(吉凶禍福) 등으로 표현한다.

우리는 부귀(재물·벼슬)에 집착하지만 빈천(가난·천박)은 등한시하고, 길흉(吉凶)에는 민감하게 반응하지만 화복(불행·행복)에 대한 관념이 부족하다.

인생사는 항상 좋은 일만 있거나 흉한 일만 생기는 것이 아니다. 좋은 일이 뒤에 재앙이 될 수 있고, 나쁜 일이 도리어 전화위복(轉禍爲福)이 되기도 한다. 길함 속에 화(禍)가 도사리고 흉한 가운데 복(福)이 있으니 길흉화복이라 한다.

명예가 높고 돈이 많아도 천박하게 사는 사람이 있는가 하면, 명예가 낮고 가난해도 귀하게 사는 사람이 있다. 부귀 안에 빈천(貧賤)한 모습이 있으니 부귀빈천이라 한다.

부귀만 쫓고 길흉으로만 분별하면 겉만 보고 속을 보지 못하는 것과 같다. 타고난 형상의 격(格)을 높이는 것이 중요하고, 이는 마음가짐에 달려 있다. 가난하고 고생하는 사람이 불행한 사람이 아니라, 가난하고 고생할 수밖에 없는 마음을 가진 사람이 불행한 사람이다.

최선을 다하는 마음이 없으면 성공·행운 뒤에 더 큰 횡액을 당하게 되고, 부귀해도 다른 사람에게 손가락질을 받는다.

그래서 노자(老子)는 "길흉화복은 정해진 것이 아니라 오로지 자신이 스스로 만들어낸다"[22]고 하였다.

---

22) "禍福無門 唯人自招".

인생복록 총량을 크게 하는 방법이 있다!...

하늘은 누구에게나 인생복록의 총량을 공평하게 내려준다. 그런데 선천적으로 부여된 인생복록의 총량보다 적게 받아 태어나는 사람이 많다. 전생에서 정산해야 할 몫을 요리조리 피해 정산하지 않은 까닭에 현생의 선천복록에서 공제했기 때문이다. 부모의 악업을 내가 다하지 못했거나 내가 행한 악업을 자식이 정산하지 못한 까닭일 수도 있다.

내 얼굴을 좋게 만들면 복이 저절로 굴러 들어오고 육친의 운세도 덩달아 좋아진다고 하였다. 조상·부모가 덕을 많이 베풀면 내 선천복록이 크게 될 것이고, 내가 악업을 지으면 자식의 선천복록이 적어질 것이다.

**원래 내게 주어진 인생복록을 되찾는 방법은 무엇일까?
선천적으로 타고난 복록을 크게 하는 방법은 무엇일까?**

관상은 심상이라 하였으니 내 얼굴형상을 좋게 하는 방법은 덕을 베푸는 마음씀씀이다. 덕행이 곧 선천적으로 주어진 인생복록의 총량을 살아가면서 크게 하는 방법이다.

선천적으로 주어진 내 재물이 30밖에 안될지언정 그 30을 벌벌 떨면서 움켜쥐지 말고 나보다 못한 사람들을 위해 베풀어보라. 내가 베푼 만큼 되돌아오는 것을 체험하게 된다.

세상의 총량은 일정하기에 내가 덕을 베품으로써 빠져나간 빈자리에는 자연히 복록이 채워질 수밖에 없다. 내 인생총량에서 보면 빠져 나간 내 복록 만큼의 가치가 배우자·자식의 복록으로 채워지기도 한다.

**하늘이 인생총량을 정산할 때 2배로 되갚아야 하듯이,
덕행으로 되돌아 채워지는 복록 또한 2배로 채워진다.**

내가 10을 내어주면 10이 돌아와 채워지고, 처음 내어준 10은 이미 내 것이 아니니 10을 새로 얻은 것과 같다. 돌아온 10에 1을 더하여 다시 내어주면 11이 돌아오니 1을 주고 10을 얻은 셈이다. 내놓고 돌려받기를 반복하다보면 저절로 인생총량이 커지게 된다.
  하늘이 복을 더 주어도 내가 덕행으로 되돌리면 세상의 총량에는 변화가 없고, 덕행을 베푸는 자에게 하늘이 복록을 되돌려주고 인생총량을 크게 만들어주는 것은 다시 내놓을 것을 알기 때문이다. 그래서 덕을 베푸는 자는 상향곡선의 인생이 되는 것이다.

**덕행은 인생복록의 총량을 크게 하는 방법이고,
덕을 베푸는 마음은 얼굴형상으로 드러난다.**

욕심을 부리면 당장은 이로울지라도 결국 인생 곡선은 하향할 것이요, 덕을 베풀면 당장은 손해일지라도 인생 곡선은 상향할 것이다. 선택은 본인의 의지에 달려 있다.

덕행(德行)은 말 그대로 덕을 행하는 의지의 실행이다.

　덕을 베푸는 마음씀씀이가 얼굴형상으로 드러나는데, 관상은 심상이니 심상은 곧 관상이다. 밖(얼굴)을 통하여 안(마음)을 살피는 것이 관상의 이치라면, 밖을 가공하여 안을 북돋는 것은 관상의 이치를 실천하려는 의지의 발로라 할 수 있다.

　덕을 베풀고자 하는 마음이 있으면 얼굴 형상이 밝아지고, 얼굴 형상을 좋게 만들면 덕을 베풀고자 하는 마음과 의지를 샘솟게 만든다. 눈빛을 바르게 하고 입 모양을 바르게 하는 것은 덕을 실천하는 의지와 행위라 할 수 있다.

> **먹기 싫은 떡 하나 던져주면서 생색내는 것은 덕행이 아니고, 자신의 목적을 달성하기 위해 베푸는 행위는 덕이 아니다. 굳이 남모르게 하지 않더라도 나보다 못한 사람을 구제하고 덕행을 과시하지 않는 것이 참다운 덕행이다.**

성형으로 인생복록의 가치를 높일 수 있을까?

　관상은 살아가면서 고착화되는 심성(心性)과 행위에 따라 바뀌어 간다. 마음의 선악(善惡)과 의지에 따라 얼굴형상이 바뀌고 부귀빈천이 결정된다.

> **마음을 고치는 것이 얼굴을 고치는 것보다 우선되지만, 얼굴을 고치려는 마음에서 부귀빈천이 결정되기도 한다.**

성형으로 길흉화복을 뒤바꿀 수는 없지만, 길흉화복이 바뀌는 계기는 성형으로 촉발되기도 한다. 성형하고자 하는 마음은 변화를 의도하는 마음에서 비롯되고, 그 마음에 따라 성형이 이루어지면서 길흉에 영향을 미치게 되는 것이다.

달리 말하면 성형한 모습에서 그 사람의 마음과 변화의 의도를 읽을 수 있다. 성형은 변화를 촉발시키고 동기를 부여하는 요소가 되는데, 그 마음의 변화에 따른 성형의 동기부여가 길하게 작용하기도 하고 흉하게 작용하기도 한다.

바르지 않은 마음에서 비롯된 성형은 흉하게 작용하고, 본인은 성형한 모습에 만족하더라도 흉으로 작용하는 경우도 있다.

눈 꼬리 또는 눈 밑(애교살)에 보톡스를 자주 맞는다.
눈 앞트임 시술을 한다.
항상 속눈썹을 길게 붙이고 다닌다.
코를 뾰족하게 세운다.

배우자 자리를 불안하게 만들고 다른 이성을 끌어들이는 성형이다. 배우자와의 애정·인연을 깨뜨리거나 배우자 운세를 나쁘게 만든다. 중년이후에 건강이상이 오거나 재물손실이 동반된다.

턱을 V라인으로 깎는다.
입술에 보톡스를 맞아 팽팽하게 만든다.

자식인연을 저해하는 성형들이다. 자식인연을 깨뜨린다는 것은 배우자 인연을 깨뜨리는 요인이 되고, 노년에 고독하게 된다.

위와 같이 좋지 않은 성형들은 가정에 대한 애착(마음)이 없을 때 행하게 된다. 배우자·자식에 대한 애정·인연보다 자신이 중요하고 재물이 중요하다는 생각에서 비롯된 성형들이다.

가정을 중시하고 가족을 생각하는 사람은 코를 뾰족하게 세우거나, 눈 앞뒤를 찢고 이물질을 넣거나, 턱을 V라인으로 깎지 않는다.

반대로 흉한 부위를 좋게 성형하여 가정이 편안해지고 운세가 좋아지기도 한다. 엄밀히 말하면 성형으로 운세가 좋아진다기보다 운세를 좋게 하고자 하는 마음(의지)이 흉한 얼굴부위를 좋게 바꾸는 성형으로 발현된 것이라 할 수 있다.

턱에 난 흉터를 없애면 자식의 운세가 좋아진다.
눈가에 있는 점을 빼면 배우자와의 애정이 안정된다.
눈가에 어지러운 주름을 없으면 가정이 원만해진다.
인당에 붙은 눈썹을 빼면 마음이 풍요로워진다.
얼굴에 난 상처·흉터·홈집을 없애면 운세가 좋아진다.
이마에 난 지저분한 털을 제거하면 행운이 찾아든다.

무엇보다 중요한 것은 자신의 얼굴이 흉하게 변하지 않도록 노력하는 것이다. 항상 웃는 표정을 짓고, 언행을 공손하게 하는 것만으로도 운세가 좋게 변하게 된다.

《얼굴 13부위》

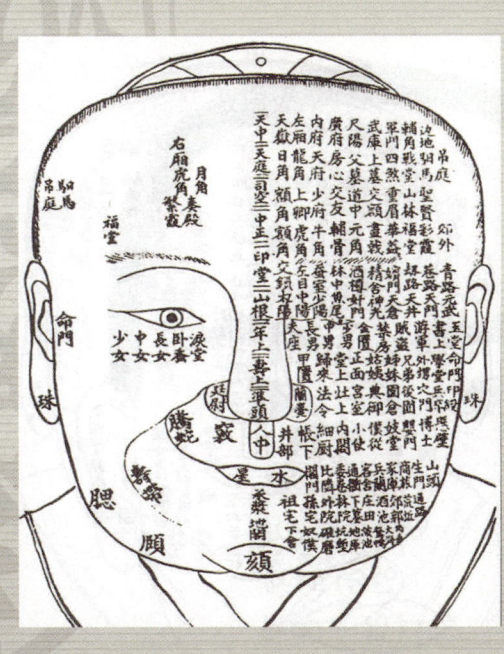

- **천중**(天中)
- **천정**(天庭)
- **사공**(司空)
- **중정**(中正)
- **인당**(印堂)
- **산근**(山根)
- **연상**(年上)
- **수상**(壽上)
- **준두**(準頭)
- **인중**(人中)
- **수성**(水星)
- **승장**(承藏)
- **지각**(地閣)

얼굴 중앙 13부위

얼굴에서 13부위는 얼굴 정중앙에 위치한 13개 부위를 말한다. 13부위는 인생에서 반드시 거쳐야 하는 관문(關門)으로 일생의 운행방향을 검증하는 곳이다. 13부위의 해당 유년에 중간정산을 거치면서 새로운 시발점이 된다.

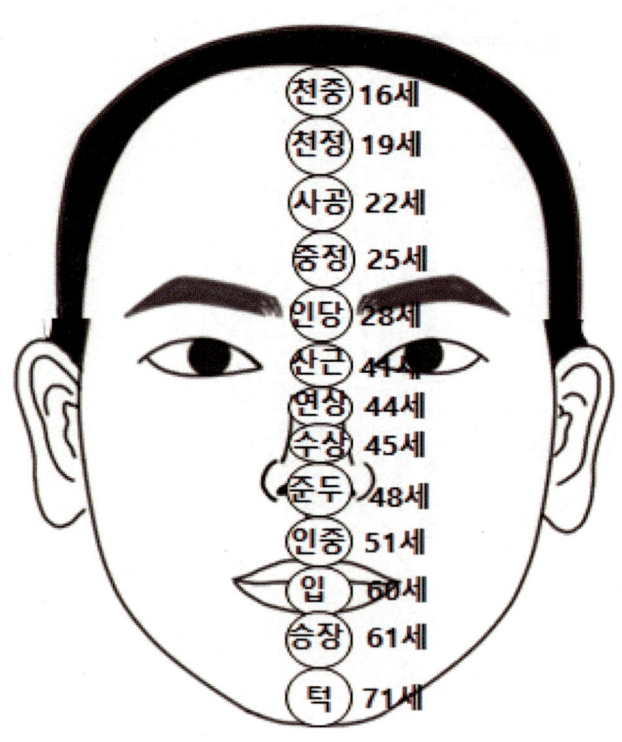

··· 얼굴 13부위의 氣 흐름

얼굴 13부위는 이마 끝에서 턱 끝까지 얼굴중앙을 통과하는 부위이다. 나이를 보면, 16세-19세-22세-25세-28세-41세-44세-45세-48세-51세-60세-61세-71세이다.

13부위는 인당을 별도로,
이마(상정)-코(중정)-입·턱(하정)에 각각 4개씩 배열된다.

얼굴 중앙부위는 인체 氣(기운)흐름의 중심통로이다.

인체 오장육부의 기운(건강)은 그대로 얼굴에 반영되어 드러난다. 인체 기운은 상하로 운행하는데 이를 주도하는 기운이 심장-비장-신장이고, 얼굴에서 이마-코-입·턱이다.
이를 도교수련에서 수승화강(水升火降)이라 한다.
물(水)은 원래 아래로 떨어지는 속성이 있고, 불(火)은 위로 치솟는 속성이 있다. 만약 水(신장)가 떨어지기만 하고, 火(심장)가 치솟기만 하면 인체기능이 순환하지 못한다.

하강하려는 水를 끌어올리고, 치솟으려는 火를 끌어내려 水-火(신장-심장)를 순환시킴으로써 인체기능을 원활하게 하여 양생(養生)을 얻고자하는 방법론이 도교수련에서 수승화강(水升火降)의 원리이다.[23]

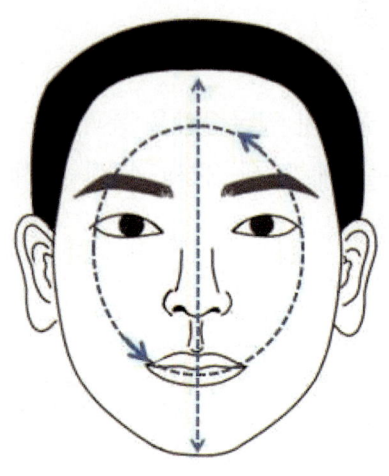 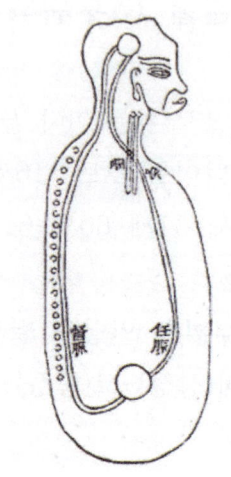

〈얼굴에서 수화승강 흐름〉　〈인체의 氣 흐름〉[24]

　인체의 기(氣) 흐름은 상하로 운행하면서 좌우를 상통하여 순환된다. 이 흐름은 얼굴중앙 13개 부위에서 관장한다.
　13부위는 얼굴 상하의 중앙에서 좌우 형상의 균형을 도모하고 조화롭게 한다. 예컨대 일각-월각, 눈, 눈썹, 콧방울, 관골, 식록, 입꼬리, 시골 등 양쪽 부위가 균형·조화를 이루도록 중심을 잡는 곳이다.

　13부위가 깨끗하고 흠집이 없어야 인체기능의 원활을 돕고, 이마-눈·코-입·턱의 작용을 발휘하게 돕는다. 심신이 건강한 증거이고 왕성한 활동력으로 성취를 이룬다.

---

23) 여기에 대해서는 본 저자의 박사학위논문, 「상학의 도교수련적 접근」을 참조하기 바란다.
24) 그림 출처 : 柳華陽 箸, 柳正植 譯, 『金仙證論』.

만약 13부위에 반점·주름·상처·흠집 등이 있거나, 뼈가 튀어나오거나, 삐딱하거나, 틀어졌거나, 꺼지거나, 납작하면 인체기능이 원활하게 작동하지 않는 표상이다. 활동력이 꺾이고 정체되거나 방해를 받는 등 일이 잘 풀리지 않는다.

**인상을 찌푸리거나, 코를 벌렁거리거나, 입을 삐죽거리거나, 턱을 괴거나, 언행을 경박하게 하면, 인생사의 흐름도 왜곡되거나 굴곡이 있게 된다.
특히 평소에 인상을 쓰거나 짜증을 부리면 인당과 산근에 깊은 주름을 만든다. 질병·횡액(산근)을 끌어들여 스스로 자신의 운명(인당)을 망치는 꼴이다.**

도교수련의 수승화강론은 마음을 고요하게 하는 심신수련기법이다. 마음을 고요하게 하고, 탐욕을 부리지 않고, 타인을 존중하면 인상 쓸 일이 없다. 얼굴표정이 맑고, 눈빛이 빛나고, 인상·산근에 주름이 잡히지 않고 밝아진다. 자연히 복록이 들어오고, 건강하게 장수하게 된다.

**얼굴형상이 좋으면 인체기운과 심성이 좋다는 증거이고, 그러면 마땅히 건강하게 장수하고 성취를 이룬다는 것이 관상의 논리이다.
달리 말하면 삶이 힘들고 고단하더라도 웃음을 잃지 않고 표정을 밝게 하면 복이 찾아들고 성공을 이루게 될 것이다.**

⋯ 얼굴 13부위와 인생흐름

부위	나이	영역
천중	16세	이마
천정	19세	
사공	22세	
중정	25세	
인당	28세	
산근	41세	코
콧등(연상)	44세	
콧등(수상)	45세	
준두·콧방울	48세	
인중	51세	입
수성	60세	
승장	61세	
지각	71세	

〈얼굴 13부위의 명칭-위치-나이〉[25]

13부위는 16세-19세-22세-25세-28세-41세-44세-45세-48세 -51세-60세-61세-71세로 이어진다. 이 시기는 인생에서 중요한 전환점이 되는 시기이고, 그만큼 사건·사고가 많이 발생하는 시기 이기도 하다.

13부위가 좋으면 해당나이에 번영의 계기가 되지만, 해당부위가 흉하면 그 나이에 실패하거나 하락하는 기점이 된다.

---
25) 그림 출처 : 曾國藩 著,『冰鑑』「十三部位側面之圖」.

13부위는 인당을 중심으로 상-중-하 기운을 주재한다.
이마(상정)에 천중-천정-사공-중정 4개가 있고,
코(중정)에 산근-연상-수상-준두 4개가 있고,
입·턱(하정)에 인중-수성-승장-지각 4개가 있다.

이마는 선천기운으로 부모를, 코는 자신을, 입·턱은 자식을 상징한다. 부모-나(배우자)-자식의 관계를 형성하여 초년-중년-말년을 거치면서 타고난 운명을 개척해나가는 주요 기점이 13부위이다.
얼굴 13부위는 특히 깨끗하게 관리해야 한다.

천중天中…1

천중은 이마를 4등분했을 때 가장 위쪽 부위이다. 천중은 16세로 중학교 3학년에 해당한다. 고등학교 입학을 준비하는 사춘기로 자아를 형성하는 시기이다.
천중은 전적으로 부모가 주관하는 시기이다.
천중의 형상으로 자신의 소년시절과 부모의 운세를 살핀다. 어린 시절에 부모의 사랑과 음덕은 물론 일생에서 행운·혜택의 정도를 본다. 주로 남자는 아버지의 운세와 혜택을 보고, 여자는 남편의 운세와 혜택을 본다.

천중 부위가 깨끗하고 발제가 바르다.

성정이 바르고 명예를 소중히 여기는 부모를 둔다. 부모음덕이 좋고 학문을 이루고 성공할 수 있는 자질이 있다.

천중에 돌출·함몰·흠집이 있거나 발제부위가 바르지 않다.

부모의 성정이 바르지 못하거나 부모인연이 약하다. 어린 시절에 고생을 하거나 부모와 떨어져 생활하게 된다. 이마 주름이 많아도 부모음덕을 얻기 어렵다.

천정天庭...2

천정은 천중 바로 밑에 위치한 부위이다. 19세로 고등학교를 졸업하고 새로운 환경에 대비하고 준비하는 시기이다.

천정 역시 전적으로 부모가 관장하는 시기로 부모의 운세와 혜택을 본다는 점에서 천중과 유사하다. 다만 천정은 이마 뼈가 드러나는 부위로 주체성을 갖기 시작하고 자신의 역량을 갖추어가는 시기이다.

천정 뼈(복서골)가 솟고 일각·월각이 보좌하면 이상적이다.

천정 뼈가 평만하면서 솟고 기색이 밝으면 부모음덕이 좋고 학문을 이루어 자신의 뜻을 펼치는 근간이 된다.

천정부위가 돌출·함몰되거나 흠집·주름이 많다.

소년기에 부모가 사업에 실패하거나 부모가 이별하는 등 부모음덕이 약하다. 천중과 같이 어린나이에 방황하거나 부모와 이별하여 생활하는 경우가 많다. 천중·천정 형상이 좋지 않거나 빈약하면 부모에 의지하지 말고 자수성가해야 한다.

사공司空…3

사공은 천정 바로 밑에 위치한 부위이다. 22세로 비로소 부모에게 벗어나 세상 밖으로 나와야한다. 사공도 부모 운세와 음덕을 보는 자리이지만, 부모의 음덕·유산·유업을 유지하고 이어가느냐를 본다는 점에서 천중·천정과 구별된다.

사공(司空)은 '빈 것을 사령한다'는 의미이다. 무無에서 유有를 창조한다는 의미도 있다. 사공의 형상으로 벼슬·재물을 만들어내는 정도를 판단하고, 벼슬의 높고-낮음, 재물의 많고-적음을 알 수 있다.

사공이 풍만하고 깨끗하면 소년기의 지능·재능과 부모음덕을 중년까지 이어가는 바탕이 되고 성취를 이룬다.

이마형상이 좋지 않은데 사공이 좋다.

부모음덕이 고르지 않고 초년에 고생하더라도 자수성가할 수 있는 자질을 갖춘 사람이다.

이마는 좋은데 사공에 돌출·함몰·홈집·주름 등 결함이 있다.

부모운세가 좋고 어려서부터 부모의 사랑과 음덕을 입지만 부모운세를 이어가지 못한다. 창의력이 부족하고 재물·벼슬을 크게 하기 어렵다.

갑자기 사공의 기색이 어둡거나 붉은 기색이 감돌면 놀라는 일이 생기거나 질병에 걸리거나 사건·사고에 노출된다.

중정中正...4

중정은 인당위에 위치하여 복당(눈썹 윗부분)과 인접한다. 이마의 중심 뼈는 복서골(천중-천정-사공-중정)이고, 복서골의 기운이 강한 부위가 중정(中正)[26]이다.

중정은 이마 기운의 정점이자, 일생운세의 실질적 시작점이다. 25세로 실질적인 경제활동을 시작하고 자신이 삶을 주도하는 시점이다. 이마에 속하는 부위로 부모운세를 살피지만, 자신의 역량발휘와 중년 운세와 배우자 인연의 근간이 된다.

중정의 뼈가 풍만하고 기색이 밝고 깨끗하다.

이마형상이 좋지 않더라도 25세 이후에 직업적 성취가 있고 좋은 배우자를 만나 인생복록을 완성해나간다.

---

[26] 얼굴에서 '중정'이라는 말은 2군데 나온다. 얼굴 삼정(三停)에서 중정(中停)이 있고, 이마에서 중정(中正) 부위가 있다.

중정에 황색 기운이 윤택하면 좋은 일이 생긴다.

중정이 돌출·함몰되거나 홈집이 있다.
이마형상이 방정하여 부모음덕이 있더라도 직업·직장에서 고난이 있거나 가정이 불안정하다. 학문성취가 있어도 능력을 발휘하지 못하거나 뜻한 바를 크게 이루기 어렵다.
중정 기색이 어둡거나 탁하면 명예실추, 구설시비, 재물손실, 건강이상 등이 올 수 있고 가정을 깨뜨리기도 한다.

**중정은 부위의 위치적 특성상
인당-산근·코-눈썹·눈과 대비하여 관찰해야 한다.**
중정이 좋더라도 인당이 꺼지면 행운이 따르지 않고,
눈썹·눈이 흉하면 실패가 많거나 가정을 깨뜨리기 쉽고,
산근·코가 흉하면 결실을 이루기 어렵다.

인당印堂...5

인당은 28세로 배우자를 만나 가정을 일구고 직업적 안정을 도모하는 시기이다. 인생의 등대와 같은 곳으로 얼굴부위 중에서 특히 깨끗하고 맑아야 하는 이유이다.
명궁(命宮)으로 일생운세를 주관하고 삶의 행복·만족지수를 관장한다. 이마 기운을 함축한 부위로 행운적 요소가 강하고, 행복-

불행 등 심포(心包)를 알 수 있다.

인당이 넓고 평만하면서 빛난다.
부모음덕과 주위도움 등 행운이 따르고, 작은 노력으로 많은 성과를 얻는다. 삶에 대한 만족도가 높고 배우자·가정에 대한 행복지수가 높다.

인당이 좁거나 꺼지거나 흠집·반점·주름 등이 많다.
열심히 노력해도 성과가 적고, 성과가 있어도 만족할 줄 모른다. 훌륭한 부모를 두더라도 유산·유업을 지키지 못하고, 좋은 배우자를 두더라도 만족하지 못한다.
특히 양쪽 눈썹머리가 인당에서 맞닿거나 인당을 침범하면 더욱 심하다. 여자는 남편 운세를 방해한다.

산근山根…6

산근(山根)은 산의 뿌리로 코의 뿌리이자 얼굴의 뿌리이다. 이마 기운을 함축한 인당과 벼슬·재물을 생성하는 눈·코를 이어주는 얼굴 상하좌우의 연결점이다. 사실상 인생의 뿌리인 셈이다.
산근은 재물의 뿌리이자 질병·횡액의 본산지이다. 41세로 인생에서 이 시기에 크게 길흉이 바뀌는 시기이다. 재물, 질병·횡액뿐 아니라, 배우자·자식 등 인연의 뿌리가 된다.

산근 형상이 마치 동산마냥 풍만하면서 편안한 느낌이면 건강하게 장수하고 인생복록을 지키는 힘이 있다.

산근이 함몰(凹)·돌출(凸)되거나, 뾰족하거나, 납작하거나, 주름이 깊거나, 반점·흠집 등은 좋지 않은 산근 형상이다.
성공보다 실패가 많고, 이익보다 손실이 많다. 질병에 걸리기 쉽고 사건사고에 노출된다. 고집이 강하고 자기밖에 모르니 타인과 시비가 잦다. 특히 41세를 전후하여 실패를 경험하거나 재물을 잃거나 가정풍파가 있다.

산근은 자신이 뿌리이자 재물·벼슬의 뿌리인데, 산근이 약하거나 건실하지 않은데 갑자기 대박을 터뜨리거나 크게 횡재를 얻으면 한 번의 풍파에 모든 것을 잃기 쉽다.

연상年上 … 7
수상壽上 … 8

콧등을 2등분하여 윗부분은 연상이라 하고, 아랫부분은 수상이라 한다. 연상은 44세이고, 수상은 45세이다. 연상(年上)·수상(壽上)의 자구적 의미에서 건강·수명과 관련이 있음을 알 수 있다. 콧등은 코(자신)의 본바탕으로 재물과 가정을 완성하고 배우자와의 애정을 실현하는 자리이다.

콧등이 높고 넓고 바르다.

인생길이 순탄하고 경거망동하지 않는다. 건강하게 장수하는 바탕이 완성된 모양새이다. 44세·45세에 뜻한 바를 이루거나 성공의 발판을 만든다. 중년 이후에도 부부가 화합하고 가족애가 흐트러지지 않는다.

콧등이 황색을 띠면 좋은 일이 생긴다.

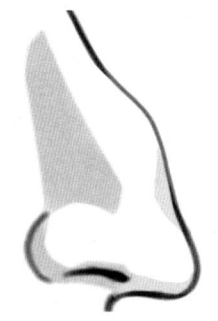 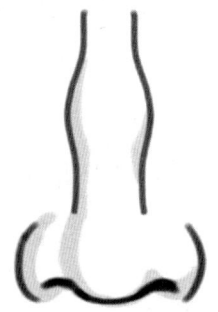

〈볼록 튀어나온 콧등〉   〈옆으로 벌어진 콧등〉

콧등이 힘이 없거나, 울퉁불퉁하거나, 튀어나오거나, 옆으로 벌어지거나, 삐뚤면, 좋지 않은 콧등 형상이다.

자기주장이 강하고 성격이 원만하지 못하다. 한방에 크게 먹으려는 속성이 있는 반면에, 한방에 크게 잃는다. 성공-실패가 교차하고 벼슬·재물은 물론 가정도 불안정하다.

40대중반에 자존심(명예)이 실추되거나 재물손실이 있다. 외도 등으로 인한 부부문제, 가정문제가 동반되기도 한다.

콧등이 어둡거나 푸르스름하거나 희거나 붉으면 시비구설이 잦고 예기치 않는 일이 발생한다.
　특히 여자가 콧등이 불량하면 남편·자식인연이 좋지 않다. 자신의 고집으로 남편과 자식의 일을 방해하기도 한다.

콧등 주름
　콧등에 세로주름이 있으면 자식과의 애정과 인연이 약하다.
　콧등에 가로주름이 있으면 인생복록의 흐름을 끊어버리는 꼴이다. 인생에서 큰 장애를 겪게 된다.

준두準頭...9

　준두(코끝)는 48세를 주관하고, 벼슬·재물 복록을 뭉쳐 견고하게 만든다. 준두(準頭)는 코의 우두머리로 얼굴의 우두머리이기도 하다. 중년의 복록을 완성하여 말년의 풍요함을 향유하는 바탕이자 힘이다.
　준두의 형상으로 재물·명예·애정에 대한 성취욕구 또는 욕심의 과다를 살피기도 한다.
　준두는 기본적으로 콧대보다 높고 넓어야 한다.

준두가 풍만하고 끝이 맺힌다.
　재물을 뭉치는 능력이 있고, 가정을 건실하게 하는 힘이 있다. 대인관계가 왕성하여 말년에도 의식이 풍요롭다.

준두가 지나치게 불록하다.

재물·명예·애정에 대한 욕구가 지나치게 강하고 사람에 대한 욕심도 강하다. 재물을 고생스럽게 얻기도 하고, 한번 수중에 들어가면 잘 내놓지 않는다.

준두가 들린 들창코

가장 흉한 준두의 형상은 들창코이다. 재물을 뭉치는 우두머리가 없는 형국이니 재물을 모으지 못하고 새나간다. 벼슬·재물, 배우자·자식에 대한 집착이 강하면 지키기 어렵다.

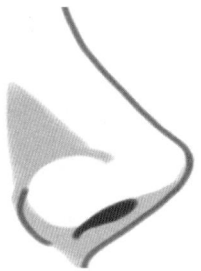
〈들창코〉

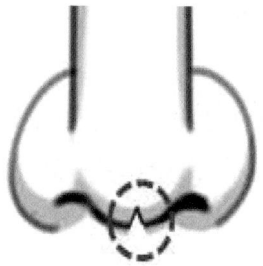
〈갈라진 준두〉

준두에 살이 없고 뾰족하다.

탐욕을 부리지는 않지만 심성이 모질고 냉정하다. 자신이 주재하는 일에서 성과가 적고 재물을 크게 하지 못한다.

여기에 눈이 함몰되거나 관골이 낮거나 입술이 들리면, 중년이후에 재물을 탕진하거나 배우자인연을 해친다.

갈라진 준두

분리·이별의 상으로 중년이후에 부부가 이별하거나, 벼슬·재물이 손상된다.

준두의 기색은 행운의 발현처(發顯處)이다.

아침에 일어났는데 준두에 황색기운이 밝고 윤기가 흐르면 그 날은 좋은 일이 생기거나 행운이 찾아든다. 집안에 경사가 있거나 뜻하지 않은 횡재가 있다.

준두가 어둡거나 혼탁하면 날벼락을 맞을 수 있다. 하는 일을 멈추거나 사업을 축소하여야 한다.

딸기코이거나 준두에 땀이 많이 나는 사람은 일이 잘 풀리지 않는다. 건강에 유의해야 한다.

인중人中…10

인중은 51세로 말년운세의 시작점이자 자식번영의 발현점이다. 청장년기의 성과를 말년까지 이어가기 위해서는 반드시 인중을 거쳐야 한다. 인중의 복록을 돕는 곳은 법령이다.

인중은 명예·재물·육친·건강·수명 등 인생복록을 노년까지 이어주는 통로이자 복록을 거두고 향유할 수 있느냐의 운명적 관문이다. 말년의 행복과 복록은 청장년기의 성공에서 비롯되기에 인중이 좋으면 인생복록을 성취하는데 수월하다.

말년운세는 자식번영과 밀접한 관계가 있고, 인생복록의 가치는 심성에 달려있다. 그래서 인중은 그 사람의 마음씀씀이를 살피는 중요한 요소가 되고, 마땅히 실질적으로 행복과 건강수명을 누리느냐의 관점이 된다.

인중 형상으로 그 사람의 항상심(恒常心)을 보고, 건강·장수 등 복록향유의 길고 짧음은 물론 자식번영의 정도를 살핀다. 인중을 제2의 인당이라 불리는 이유가 여기에 있다.

인중 부위를 일명 식록궁이라 부른다.

인중을 중심으로 입술 윗부분을 식록궁(食祿宮)이라 한다. 인중 왼쪽 부위는 선고(仙庫)-식창(食倉)이고, 인중 오른쪽 부위는 선고(仙庫)-록창(祿倉)이다.

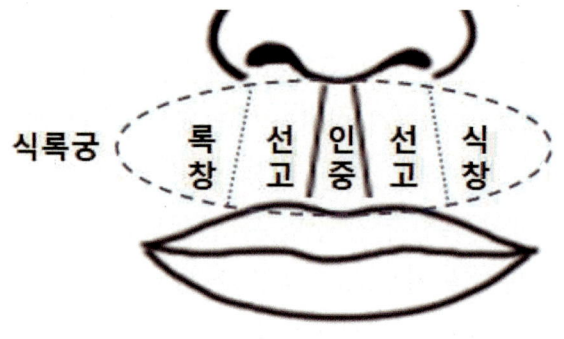

인중이 바르고 길고 넓고 뚜렷하며, 인중 양쪽부위가 두툼하게 형성되면 이상적인 식록궁 형상이다.

식창(食倉)은 먹을 것을 채우는 창고이고, 록창(祿倉)은 벼슬을 채우는 창고이고, 선고(仙庫)는 신선한 창고라는 뜻이 다. 신선하다는 것은 진실되고 올바른 것을 일컫고, 재물의 진실됨은 나눔의 복록을 의미하기도 한다.

모름지기 재물과 벼슬 등 복록은 거짓이 없어야 한다.
남의 것을 훔치거나 빼앗은 것을 창고에 담을 수 없다는 것을
식록궁에서 경계하고, 나눔으로써 복록을 지킨다는 인생가
치를 말하고 있음이다.

인당(印堂)은 인생항로의 등대라면,
인중(人中)은 인생항로의 물길(통로)이다.

인당과 인중은 인생방향성을 제시하고 인생사의 길잡이다.
특히 인중은 완성한 인생복록을 입(창고)으로 싣고 나르는 통로이면서 복록을 크게 하고 인생가치를 실현하기도 한다.

인중 형상은 바르고 길고 깊고 뚜렷해야 한다.
아랫부분이 윗부분보다 약간 넓은 것이 이상적이다.
바르고 뚜렷한 인중은 심성이 바르고 신의가 있다. 자신이 생성한 복록을 깨뜨리지 않고 노년까지 유지하고 누린다. 건강하게 장수하고 효도하는 자식이 있다.

〈바른 인중형상〉   〈위가 넓고 아래가 좁은 인중〉

인중 아랫부분이 지나치게 넓다.

욕심이 많고 내 것에 대한 집착이 강하다. 인상을 쓰는 좁은 인당에 비유된다. 모방을 잘하고 계책을 잘 꾸미는 장점이 있지만, 자기 꾀에 자기가 넘어가는 경우가 많다.

인중 윗부분이 넓고 아랫부분이 좁다.

깔때기 모양으로 복록이 들어오기는 쉬운데 들어온 복록이 내려가지 않으니 복록을 누리지 못한다. 인생흐름이 정체되거나, 재물이 있어도 쓰지 못하는 사람이다.

인당과 인중은 인생의 등대와 물길이기에 다른 부위에 비해 특별히 깨끗하고 흠집이 없어야한다.

인당과 인중의 형상이 불량하더라도 흠집이 없고 깨끗하기만 해도 복록을 누릴 수 있다. 설령 부모음덕이 없더라도 배우자 또는 자식 덕이 있고, 배우자 인연이 약하더라도 자식 덕이 있거나 행운이 따른다.

인중에 가로주름이 있거나, 반점·홈집·흉터 등이 있다.

인생항해 중에 암초에 부딪히거나 폭풍을 만난 꼴이다.

인중이 바르더라도 가치가 떨어지고, 한순간에 복록을 뒤엎을 수 있다. 시간이 지나면서 자식인연이 약해지거나 말년에 고독하게 되기 쉽다.

현침(懸針) 인중

한 줄 세로모양으로 된 인중은 바늘을 매달은 모양과 같다하여 현침인중이라 한다. 입으로 들어가는 통로가 좁은 꼴이니 복록을 싣고 나르기 어렵다. 배우자·자식을 바늘로 찌르는 형국이니 노년에 고독하게 보낸다.

〈한 줄 세로모양 인중〉 〈없는 듯 펑퍼짐한 인중〉

인중이 펑퍼짐하거나 뚜렷하지 않다.

성격이 지나치게 느긋하지 않으면 조급하다. 인생방향성이 불분명하고 삶에 대한 의지가 약하여 성취가 적다. 자연히 육친에 대한 애정이 희박해지고 인연이 약해진다.

인중 길이로 '수명'의 장단을 판단한다.

인중이 길면 수명이 길고, 인중이 짧으면 수명이 짧다.
여기서 '수명'이란 목숨의 길고 짧음만을 뜻하는 게 아니다. 벼슬·재물, 건강, 배우자·자식, 대인관계 등 삶을 유지하는데 필요한 모든 복록의 길고 짧음의 수명을 의미한다.

인중이 지나치게 길다.
인중이 지나치게 길면 수명이 지나치게 길어지는데서 오는 폐해가 발생한다. 인당이 지나치게 넓은 형상과 같이 지나치게 느긋하고 게으른 탓이다. 복록의 수명이 길다고 생각하여 노력하지 않기에 결국 말년에 가난해지고, 다른 육친을 먼저 보내기에 도리어 말년에 고독하게 된다.

인중이 지나치게 짧다.
수명이 짧은 모양새로 인당이 좁은 형상에 비유된다. 부족함을 채우기 위해 노력하는 경향이 있다. 자기 것에 대한 집착이 강하고 삶에 대한 욕구가 강하다.
인중이 지나치게 짧으면 인중이 위로 들리는 경우가 많다. 인중이 짧으니 복록의 수명이 짧고, 인중이 들리니 복록을 담지 못한다. 본인에게는 인색하고 남에게는 오지랖 넓은 성향으로 발현되기도 한다. 실속이 없는 경우가 많다.

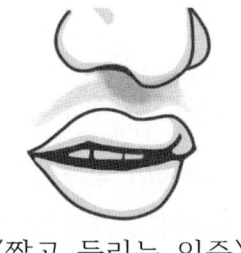 

〈짧고 들리는 인중〉   〈삐뚤어진 인중〉

인중이 삐뚤거나 휘어진다.

재물, 부부애정, 자식운세, 직장가정 등 인생복록이 불안정하다. 생각이 부정적이고 인생길이 삐뚤어지고 육친인연도 삐뚤어진다. 이랬다저랬다 변덕이 심하고 위법·편법적 성향이 있다.

☞ 남자의 인중이 왼쪽으로 **삐뚤어지면** 처 또는 아들의 성정이 바르지 않거나 처·아들로 인해 힘들어지거나, 그렇지 않으면 그들을 힘들게 하기도 한다. 오른쪽으로 **삐뚤어지면** 처 또는 딸로 인한 고충이 있다.

☞ 여자의 인중이 오른쪽으로 **삐뚤어지면** 남편 또는 아들의 성정이 바르지 않거나 남편·아들로 인해 힘들어지거나, 그렇지 않으면 그들을 힘들게 하기도 한다. 왼쪽으로 **삐뚤어지면** 남편 또는 딸로 인한 고충이 있다.

수성水星...11

　수성(水星)은 입을 지칭한다. 입은 복록을 담는 그릇이고 인생 항해의 배에 비유된다. 60세를 주관하여 말년의 부부애정과 가정 평안, 재물축적과 향유, 건강과 장수 등 행복한 노년을 꿈꾸고 인생 복록을 지키는 자리이다.
　입은 말년을 관장하는 중심부위이니 입 형상으로 정력·에너지와 왕성한 활동력을 알 수 있다. 입의 복록과 활동력을 지키기 위해서는 준두가 풍만하고 인중이 바르고 깨끗하며 법령이 뚜렷하고 귀와 조응해야 한다.

**입술이 두툼하면서 바르고,
윗입술-아랫입술의 크기와 두께가 비슷하고,
입 꼬리가 약간 위로 올라가면 좋은 입모양이다.**
　아랫입술이 윗입술을 떠받치는 관계에 있기에, 아랫입술이 윗입술보다 약간 크고 도톰하게 보이면 이상적이다. 배가 크고 안정된 모양으로 복록을 담아 인생여정을 안전하게 한다. 신의가 있고 믿을 수 있는 사람으로 가정이 평안하고 의식주가 풍요롭다.

**남녀를 불문하고 입술이 바르지 않거나,
입이 지나치게 크거나 지나치게 작거나,
윗입술과 아랫입술의 크기·두께 차이가 많이 나거나,
입술꼬리가 처지면 좋지 않은 입모양이다.**

복록을 담는 그릇이 작거나 불량한 모양으로 복록을 담는데 제약이 있고 재물활동에 성과가 적다. 진실함이 부족하고 말이 투박하여 쓸데없는 말로 시비를 불러들인다. 복록을 뒤엎고 육친인연이 왜곡되거나 굴곡이 있다. 여기에 입술 기색이 어둡거나 입술이 메마르거나 입술에 반점이 있으면 더욱 심하다.

입이 크면 박력이 있고 스케일(야망)이 큰데, 여자의 입이 지나치게 크면 여장부 기질이 있다. 직업적으로 성공하지 못하면 배우자인연이 약하거나 가장역할을 하는 경우가 많다.

상하 입술이 부합하지 않으면 육친인연이 왜곡된다.

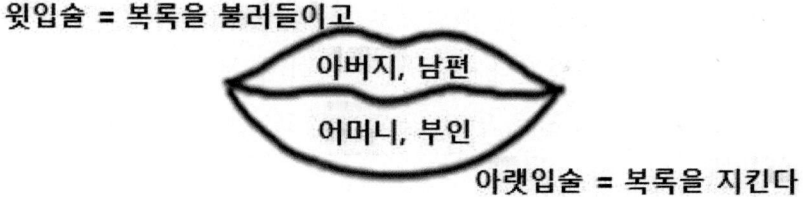

윗입술은 복록을 불러들이고 거두어들이는 작용이고,
아랫입술은 들어온 복록을 지키고 향유하는 작용이다.

상하 입술이 부합해야 입의 열고 닫음을 원활해진다. 입의 여닫이가 원활해야 육친인연과 인생복록을 온전하게 하고, 성취한 복록을 향유할 수 있다.

윗입술이 지나치게 크거나 뾰족하다.

여자는 남편에게 짓눌리는 형상으로 남편으로 인해 고생이 많거나 자신이 건강하지 못하다.

남자는 부인을 누르는 형상으로 가부장적이다. 조화를 잃으니 크게 발달하기 어렵고 노년에 홀로 고독하다.

남녀 모두 아버지·아들로 인한 고충이 있고, 어머니·딸이 건강하지 않거나 인연이 약하다.

아랫입술이 지나치게 크거나 뾰족하다.

여자는 남편을 누르는 형상으로 자신이 가장노릇을 하는 경우가 많다. 남편과 자식을 부양하지만 성과도 없이 말년에 육친인연이 약하거나 독수공방하는 세월이 있다.

남자는 처에게 짓눌리는 형상으로 애처가·공처가 타입이다. 부인으로 인한 고충이 있거나 자신이 건강하지 못하다.

남녀 모두 어머니·딸로 인한 고충이 있고, 아버지·아들이 건강하지 않거나 인연이 약하다.

입은 마음의 표상이고 언행의 결과로 나타난다.

입모양이 좋지 않은 사람은 언행에 주의해야한다. 입이 뾰족하면 마음과 상관없이 뾰족한 입모양대로 말이 거칠어질 수 있고, 습관적으로 말이 거칠고 시비조이면 마음이 따라 거칠어지기 때문이다.

승장承漿...12

승장은 아랫입술 바로 아래에 약간 들어간 부위이다. 승장의 자구적 의미에서 음료와 관련이 있음을 알 수 있다.27) 현대에서는 물·술·커피·약물 등과의 연관성으로 보기도 한다.

승장은 61세를 주관하고 입에서 턱으로 연결되는 통로이다. 코에서 입으로 연결되는 통로가 인중이라면, 입에서 턱으로 연결되는 통로가 승장이다.

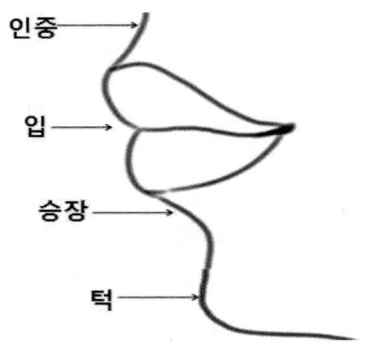

**승장은 보일듯 말듯 감춰진 듯하고,
승장 양쪽부위가 도톰하면 이상적인 승장 모습이다.**

노복궁이 완성된 것과 같이 노년에 권력을 행사하고 식복을 걱정하지 않아도 된다. 부귀정도와 상관없이 현재의 복록에 감사할 줄 알고 품위가 있다.

---

27) 승(承:잇다·받아들이다) 장(漿:미음·음료·풀)

승장이 쭈글쭈글하거나, 불룩 튀어나오거나, 반점·홈집이 있거나, 깊은 가로주름이 형성되면 좋지 못하다.

부귀해도 부귀를 누릴 줄 모르고, 부귀에 비해 생활수준이 낮거나 품위가 없다.

물로 인한 사건·사고 또는 술·약물 등에 중독되기 쉽고, 질병 등으로 약을 먹어야하는 상황에 봉착하기도 한다.

특히 승장에 깊은 가로주름이 형성되면 극히 흉하다.

몸을 움직여서 먹고 살거나, 늙어서도 일을 손에서 놓지 않으면 흉이 반감되거나 발달한다.

턱…13

턱은 71세를 주관하고, 지각(地閣)이다. 말년의 건강·수명 등 말년 복록을 굳건히 한다는 의미가 있다. 말년 행복은 턱 형상에서 비롯되고, 자식 번영과 인연에 영향을 받는다.

턱이 길고 넓고 두툼하면서 방정하다.
턱이 약간 앞으로 나오면서 턱 끝이 뭉치면 더욱 좋다.

심성이 후덕하고 여유롭고 말년에 의식이 풍족하다. 좋은 배우자와 효도하는 자식이 있다. 인간관계가 원만하여 노년에도 권위가 있고 통솔력이 있어 따르는 자가 많다. 인내와 끈기가 있고 골격과 하체 힘이 좋아 건강하게 장수한다.

다만 턱이 입을 벗어날 정도로 지나치게 튀어나오거나 들리면 도리어 귀하지 못하다.

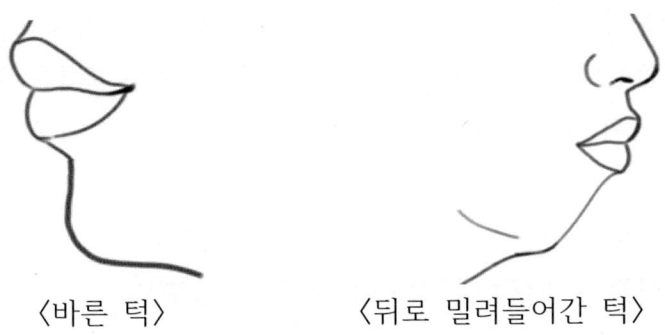

〈바른 턱〉　　　　〈뒤로 밀려들어간 턱〉

턱이 뾰족하거나, 턱 끝이 갈라지거나, 움푹 들어가거나, 뒤로 들어가거나, 뺨에 살이 없으면 흉한 턱 형상이다.

배우자·자식으로 인한 근심·걱정을 떠안거나 재물이 손상되는 등 말년운세가 어지럽고 등락을 겪는다. 자신의 재물성취와 상관없이 배우자·자식으로 인한 고충이 있다.

턱에 흠집·주름이 많거나 메마르거나 기색이 좋지 않아도 마찬가지이다. 또 습관적으로 턱을 괴거나 다리를 꼬는 사람은 턱이 삐뚤지 않더라도 배우자·자식 인연을 스스로 깨뜨리게 된다.

턱 형상이 좋지 않은 사람은 말년의 삶이 황폐하게 될 소지가 많다. 타인을 위한 삶을 살거나, 늙어서도 손에서 일을 놓지 않으면 흉이 반감된다.

턱의 형상·기색이 좋지 않은 사람은 타인을 존중하고 배려하는 심성이 중요하고 덕을 베푸는 마음씀씀이가 흉한 형상을 길(吉)함으로 돌리는 방법이다.

재물의 많고 적음을 떠나서 자기관리에 충실해야 하고, 덕을 베푸는데 인색하면 배우자·자식·재물·건강 등 복록을 온전히 누리지 못하거나 지키지 못한다.

자식복은 와잠-인중-턱 등으로 살핀다.

☞ 와잠은 도톰하고 깨끗해야 한다. 자식의 본주로 심신이 건강한 자식을 얻는 근원이다.
☞ 인중은 바르고 길고 깊고 뚜렷해야 한다. 자식과의 애정·인연을 보는 자리로 부부애정에도 영향을 미친다.
☞ 턱은 방정하고 두툼하면서 턱 끝이 약간 앞으로 나오면 좋다. 자식의 번영과 혜택(효도) 정도를 본다.

《삼관.사애》

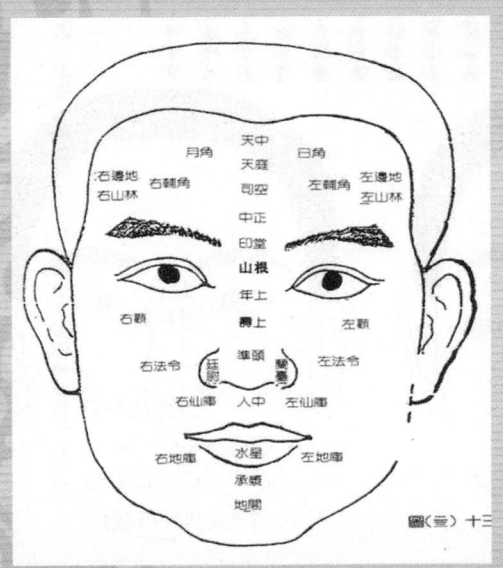

인생에 주여진

3번의 기회…
4번의 중간정산…

아무 것도 하지 않으면 아무 일도 일어나지 않는다.
기회는 준비된 자에게 주어지는 것이다.

삼관三關과 사애四隘

 삼관과 사애는 13부위의 의미와 현실적 중요성에서 인생가치를 제시한다. 인생사에서 중요한 선택의 관문이라는 점에서 삶의 방향성이 된다.

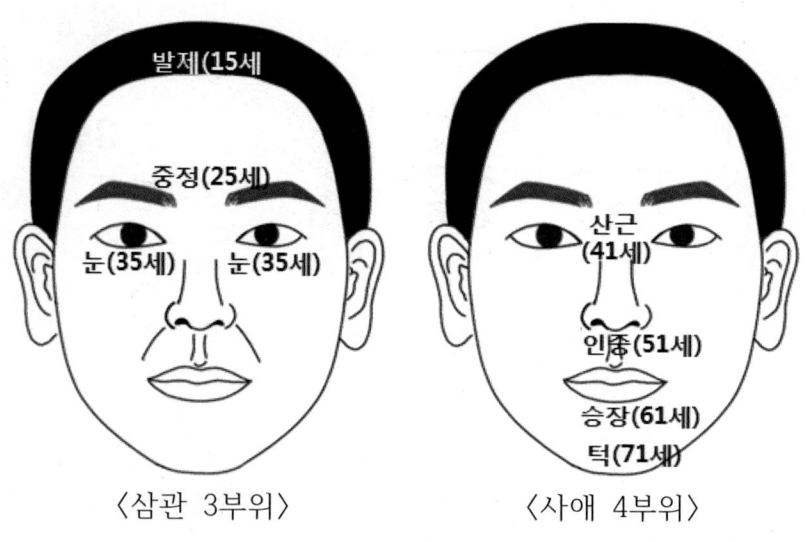

〈삼관 3부위〉　　〈사애 4부위〉

삼관-사애의 위치를 보면 산근을 중심으로
삼관은 얼굴 위쪽에, 사애는 얼굴 아래쪽에 위치한다.

⋯ 삼관·사애의 인생의미

　삼관(三關)은 3번의 관문이란 뜻으로 인생에서 주어지는 3번의 선택 기회이자 새로운 변화 기회를 의미한다.
　사애(四隘)는 4번의 장애라는 뜻으로 인생에서 겪어야하는 중간점검 또는 중간정산을 의미한다.

　인생에서 3번의 기회는 하늘이 누구에게나 공평하게 주어진 권리라면, 4번의 중간정산은 하늘이 부여한 기회에 순응한 결과에 따라 자신에게 부가되는 의무이다.

삼관-사애는 기회-정산이다…

　우리는 매 순간 선택의 기로에 놓여 있는데, 인생에서 가장 중요한 선택시점이 삼관과 사애의 시기이다. 그 선택에 따라 삶이 좋아지거나 나빠지게 된다.

세상살이는 공짜가 없다.
　3번의 기회는 초년기에 인생방향을 선택하는 기회이고, 4번의 정산은 기회-선택에 대해 중년이후에 중간평가를 통하여 의무이행과 그에 따른 전환기회가 주어진다.
　하늘이 인간에게 3번의 기회를 준다는 것은 그 기회에 대한 대가를 지불해야 한다는 의무가 내포되어 있다.

선천적으로 부여된 3번의 기회 뒤에 순차적으로 4번의 중간정산을 겪어야 하는 것이 인생사이다.

인생사에서…
3번의 기회는 15세, 25세, 35세에 주어지고,
4번의 정산은 41세, 51세, 61세, 71세에 부가된다.

발제(15세) - 인생의 첫 기회(관문)
중정(25세) - 중대한 선택기회(직업·결혼)
 눈 (35세) - 인생 방향성에 대한 최종기회
산근(41세) - 인생의 첫 중간정산, 인생방향 전환점
인중(51세) - 중년기 삶의 중간정산, 재도약 전환점
승장(61세) - 장년기 삶의 중간정산, 재조정 전환점
 턱 (71세) - 삶에 대한 최종평가·결산, 재생 전환점

삼관-사애는 만사의 시발점인 동시에 삶의 방향성이고,
인생기회의 전환점이자 변환점이다.

삼관은 인생의 목표나 방향을 결정해야 하는 중요한 선택의 시점이자 전환의 관문이다.
　사애도 인생에서 중요한 전환점이자 재도약의 기회가 된다. 다만 지금까지 살아온 삶의 모양새에 따라 중간정산을 해야 하는 시점으로 평가에 따라 길흉이 발생하게 된다.
　사애에서의 길흉화복은 자신이 얼마나 삶을 잘 살아 왔느냐에

대한 평가이다. 인생에서 4번의 장애는 시련이 아니라 새로운 기회가 될 수 있다. 사애는 전화위복의 기회이다.

　　삼관-사애는...
　　권리에 대한 의무이고,
　　기회에 대한 정산 과정이며,
　　음덕에 대한 덕행의 실천행동요령이다.
　　기회-정산 과정에서 어떤 선택을 하고 어떻게 행하느냐에 따라 인생가치와 부귀정도가 달라진다.

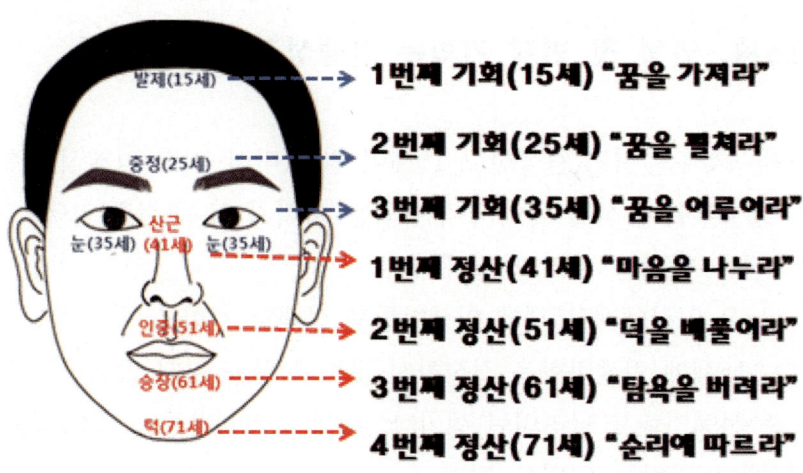

　　하늘이 준 3번의 기회가 나에게는 선택(결정)의 순간이다. 3번의 기회는 그저 주어지는 게 아니라, 매순간의 선택이 쌓이고 쌓여서 얻어지는 결과이다.

**흔히 일생에서 3번의 기회가 온다고 하지만,
기회는 선택에서 비롯되고 선택의 결과물이 기회다.**

15세에 인생방향을 정하는 기회이고 꿈을 키워나간다.
25세에 꿈을 펼치고 이상을 실현할 선택기회를 잡는다.
35세에 꿈을 이루고 인생성공의 바탕을 삼는 기회다.
3번의 기회는 따로따로 존재하는 게 아니라 연속된다.
일에 있어서, 15세- 25세- 35세는
　　　　시작- 과정- 결과의 흐름이다.

15세, 인생 첫 번째 기회는 인생성공의 바탕이다.

1세~14세는 귀가 관장하고 15세에 발제(머리-이마 경계선)이른다. 얼굴부위에 직접 나이가 부여되는 시기가 16세(천중)인데, 그 시작점을 알리는 시기가 발제이다.

하늘은 인간에게 15세에 인생방향을 선택할 기회를 공평하게 주었다. 15세에 인생방향을 결정하지 못하고 꿈을 꾸지 않으면 하늘이 준 선택기회를 날려버린 셈이다. 15세에 인생방향과 이상(꿈)을 정립해야 한다는 의미도 된다.

15세는 부모가 주관하는 나이로 자기스스로 선택하고 결정하는데 무리가 있다. 마땅히 부모는 자식이 스스로 삶의 목표를 정하고 이상을 품을 수 있도록 도와주어야한다.

만약 자식이 15세에 꿈이 없다면 그건 부모의 잘못이다. 품 안의 자식으로 애지중지 어린애에 키우는 게 사랑이 아니라 스스로 꿈을 선택할 수 있게 바탕을 제공하는 것이 부모의 역할이자 진정 자식을 사랑하는 방법이다. 부모의 근원지인 발제에서 인생의 첫 관문을 둔 이유이다.

자식에게 비싼 과외를 시켜주면서 '공부만 잘하면 인생성공의 기회가 많다'고 독려하는 게 부모의 역할이 아니다. '앞으로 의사가 대세다'라고 꿈을 강요하는 건 자식의 꿈을 꺾는 일이다.

부모가 자식을 온전히 품고기를 수 있는 시기는 인생에서 고작 15년뿐이다. 부모가 자식을 진정으로 사랑한 15년의 값어치만큼 자식은 15세에 스스로 꿈을 키우고 성공기회를 잡게 된다.

25세, 인생 두 번째 기회의 선택은
첫 번째 선택과 결정여부에 달려있다.

15년 동안 부모의 사랑을 받은 사람은 15세에 이상적인 꿈을 가꾸어가고, 25세에 그 꿈을 현실에서 펼치게 된다.
15세부터 꿈을 키우지 못한 사람은 25세에 꿈을 펼칠 기회를 잡지 못한다. 단지 15세에 1번의 기회를 놓친 것이 아니라 2번째 기회마저도 잃는 꼴이다.

25세는 부모에게서 벗어나 직업·직장을 선택하고 인생의 반려자를 선택하는 등 중대한 결정을 해야 하는 시기다.
과연 첫 번째 선택을 놓친 사람이 두 번째 선택을 잘 할 수 있을까?

3번의 기회 중 사실상 스스로 인생방향을 선택하고 결정하는 시기는 25세이다. 비록 인생에서 두 번째 선택기회이지만, 자신 입장에서 보면 첫 번째 기회이자 선택점이 25세이다.

15세에 부모의 영향력 아래에서 스스로 선택을 경험하지 못한 사람이 25세에 옳은 선택과 결정을 하기란 쉽지 않다.

요즘 젊은이들이 25세에 직업을 갖지 못해 방황하고, 결혼에 실패하는 확률이 높은 이유는 무엇이겠는가?

부모가 사랑이라는 이름하에 자식이 제 앞가림을 못하게 만든 까닭이다. 영원히 자식을 책임질 것같이 자식인생에 관여하다가, 정작 자식이 25세가 되었음에도 제대로 된 직장을 잡지 못하면 한탄하기도 한다.

자식이 15세에 인생목표를 스스로 정할 수 있도록 감성과 이성을 북돋아주었는지 돌이켜볼 일이다. 15세가 되지 않은 자녀를 둔 부모는 자식에게 무엇이 되라고 강요하거나 꿈을 정하라고 종용할 일도 아니다.

부모는 자식이 스스로 이상을 꿈꾸도록 햇빛과 빗물을 줄 뿐이다. 햇빛과 빗물을 골고루 받은 나무가 잘 자라듯이, 부모의 사랑을 받은 자식은 스스로 준비하고 선택하고 결정하게 될 것이다.

25세에 방황하는 젊은이는 부모를 원망하지 마라.
자연현상으로 보면 부모라는 햇빛과 빗물은 고를 수 없다. 자외선이 강하든 구름 속의 햇빛이든 단비든 폭우든 스스로 성장해야 하는 것이 인생이다.

 25세에 선택과 결정해야 할 일이 있다는 것은 그동안 꿈을 향해 매진한 증거이고 시작-과정단계가 원활함을 의미한다.
 반대로 선택할 일이 없거나 결정하지 못하고 방황한다고 하여 반드시 인생목표가 없었다는 증거는 아니다. 시작-과정의 실행이 원활하지 못할 뿐이다.

25세에는 스스로 선택·결정하는 자신감이 필요하고, 적절한 권리와 책임·의무가 요구된다.

 관상에서 나(자신)라 함은 배우자를 포함한다. 내가 25세에 부모의 영향력에서 벗어나 꿈을 펼치기 위해서는 배우자가 필요하다는 의미이다. 일생에서 가장 중대한 선택이자 결정이 결혼이고, 그 결정을 어떻게 하느냐에 따라 일생의 향방이 결정된다.
 눈썹·눈(31세~40세)은 내가 가정을 형성하는 시기이고, 천창(26세·27세)은 배우자의 부모를 상징한다고 하였다.

중정(25세)은 내가 바로 서는 시기이고 인당(28세)은 운명을 관장하기에 적정한 결혼 시기는 25세~28세가 된다.

15세의 선택여부를 떠나 25세~28세에 결혼하는 것은 하늘에서 주어진 선택기회를 잡은 것이다.
남녀를 불문하고 얼굴형상의 좋고 나쁨을 막론하고 이 시기에 결혼한 사람은 부부인연을 오래 유지한다.

25세~28세에 결혼을 선택하지 못한다는 것은 인생준비가 되지 않았음을 반증한다. 그 시기가 늦어지는 만큼 인생성공 또는 자기발현이 늦어지게 된다.
안타깝게도 요즘세대는 결혼이 늦다. 41세 이후에 결혼한다는 것은 가정을 완성할 시기에 시작하는 형국이다. 시작-과정을 거쳐 결실을 맺는 단계에서 출발하는 꼴이니 안정성이 저해될 수밖에 없다.

사람에게는 '때'가 있다고 하지 않던가.
때를 놓치는 것은 기회를 놓치는 것과 같다.
성공기회를 잡는 것은 때에 따라 행하기에 가능하다.
해야 할 때 하지 않고 하지 말아야 할 때 하는 것은 좋은 선택이 아니다. 좋지 못한 선택은 좋은 결과를 얻기 어렵다.

35세, 마지막 기회는 시작-과정-결과의 선택기회이다.
세 번째 인생기회는 35세~40세에서 이루어진다.

15세에 꿈을 꾸고, 25세에 그 꿈을 펼치기 시작하여, 35세에 꿈을 현실화하여 자기실현의 계기를 마련한다.

25세에 취업했다면 승진기회가 주어지고, 프리랜서라면 직업적 노하우를 발휘하여 업그레이드되는 기회이고, 개인사업이라면 직업적 안정성을 갖춘다.

25세~28세에 결혼하여 10년의 노력 끝에 35세~40세에 가정·직업 등에서 번영이 주어진다. 집을 장만하거나, 월세에서 전세로 전환하거나, 사업장을 키우거나, 거주지로 옮기는 등 번영의 발판을 삼는 기회의 시기이다.

25세의 선택과 결정
25세 ~ 35세의 삶 형태
35세 ~ 40세 (인생의 마지막 기회)
41세 ~ 이후의 삶 형태

내가 25세에서 어떤 선택과 결정을 했느냐에 따라 25세~35세의 삶이 결정된다. 25세~35세 10년간의 삶의 형태에 따라 35세~40세에 인생 마지막 기회가 주어지고, 35세~40세의 선택·결정에 의해 41세 이후 삶의 모양새가 달라진다.

25세~35세의 삶의 형태가 41세 이후의 삶의 모양새를 결정하게 된다. 25세~35세 10년 삶이 인생의 축소판인 셈이다.

만약 25세~35세에 일이 정체되고 굴곡이 많다면, 이후 삶에서도 그대로 인생굴곡을 겪게 될 여지가 많다. 41세에 전화위복의 계기를 마련하지 못하고 장애를 겪을 뿐이다.

아무것도 하지 않으면 아무 일도 일어나지 않는다.

15세는 내가 주도적으로 선택할 입장이 아니지만, 25세는 내가 주도하는 선택기회이다. 25세에 뭔가를 선택하고 결정하지 않으면 35세에 기회가 주어지지 않는다.

나에게는 기회가 없었다고 투덜거리거나 변명하지 마시라.
주어진 기회를 알지 못했거나 기회가 왔음에도 의지가 없었거나 노력하지 않았을 뿐이니.

결국 인생가치는 25세에 결정된다.
25세 1년이 인생을 좌우한다고 해도 과언이 아니다.

60년 인생을 돌이켜보면 25세 때의 생각과 행위가 현실로 이루어진 경우가 많다. 살다보면 25세~40세의 삶 모양새가 41세 이후 삶의 모양새와 크게 다르지 않다는 것을 체감하게 된다.

25세에 할 일이 없다면 15세에 선택기회를 잡지 못한 것이다. 10년을 허송세월 보냈다 생각하지 말고 25세에 새로운 꿈을 키우고 도전할 수밖에 없다.

25세에 할 일 없이 빈둥거리면 향후 인생 역시 일정한 직업 없이 빈둥거리게 될 것이요, 25세에 아르바이트로 연명한다면 이후의 삶도 아르바이트 인생이 될 것이다.

15세에 기회를 놓칠 수 있다.

25세에도 실수를 반복하면 35세 기회마저 놓치게 된다.

25세에 빈둥거리거나 아르바이트로 인생을 대충 때울 생각은 추호도 하지 마라!

하늘도 어쩔 수 없는 '인간의 의지'를 발휘해보라.

늦었다고 생각할 때가 가장 **빠른** 때라는 말이 있지 않은가. 25세에 기회를 잡지 못했다면 35세의 기회를 향해 노력하고 자기개발에 전념하는 것이 바람직하다. 25세의 의지는 35세에 힘을 발휘하게 될 것이다.

사애는 인생에서 4번의 중간정산이다...

사애는 음덕(삼관)에 의한 덕행의 실천이다.
하늘이 인간에게 3번 기회를 주고는 4번의 장애로 빼앗아가니 되로 주고 말로 받아가는 형국이라 할 수도 있다. 그러나 음덕을 입은 만큼 덕행으로 되돌리는 것이 인간의 도리이고 인생가치를 실현한다는 점에서 보면 그렇지도 않다.

하늘이 3번의 음덕을 주고는 혹여 인간이 사는데 급급하여 갚을 기회를 놓칠까봐 4번씩이나 기회를 주었다는 사실을 안다면 하늘에게 오히려 고마워해야 하지 않겠는가.

거기에 그치지 않고 41세~71세까지 30년에 걸쳐 천천히 갚아도 된다니 이 얼마나 은혜로운가.

4번의 중간정산은…
음덕을 덕행으로 되돌리는 자에게는 전화위복이 될 것이요,
스스로 인생총량을 조절하지 않는 자에게는 하늘이 강제로 행하게 되니 장애가 될 것이다.

사애의 시기는 사건·사고가 따르기 마련이다. 덕을 베풀고 성심을 다했다고 자부해도 나로 인해 가슴 아프거나 눈물 흘린 이가 있을 것이다. 무심코 던진 돌에 개구리는 맞아 죽는다는 말이 있지 않던가. 다만 그 정산이 새로운 기회가 될지, 횡액으로 이어갈지, 살아온 형태에 따라 차이가 있다.

**사애를 얼굴로 보면 산근·인중·승장·턱 형상이 흉하면
41세·51세·61세·71세에 장애가 될 가능성이 높다.**

형상은 선천적인 모습이라면, 혈색·흉터·반점·마마자국·주름 등 기색은 후천적으로 만들어진 모양이다. 기색은 원래부터 예정된 것이 아니라 본인이 만든 것이니 반드시 대가를 치러야 한다. 형상이 흉한 것보다 기색이 나쁜 것이 더 횡액이 크다는 말이다.

**41세, 첫 번째 정산은 누구에게나 시련이 따르고,
인생을 되돌아보는 계기가 되고 전환점이 된다.**

3번의 기회와 음덕으로 40년을 향유하고, 41세에 40년 동안 살아온 인생을 처음으로 중간평가가 실시된다.
40년 동안 도덕군자로 살지 못하기에 본인 의도와 상관없이 거쳐야 할 단계이다. 35세 마지막 기회와 51세 2번째 정산시점의 중간에 위치한 자리이기도 하다. 그래서 누구를 막론하고 41세에 사건·사고를 겪는 경우가 많다.
부모에게서 태어나 성장하여 배우자를 만나 자식을 낳아 내가 부모가 되고, 삶의 수단인 벼슬·재물을 형성하는 등 역동적으로 살아온 자리와 자신을 되돌아보라는 경고이다.
41세는 인생을 되돌아보는 계기가 된다. 실패 후에 다시 재기하는 기회가 되거나 인생방향을 터닝하는 전환점이 되기도 한다.

41세는 심포(心包)를 크게 하고 마음을 나누어라. 그러면 인생방향의 전환으로 크게 성공을 이루는 계기가 될 것이다.

항상 불만이 가득하고 짜증스러우면 인상을 쓰게 되고, 인상을 쓰면 인당과 산근에 주름이 깊어진다. 41세에 횡액을 자초하는 꼴이다.

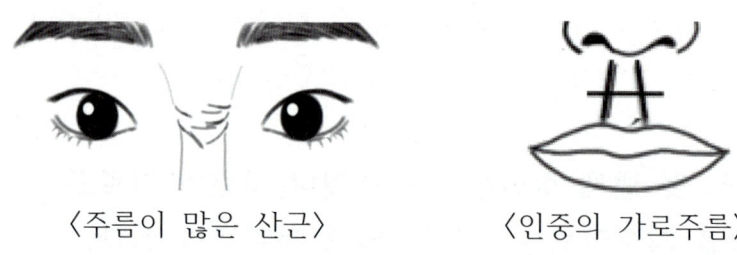

〈주름이 많은 산근〉　　　〈인중의 가로주름〉

51세, 2번째 정산은 재도약의 기회로 삼을만하다.

인중은 51세로 노년의 시작점이다. 인중은 말년 식복을 주관하고, 생식기능의 원활함과 자식과의 인연을 살피는 자리이다.

41세에 아무런 장애를 겪지 않고 잘 넘겼다고 좋아하지 마라. 50년 인생을 방만하게 살아왔다면 2번째 중간점검이 기다리고 있으니. 한 순간 피할 수는 있어도 영원히 피해갈 수 없는 것이 자연의 순리이자 인생이다.

인중 모양새 중 가장 흉한 것이 가로주름이다. 인중의 가로주름은 인생흐름을 끊고 중년-말년의 통로를 단절시킨다. 인생 최대의 위기를 경험하는 경우가 많다.

평소에 남을 헐뜯거나 나쁜 마음을 가지면 입을 삐죽거리거나 입모양을 합죽하게 만든다. 입을 삐죽거리면 인중이 삐뚤어지고 입을 합죽하게 만들면 인중에 주름이 생기기 쉽다.

얼굴형상이 흉하게 변하지 않게 관리하는 것은 본인의 몫이다. 덕을 베푸는 마음씀씀이는 인중을 윤택하게 만들고, 51세에 재도약의 기회가 된다.

61세, 3번째 정산은 자식이 주관하는 시기이기에, 인생방향을 재조정해야 하고 탐욕을 버려야 한다.

입은 중년까지 생산한 벼슬·재물·가정 등 모든 인생복록을 담는 그릇이다. 인중은 입을 보호하는 기관으로 60년 삶을 평가하고, 말년의 인생방향을 재조정하게 된다.

삶을 방탕하게 살았는데 41세·51세에 운 좋게 피해갔다면 61세에 커다란 장애에 봉착한다. 61세 환갑에 건강·사고 등 큰일을 겪는 경우가 많다. 60년 인생동안 탐욕만 부리고 덕을 베풀지 않은 대가를 한꺼번에 치러야 하니 횡액이 클 수밖에 없다.

승장은 약간 숨겨진 듯해야 하고, 승장 양쪽 옆에 위치한 지고가 도톰하고 힘이 있어야 한다. 승장부위가 튀어나오거나 흠집이 생기거나 승장에 가로주름이 생기면 61세에 중대한 위기에 봉착한다.

61세의 인생 재조정은 자신의 역할에서 자식의 역할로 전환

하는 분기점이다. 탐욕으로 채운 복록을 쥐고 놓지 않으려고 발버둥을 치면 칠수록 자식이 손상되거나 정체하게 된다. 일순간 복록을 누릴지라도 자신의 욕심으로 자식의 인생을 망치거나 자식이 발달하지 못하게 만드는 것이다.

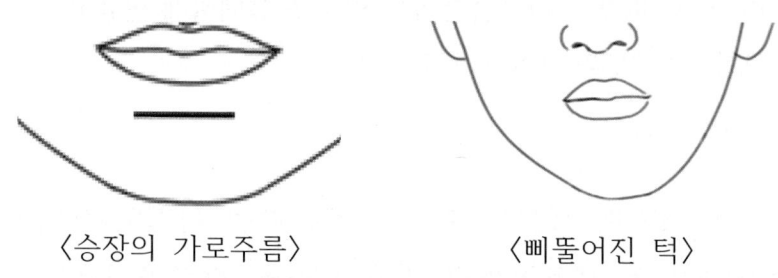

〈승장의 가로주름〉   〈삐뚤어진 턱〉

71세, 마지막 정산시기에는 다음 생(자손)을 위해 순리에 따르라.

71세 이후의 삶은 본인의 능력발휘로 이끌 수 없는 시기이다. 모든 탐욕을 끝내고 순리에 따르라는 가르침이 하늘이 인간에게 주는 마지막 선물일 것이다.

41세·51세·61세에 제대로 평가·정산이 되지 않았다면, 이 시기에 한꺼번에 최종결산을 해야 한다. 요행히 3번의 중간정산을 피했더라도 이 시기는 피할 수 없고 그 평가는 가혹할 수밖에 없다. 노년에 닥치는 횡액은 견뎌내기 어렵다.

인생에서 주어진 3번의 기회를 놓치지 않는 것이 중요하듯이,

3번의 정산시기에 적절하게 평가를 받아가는 것도 나쁘지 않다. 71세에 정산해야 할 값이 적으니 노년에 평안하고 건강하게 장수할 수 있는 계기가 된다.

턱이 삐뚤거나, 뾰족하거나, 뒤로 넘어가거나, 흠집·주름이 심하거나, 턱 끝이 갈라지면, 71세에 흉이 가중된다.

습관적으로 턱을 괴거나 다리를 꼬는 행위는 다음 생으로의 전환을 방해하고 순리에 따르지 않겠다는 의도이다.
턱이 삐뚤지 않더라도 평소에 턱을 자주 괴거나 다리를 꼬는 사람은 71세에 장애를 겪게 된다.

사애에서 산근-턱은 시작-결과의 관계이다.

4번의 평가는 산근(41세)에서 시작하여 턱(71세)에서 마무리 된다. 41세 첫 중간정산과 71세 최종결산은 시작-결과의 관계로 반드시 거쳐야할 구간이고 거치는 것이 좋다.

산근 형상에 비하여 벼슬·재물의 양이 크면, 시작의 모양새보다 넘치는 결과(복록)를 얻은 꼴이다. 잘못된 시작인데 결과(복록)가 크다는 의미도 된다. 즉 턱이 풍만하고 산근이 흉한데 큰 성과를 얻었다면 71세에 큰 아픔을 겪게 된다는 말이다.

반대로 산근이 바르고 풍만하더라도 턱이 갈라지거나 턱에 흠집이 있으면 41세에 실패를 경험할 수 있다.

자신이 능력을 발휘하는 정점인 41세와 노년의 건강·수명을 좌우하는 71세에 횡액을 당하지 않으려면 산근에 깊은 주름이 생기지 않게 해야 한다. 또한 턱이 삐뚤어지지 않도록 자세를 바르게 하는 습관이 중요하다.

지금부터라도 입 꼬리를 살짝 올리면서 미소를 지어보라!

양쪽 입꼬리를 올려 웃으면 얼굴기운이 UP되면서 산근이 펴지고 턱이 넓어지는 것을 느낄 수 있을 것이다.
마음까지 편안해지고, 얼굴 살이 처지는 것도 방지할 수 있다. 얼굴에 보톡스를 맞지 않아도 되고 행복이 절로 굴러들어 올 것이다. 이 얼마나 경제적이고 복된 일인가.

《오관.육부》

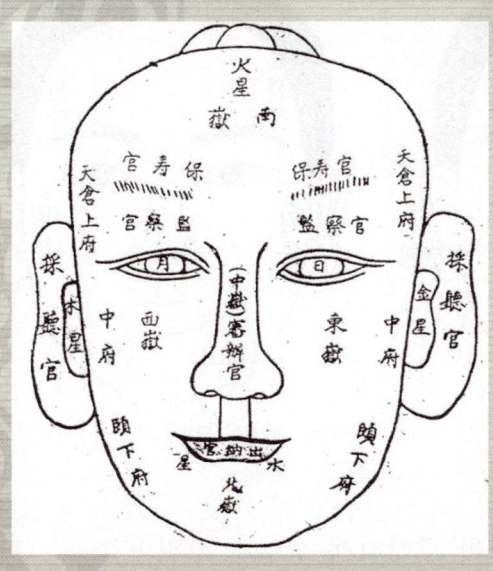

벼슬을 얻을 것인가?
재물을 얻을 것인가?

- ✓ 듣고,
- ✓ 보고,
- ✓ 말하고(행하고),
- ✓ 분별하여,
- ✓ 복록을 영위하자.

오관五官과 육부六府

오관(五官)은 얼굴 중요부위인 귀·눈·입·코·눈썹 등 5개 부위를 지칭하고, 육부(六府)는 천창·명문·지고 등 얼굴 가장자리를 지칭한다.

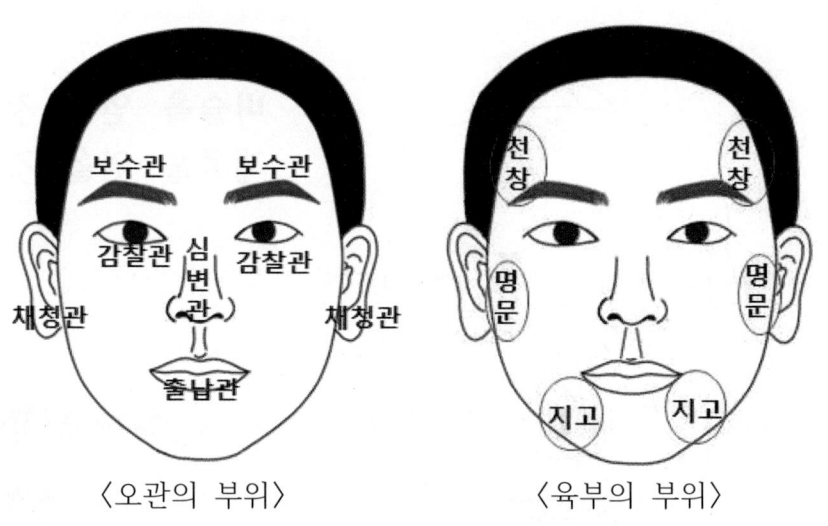

〈오관의 부위〉　　　　〈육부의 부위〉

오관은 얼굴에서 형상이 뚜렷하게 형성된 부위이고,
육부는 형상이 뚜렷하지 않고 명확하지 않은 부위이다.
오관은 형상 좋고 나쁨으로 보지만,
육부는 살이 많고 적음으로 보게 된다.

⋯ 오관五官은 인생복록의 성취과정이다.

오관은 이목구비(耳目口鼻)에 눈썹(眉)을 합한 것이다.
귀·눈·입·코는 얼굴기운 흐름을 주도하는 부위이고, 눈썹은 본인이 주체적으로 삶을 형성하는 분기점이다.
귀·눈·입·코를 한자어로 말하면 耳目口鼻(귀·눈·입·코)이다. 우리가 흔히 눈·코·입·귀라고 부르는 것은 얼굴 표면에 나타난 순서에 따라 붙여지는 표현이다.
오관의 명칭의미에서 이-목-구-비 순차적으로 배열한 의도를 짐작할 수 있다. 인간이 사물을 인지하고 판단하여 행하는 순서에 따른 것이 이목구비의 순차이기 때문이다.

귀(채청관采聽官) = 듣고 인지하다.
눈(감찰관監察官) = 들은 바를 확인하다.
입(출납관出納官) = 듣고 확인한 바를 실행(언행)하다.
코(심변관審辨官) = 행함의 옳고·그름을 판단하다.
눈썹(보수관保壽官) = 옳고·그름에 따라 수명이 결정된다.

오관에서 벼슬·명예는 직위의 높낮이만을 의미하는 게 아니라, 모든 직업군에서 직업적 성취를 통칭하는 말이다.
직업적 성취를 얻기 위해서는 학문이 바탕이 되어야 하고, 직업성취를 이루면 명예·재물은 저절로 따르기 마련이다.
오관의 부위와 명칭의미를 직업적 성취로 비유해보면,

인간관계에서 남의 말에 귀 기울여 확실하게 인지하고, 들은 것을 직접 눈으로 확인한 연후에, 듣고 본 것을 실행해야 한다. 그 행함이 옳은지 그른지 적정성이 분별되고, 옳으면 수명이 길 것이요, 그릇되면 수명이 짧을 것이다.

이것이 오관의 작용적 의미이다.

귀·눈·입·코·눈썹의 형상에 따라 벼슬의 높낮이를 살피는 것은 1차원적 관상기법이다. 오관의 진정한 의도는 벼슬을 구하고 지키는 방법론을 구체화한 것이고, 더 나아가 인생사의 이치와 삶의 지혜를 담았다.

귀(채청관采聽官)...1

이목구비에서 가장 먼저 나오는 단어가 귀(耳)이다. 귀는 소리를 듣고 사물을 인지하는 기관이다. 귀는 감각기관 중에서 가장 발달된 부위이고, 귀는 사물을 인지할 때 가장 먼저 발동하는 부위이다.

사람이 사물을 인지할 때 귀로 소리를 채집한다하여 채청관이라 한다. 채청(采聽)은 단순히 소리를 듣는 것에 그치지 않고 가려서 듣고 수용한다는 의미가 있다.

사람은 처음 인지한 것에 영향을 받게 되니 그 사람의 생각이나 언행의 사상적 기초가 되는 곳이 귀다.

귀가 2개이고 입이 1개인 이유는 2번 듣고 1번 말하라는 의미라고 말한다. 2군데로 들으니 명확할 것 같지만 도리어 왜곡되게 듣기 쉽다. 신중해야 함이다.

듣는 것을 게을리 하거나 남의 말에 귀 기울이지 않거나 똑바로 듣지 않는 사람은 오관 중 하나를 무시하는 것이니 높은 벼슬을 얻지 못한다는 것이 오관에서 귀의 의미이다. 현대적 관점에서 벼슬 뿐 아니라 직업적 성취를 얻기 어렵다.

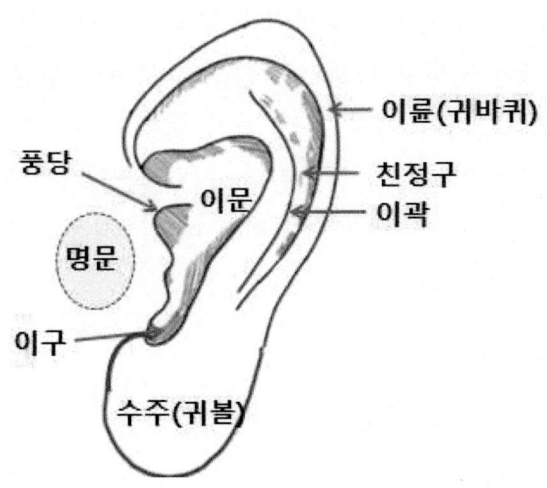

귀 바깥쪽 바퀴는 이륜인데 '윤'이라 하고, 귀 안쪽 바퀴는 이곽인데 '곽'이라 한다. 귀를 상하로 2등분하여 수주 위쪽에 있는 귀바퀴를 총괄하여 윤곽(輪廓)이라 부른다.

'윤곽이 뚜렷해야 한다'는 말은 귀 윤곽에서 나온 말이다. 귀의 윤과 곽이 뚜렷해야 친정구가 생기고, 귀 형상이 뚜렷해지면서 단단하고 힘 있는 모습을 갖추게 된다.

귀는 전체적으로 크고 단단하면서 기색이 밝아야 한다. 귀바퀴는 둥글고 높게 위치하고, 윤곽이 뚜렷하고, 수주는 크고 두툼하며, 이문은 넓고 커야 한다.

귀바퀴가 뾰족하거나 갈라지거나, 이문이 좁거나, 윤곽이 뒤집어지거나, 윤곽이 뚜렷하지 않거나, 수주가 깎이거나, 수주가 축 처지면 좋지 않은 귀 형상이다.

좋지 않은 귀 형상은 윤곽이 뚜렷하지 않거나 바르지 않다. 윤곽이 불량하면 친정구가 생기지 않으니 복록의 물길이 없는 격이고, 귀에 힘이 없거나 팔랑 귀가 되기 쉬우니 주관이 뚜렷하지 않고 타인의 말에 이리저리 휘둘린다. 직업·직장·가정에서 안정성이 떨어지고 벼슬·재물을 확고히 하지 못한다. 자신의 역량을 크게 펼치는데 제약이 있다.

 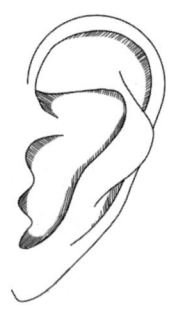

〈곽이 없고 수주가 깎인 귀〉　〈곽이 뒤집힌 귀(개화이)〉

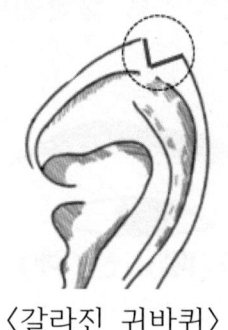 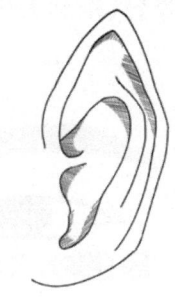

〈갈라진 귀바퀴〉　　　〈뾰족한 귀〉

눈(감찰관監察官)…2

　눈은 사물을 보고 관찰하는 기관이다. 귀로 듣고 인지한 것을 눈으로 확인하고 살핌으로써 그 이후에 해야 할 언행을 준비하는 부위이다.
　100번 듣는 것은 1번 보는 것만 못하다고 하였다. 귀의 신중함에 정확성을 기하는 곳이 눈이다. 만약 들은 바를 확인하지 않는다면 오관 중 한 가지를 등한시하는 것이니 높은 벼슬을 얻거나 높은 직위에 오를 수 없다.

　들은 바를 확인지 않고 '그렇다더라' '그럴 것이다'라고 말하는 경우가 있다. 확인을 게을리하면 언행이 옳지 않으니, 벼슬은 물론 재물·가정·건강 등 모든 복록이 완성되지 못하는 원인이 된다. 이것이 오관에서 눈의 의미다.

오관은 인생복록의 성취과정이다.

눈은 정신(精神)이고, 정신은 눈빛으로 발현된다.

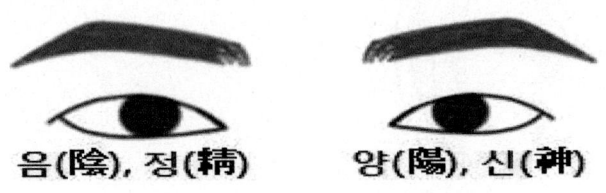
〈눈의 음양(陰陽), 정신(精神)〉

왼쪽 눈은 태양(太陽)이고, 오른쪽 눈은 태음(太陰)이다.
흰 눈동자는 양이고, 검은 눈동자는 음에 속한다.

**눈이 가늘고 길면서 눈동자의 흑백이 분명하면
눈빛이 감춘 듯 빛나게 된다.**

얼굴에서 눈은 음양을 대표하고, 하늘에 일월이 빛을 내듯이 사람은 눈으로 정신(精神)을 삼는다고 하여 중요하게 보았다.[28] 눈의 정신은 곧 눈빛을 의미한다.

**눈동자에 흰자위가 많거나 눈이 혼탁하거나 흐리거나
눈을 마주하지 못하면 좋지 않은 눈 형상이다.**

'정신 차려라'라는 말은 눈빛이 흐리멍텅한 것을 두고 한 말이다. 정신이 바른 사람은 눈빛이 초롱초롱하고, 정신이 흐트러진 사람은 눈빛이 흐리고 눈을 마주하지 않는다.

---

28) "夫天以日月爲精華, 人以雙目爲精神",『柳莊相法』.

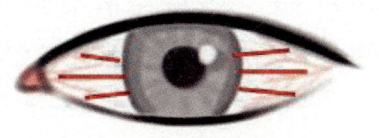 

〈붉은 실핏줄 많은 눈〉   〈흐릿한 눈〉

눈 형상이 바르지 않으면 정신이 바르지 못함을 의미한다.
얼굴 부위 중 눈 형상이 흉한 것이 가장 나쁘게 작용한다. 눈은 마음의 표상이고 인체기운이 발현되는 곳이기 때문이다. 일시적으로 성공할지라도 결국 깨뜨리게 된다.

특히 대화를 하면서 다른 곳을 보거나, 눈동자를 위아래 또는 좌우로 움직이거나, 옆으로 비껴 보는 사람은 숨기는 것이 있고, 거짓말을 하거나 진실하지 못하다. 자신은 물론 상대의 운세를 나쁘게 만든다.

애정이 없는 부부들은 헛된 대화로 자식 운세를 좋지 않게 만드는 경우가 간혹 있다. 가령 가족들이 거실에서 TV를 보고 있는데, 남편이 리모컨을 들고 있다고 가정해보자. 부인이 다른 프로를 보고 싶으면 남편에게 'KBS 보자'라고 하면 될 것을, 남편과 말하기 싫으니 옆에 있는 자식에게 'KBS 틀어봐라'고 하는 경우이다. 남편에게 할 말을 자식을 통해 전달하는 것이니, 남편에 대한 미움과 불만이 자식에게 고스란히 전달된다. 어머니라는 사람이 스스로 자식의 기운을 막고 운세를 깨뜨리는 꼴이 된다.

오관은 인생복록의 성취과정이다.

사물을 본다는 것은 내가 일방적으로 보는 것보다 상호 관찰에서 확실해진다. 상대방과 마주하여 눈빛을 교환하는 행위에서 정신의 청탁과 선악을 알 수 있다.

**살면서 업보를 쌓지 않으려면
상대와 눈을 마주하고 눈빛을 바르게 하라.**

입(출납관出納官)…3

입은 말과 음식이 드나드는 곳이라 하여 출납관이라 한다. 입은 듣고 본 것을 토대로 언행(言行)하는 곳이고, 언행은 말뿐 아니라 행동까지 포괄한다.

**한 번 내뱉은 말은 주워 담을 수 없고,
엎질러진 복록은 다시 돌이키지 못한다.
입을 여는 순간 모든 것은 이미 결정되고,
입을 닫는 순간 돌이킬 수 없게 된다.**

듣고 본대로 행해야 하는데, 가공하거나 가감하면 사실을 왜곡하는 행위이다. 오관을 어긋나게 사용하는 것이니 높은 벼슬에 오를 수 없다는 것이 오관에서 입의 의미이다.

**오관에서 입은 언행의 시작이자 끝이고,
입의 근본기능은 복록을 담는 그릇이고 창고이다.**

자신이 행한 언행의 값만큼 자신에게 되돌아온다. 뿌린 대로 거두는 것이 자연의 이치이고, 이것이 출납관에서 말하는 입이다. 입의 복록은 언행과 덕행을 행한 만큼 노년에 복록을 누린다는 의미이다.

입은 인생복록을 싣고 항해하는 배와 같다고 하였다. 입은 복록을 생산하는 곳이 아니라, 눈·코에서 형성한 복록을 담아 나누고 베푸는 인생가치를 실현하는 곳이다.

이 말은 입 형상이 아무리 좋아도 말년에 갑자기 대박을 칠 수 없다는 의미이다. 60세 이후에 뭔가를 새롭게 도모하는 것은 실패할 가능성이 높다. 거두고 베풀어야 할 시기에 시작한다는 것은 이치에 맞지 않기 때문이다. 만약 대박을 친다면 좋지 않은 운세로 전환될 여지가 있다.

다만 60세 이전에 하던 일을 하거나, 그와 유사한 일을 하는 것은 무방하다. 전혀 다른 일을 새롭게 하거나, 하던 일이라도 지나치게 확장하는 것은 자식의 일을 방해하는 요인이 된다. 입은 자식이 주관하는 자리이기 때문이다.

나이가 들수록 겸손하고 탐욕을 버리고 때에 맞게 해야 할 것과 하지 말아야 할 것을 구분해야 하는 이치를 관상의 논리에서 말해주고 있다.

**입모양이 바르고,
입술이 두툼하면서 상하 입술이 서로 부합하고,
입 꼬리가 맺히면서 위로 향하고,
치아가 크고 단단하고, 혀가 길면 좋은 입 형상이다.
입은 다물었을 때는 작고, 입을 벌렸을 때 크면 좋다.**

자신이 만든 복록을 담아 인생가치를 실현할 수 있는 능력이 있다는 의미이다. 언행이 바르고 말을 삼가고 억지스러움이 없다. 노년에도 품위를 잃지 않고 자식이 효도하며 건강하게 장수한다.

**입술이 지나치게 얇거나 두텁거나, 입이 뾰족하게 나오거나,
입 꼬리가 늘어지거나 처지거나 삐뚤거나, 항상 입을 벌리고
있다.**

벼슬·재물·건강·가정·애정 등 복록의 수명이 짧다. 쓸데없는 말을 많거나 허풍·과장이 심한 편이다. 말로 인한 구설수 많거나 다른 사람에게 신뢰를 얻지 못한다. 나쁘게 말하면 간사하고, 좋게 말하면 임기응변에 능하다.

〈지나치게 얇은 입술〉

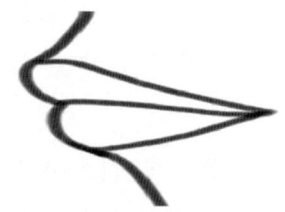
〈뾰족하게 튀어나온 입〉

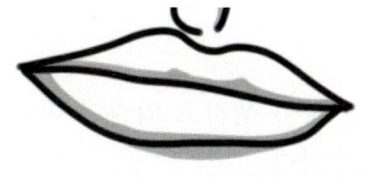 

〈삐뚤어진 입〉   〈뒤집어진 입〉

　무엇보다 입 형상이 바르지 않으면 자신이 만든 복록을 담고 누리지 못한다는 점에서 이롭지 않다. 젊어서 고생스럽게 만들어놓은 재물을 노년에 누리지 못한다면 얼마나 한심한 노릇인가.
　제 것도 못 챙기는 못난이가 되지 않으려면 평소에 입 관리를 잘해야 한다.
　입 형상이 바르지 않는 사람은 음식점, 셰프, 음식연구가, 선생, 변호사, 평론가, 해설가, 연애인 등 입·말과 관련된 분야에서 직업적으로 승화시키면 발달한다.

음식은 조심스럽게 먹고, 말을 삼가야한다.
모양새로는 입을 삐쭉거리지 말고, 입 꼬리를 처지게 만들거나 뾰족하게 만들어서는 안 된다.
입술이 메마르지 않도록 주의해야 한다.

여자의 입은 여성성이다.

여자가 남자보다 입 주위에 주름이 많이 생기고 입술이 마르는 것은 여성성이 입으로 표출되기 때문이다.

여자 얼굴이 큰데 입이 작거나 얼굴이 작은데 입이 크면 균형과 조화를 잃은 상으로 본다. 배우자인연이 약하고 삶에 등락이 있다. 여자 얼굴과 입을 대비하여 보는 이유는 여자에게 입이 중요하기 때문이다.

여자가 쓸데없는 말이 많거나, 과식하거나, 항상 입을 벌리고 있으면 입술이 마르면서 입가에 주름이 많아지고 굵어진다. 생식기가 마르는 꼴이니 폐경이 빨리 오기도 한다.

여자가 입을 잘못 놀리거나 삐쭉거리면 남자가 눈을 희번덕거리고 여색을 탐하는 것과 같다. 눈의 정신이 바로서지 않은 것과 같다.

여자의 입술이 촉촉하게 윤기가 흐르고 탄력이 있으면 자신의 여성미가 유지될 뿐 아니라 자식을 발달하게 만든다. 여성들은 특히 입을 헤벌레 벌리지 말고, 말을 가려해야 한다. 틈날 때마다 입 꼬리를 올려 웃는 연습을 하시라.

코(심변관)...4

코는 냄새를 맡는 기관으로 사리를 판단하고 분별하는 곳이다. 귀로 듣고 눈으로 확인한 바를 입으로 행한 일에 대한 잘잘못, 선악을 분별하고 판단하는 부위이다.

자신이 행한 언행이 다른 사람으로부터 신뢰를 얻느냐 그렇지 못하냐의 책임이 따르는 곳이다. 사람의 주체성을 보고 성품을 분별하며 품위와 권위를 판단한다.

코는 산근이 솟고, 콧대는 곧고 바르며, 준두는 풍만하게 맺히고, 양쪽 콧방울은 서로 비슷하며, 콧구멍은 앞 또는 옆에서 보이지 않아야 한다.

주체성이 있고 사리분별을 잘한다. 상하관계가 분명하고 대인관계가 좋아 벼슬성취가 좋다. 재물·배우자·가정 등 자신의 것을 잘 지켜낸다.

산근이 낮거나, 콧대가 삐뚤거나 울퉁불퉁하거나 뾰족하거나, 코끝이 갈라지거나, 콧구멍이 보이거나, 양쪽 콧방울이 다르거나, 콧방울을 벌렁거리면 좋지 않은 코 형상이다.

탐욕으로 품위를 잃게 되고 위법·편법적 성향이 있다. 심성이 바르지 않거나 겉과 속이 다르다. 남을 잘 속인다는 의미도 있고, 듣기 좋은 말을 잘하는 장점도 있다.

타인에게는 좋게 보이려는 성향이 있다. 대체로 성취가 적고 40

대 중반이후에 인생방향성이 왜곡되는 경우가 많다.
 코 형상이 좋지 않은 사람은 위법·편법적 성향으로 인생방향성이 왜곡될 소지가 많으니 자기콘트롤을 잘해야 하고 브레이크를 잘 잡아야 한다.

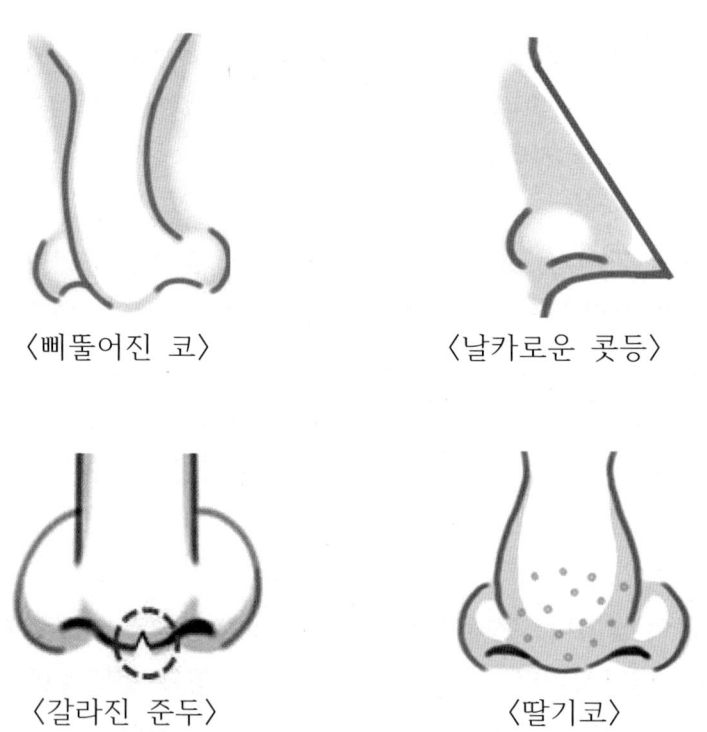

〈삐뚤어진 코〉　　〈날카로운 콧등〉

〈갈라진 준두〉　　〈딸기코〉

 코 형상이 흉하면 사리분별력이 부족하여 성공하지 못한다는 것이 오관에서 코의 의미이다.
 코 형상은 물론 코 안이 마르지 않고 청결하게 유지하는 것도 중요하다. 콧구멍을 후비는 것은 나쁜 습관이다.

눈썹(보수관保壽官)...5

 귀로 듣고, 눈으로 확인한 연후에, 입으로 행하고, 행한 바가 옳고 그른지를 코에서 판단한다. 코에서 일의 적정성을 판단한 결과에 따라 복록의 수명 길이가 결정된다는 것이 오관에서 눈썹의 의미이다. 수명을 지키고 편안하게 한다고 하여 보수관이라 한다.
 보수관에서 '수명'은 벼슬·관록·직위의 수명을 말하는 것이 원칙이지만, 현대에서는 직업·사업·명예·재물·가정·배우자·자식·부모·형제·음덕 등 인생사와 관련된 모든 복록의 길고 짧음을 의미한다.

눈·코·입·귀가 바르고 좋아도 눈썹이 좋지 않으면,
 높은 직위에 오르더라도 자리를 오래 지키지 어렵고, 사업에 성공하더라도 성공을 오래 유지하기 못한다. 부모, 배우자, 자식 등의 인연도 처음에 좋더라도 길게 가지 않고 건강하게 장수하지 못하게 되는 것이다.

눈썹의 의무는 눈을 보호하는데 있다.

 눈은 삶의 수단인 재관(財官)을 직접 생산하고, 배우자·자식과 함께 가정을 형성하는 곳이다. 눈썹은 결국 눈에서 만들어낸 인생 복록의 수명을 결정하는 것이고, 복록을 향유(수명)한다는 것은 눈을 보호한다는 의미이다.
 위치적으로도 이마기운이 눈으로 전달되는 가교역할을 하는 곳

오관은 인생복록의 성취과정이다.

이 눈썹이다. 무릇 눈썹은 눈의 우산역할을 하고 얼굴의 의표로 눈을 빛나게 하기에 수려해야 하고, 눈썹으로 현명함과 어리석음을 알 수 있다고 하였다.29)

눈썹은 비와 햇빛으로부터 눈을 보호하는 우산, 파라솔 역할

눈썹이 수려(秀麗)해야 한다는 것은 눈썹의 모양새 뿐 아니라 눈썹이 눈을 보호하는 형상이어야 한다는 의미이다.
눈썹 길이가 눈 길이보다 길고,
눈썹머리와 꼬리가 눈머리와 꼬리를 지나고,
눈썹이 높게 위치하여 눈두덩을 높게 만들고,
눈썹 털의 방향이 천창 방향으로 일관되게 향하고,
털이 가지런하면서 윤택하면 수려한 눈썹이다.

흉한 눈썹에는 대표적으로 6가지가 있다.

수려한 눈썹과 배반되는 눈썹을 해로운 눈썹이라 하여 크게 6가지로 집약되는데, 이를 눈썹의 육해(六害)라 한다.

---

29) "夫眉者媚也, 爲兩目之翠蓋, 一面之儀表, 且爲目之彩華, 主賢愚之辨也", 麻衣相士 著,『麻衣相法』「論眉」.

〈산란한 눈썹〉

〈뻣뻣하게 선 눈썹〉

〈짧은 눈썹〉
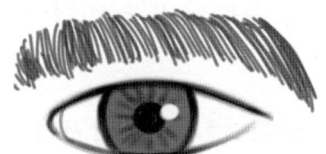
〈눈을 찌르는 눈썹〉

〈붙은 눈썹〉

☞ **무모**(無毛)
눈썹이 없거나, 없는 듯한 눈썹을 말한다.
☞ **단미**(短眉)
눈썹의 길이가 눈의 길이보다 '짧은 눈썹'을 말한다.
☞ **압안**(壓眼)
눈썹이 낮게 위치하거나 눈썹털이 아래로 처지는 등 '눈을 찌르는 눈썹'을 말한다.
☞ **앙미**(昻眉)

눈썹털이 뻣뻣하게 '선 눈썹'을 말한다.

☞ **역모(逆毛)**

눈썹이 거꾸로 나거나, 교차하거나, 어지럽게 나거나, 엉기거나, 끊어지거나, 갈라지는 등 '산란한 눈썹'을 말한다.

☞ **미련(眉連)**

양쪽 눈썹머리가 인당에서 서로 '맞붙은 눈썹'을 말한다.

눈썹이 없거나, 짧거나, 끊어지거나, 갈라지거나, 거칠거나, 꾸불꾸불하거나, 엉키거나, 서거나, 거꾸로 나거나, 인당을 침범하면 해로운 눈썹으로 수명을 짧게 만든다.

형제우애가 없고 부모·형제인연이 단절되는 경향이 있다.

배우자·자식인연이 약하거나 가정을 등한시하기도 한다.

주위 사람을 힘들게 하거나, 친화력이 부족하다.

고집이 강하고 이기적이며 타협할 줄 모른다.

사회성이 부족하여 성공이 크지 않고 수명이 짧다.

성공보다 실패가 많고 인생굴곡·풍파가 많다.

다른 면으로는,

엉뚱한 면이 있는데 엉뚱한 생각은 특별한 아이디어를 창출하고, 엉뚱한 행동은 원칙에 얽매이지 않는 특출한 재능으로 발현된다.

눈썹이 흉한 사람은 자신만의 특별한 능력을 찾는 것이 중요하다. 똑똑한 머리와 특별함을 활용한 자유직업, 편법적 성향의 직업, 자격증을 이용한 직업 등에서 발달한다.

다만 성공·복록을 오래 유지하지 못하고, 편법을 넘어 불법·위법적 행위로 흘러갈 소지가 많다. 성공-실패에 가속도가 붙어 성공이 크기도 하지만 실패도 크다. 성패가 다단하거나 굴국이 심하게 된다. 자기조절력과 적절한 브레이크가 필요하다.

눈썹이 흉한 사람은 부모·형제를 부양하거나 주위사람들에게 덕을 베풀거나 사회봉사에 가담하거나 기부행위를 실천하면 복록을 되돌릴 수 있다.

오관(귀·눈·입·코·눈썹)의 완성 주체는 눈과 눈썹이다.

일의 발단은 귀에서 시작되지만, 실질적인 일의 시작은 눈으로 확인하는 데에서부터 시작되고, 일의 결과에 대한 성취정도는 눈썹에서 결정된다. 오관의 실질적 시작은 눈이고, 실질적 마무리는 눈썹이다. 귀·눈·입·코·눈썹 오관 중 가장 중요한 부위를 뽑으라면 눈과 눈썹이다.

얼굴에서 특별히 빛나야 하는 6개 부위가 육요六耀이다.[30] 육요의 중심부위는 눈과 눈썹이다.

---

30) "六耀者, 太陽, 太陰, 月孛, 羅喉, 計都, 紫氣", 『麻衣相法』「五星六耀」. 왼쪽 눈썹은 라후羅喉, 오른쪽 눈썹은 계도計都, 왼쪽 눈은 태양太陽, 오른쪽 눈은 태음太陰, 인당은 자기성紫氣星, 산근은 월패성月孛星이라 하여, 이를 육요라 일컫는다.

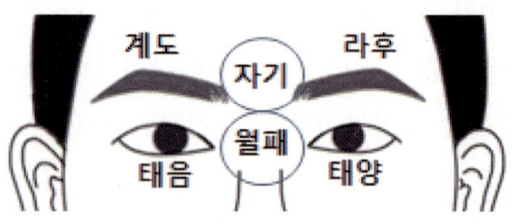

　얼굴에서 가장 빛나야 하는 6개 부위는 양쪽 눈썹·눈과 인당·산근이다. 눈썹의 형상에 따라 인당의 너비가 결정되고, 눈의 형상에 따라 산근의 너비가 결정된다.
　인당은 명궁으로 자신의 운명을 관장하는 곳이기에 인당·산근 부위는 흠집 없이 깨끗해야 한다고 하였다.
　인당의 크기는 눈썹에서 결정되고, 산근의 모양새는 눈에서 비롯된다. 인당·산근·눈썹·눈 등 6개 부위의 빛남은 형상으로 눈과 눈썹의 형상으로 유추하기도 한다.

눈썹이 흉하거나 눈 형상이 흉하거나 눈빛이 밝지 않으면 인당·산근이 빛나지 않는 것으로 본다. 위에서 말한 해로운 눈썹에 해당하거나, 눈동자가 흐리멍텅하거나, 눈동자의 흑백이 균형을 잃은 눈 형상들이다.

〈흰자위가 많이 드러난 눈〉

〈갈라진 눈썹〉

얼굴에서 빛남은 특히 눈빛으로 발현된다.

관상에서 눈빛이 50%를 차지한다고 하였다. 눈빛은 맑게 빛나야 하는데, 눈동자의 흰자위가 많이 드러나거나 눈빛이 지나치게 강하면 도리어 살기(殺氣)를 띠게 된다.

광이불요(光而不耀)라는 말이 잘 어울리는 것이 눈빛이다. 빛남은 은은하고 맑고 밝게 빛나야 하지만, 지나치게 빛나서는 안 된다는 말이다.

눈동자를 이리저리 굴리거나, 상대와 눈을 마주하지 않으면 눈빛이 바르지 않은 것이다. 속이거나 감추는 것이 많고 심성이 바르지 못한 표상이다. 탐욕으로 재물을 취하는 경향이 있는데, 결국 깨뜨리게 된다.

··· 육부六府는 얼굴복록을 지키는 울타리다.

육부는 양쪽 보골-관골-시골을 일컫는다고 하였다.31)
보골(보각)을 바탕으로 천창(天倉)이 형성되고, 명문(命門)은 관골, 지고(地庫)는 시골을 바탕으로 형성된다.

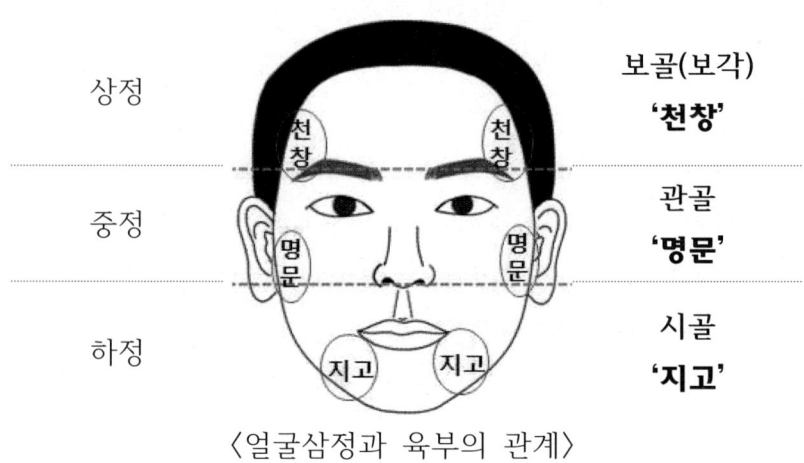

〈얼굴삼정과 육부의 관계〉

'천창-명문-지고' 얼굴 양쪽 가장자리 6개 부위는 각각 '상정-중정-하정'에 위치하여 얼굴삼정 기운을 북돋는 보루(堡壘)이자, 얼굴복록(육친·재물·벼슬·애정·건강·수명…)이 새어나가지 못하게 방비하는 성곽(울타리)이다.

---

31) "六府者, 兩補骨, 兩顴骨, 兩顋骨", 麻衣相士 著, 『麻衣相法』 「三主三柱」.

육부(천창-명문-지고)는 얼굴복록을 채우는 창고이자, 음덕을 덕행으로 돌리는 통로이다.

천창(天倉)은 하늘의 창고이고, 지고(地庫)는 땅의 창고이다. 천창은 이마에 속하고, 지고는 턱에 속하는 부위이다. 하늘-땅, 이마-턱을 연결하는 곳이 명문(命門)이다.

명문은 코(관골)에 속하고 자신이 주체가 되어 복록을 형성하여 지고에 담는다. 지고는 후천복록을 보관하는 창고로 자신뿐 아니라 주위사람과 함께 복덕을 나누어야 한다.

**천창은 하늘이 내려준 선천복록의 창고이고,
지고는 천창-명문에서 형성한 복록을 보관하는 창고이다.
명문은 천창을 바탕으로 복록을 형성하여 지고로 이어준다.
마치 음덕을 덕행으로 돌리는 것과 같다.**

육부는 12궁의 복덕궁과 같은 부위이다.
복덕궁은 선천복록(천창)을 바탕으로 자신의 능력을 발휘하여 후천복록(명문)을 형성하고, 이를 지고에 담아 덕행으로 되돌리는 인생가치를 의미한다.

지고는 실질적 창고이고, 창고는 모름지기 묵은 것을 내어주고 새로운 것을 채우는 출납이 원활해야 한다. 가진 것을 베푸는 것이 곧 재물을 채우는 이치이다. 나누고 베푸는 후덕함은 입·턱에서 관장하고 시골(지고)에서 발현된다.

아무리 좋은 물도 고이면 썩기 마련이고, 창고에 재물이 가득한들 내어놓지 않으면 썩어 문드러질 뿐이다. 물은 퍼내야 맑은 물이 채워지고, 창고의 재물은 사용해야 다시 채워지게 되는 것이다.

육부(六府)는 원래 벼슬을 지키는 자리라는 의미이지만, 현실적으로는 재물과 관련이 많다. 어려운 사람을 구제(救濟)하는 것은 벼슬보다 재물이 빠르다는 의미도 된다.

관상에서 똑같은 부위를 다른 명칭으로 중복하여 논하는 이론은 복덕궁과 육부이다. 인생사에서 반드시 실행해야 할 덕목이 덕행인데, 인간이 덕을 베푸는 행위를 간과하기에 재차 강조하는 것이 아닌가 싶다.
탐욕이 인생복록을 그르침을 경계하고, 인생에서 덕행이 얼마나 중요한지를 상법의 이치로 밝히고 있음이다.

육부는 살집으로 판단하고,
3가지 털이 육부의 창고를 돕는다.

육부는 귀·눈·입·코·눈썹 등 얼굴부위와 달리 형상이 뚜렷하지 않으니 살집의 많고 적음과 탄력성 등으로 가치를 판단한다. 살집의 건실함과 탄력성은 인체기운의 왕성함에서 비롯되고, 인체기운은 피부색이나 털의 윤택함으로 발현된다.

천창-명문-지고 6개 부위의 기운을 북돋는 것은 털이다.

천창의 기운은 눈썹이, 명문의 기운은 구레나룻이, 지고의 기운은 수염이 돕는다. 이 3가지 털이 짙고 수려해야 육부가 건실하게 된다는 의미로 삼농(三濃)이라 한다.

삼정	삼정부위	육부	삼농	복록 구분
상정	이마	천창	눈썹	선천복록 창고 '음덕'
중정	눈·코	명문	구레나룻	자력의 복록
하정	입·턱	지고	수염	말년복록 창고 '덕행'

〈얼굴삼정-육부-삼농 비교〉

눈썹은 선천복록(음덕)을 굳건하게 하고, 구레나룻은 자신이 형성한 복록을 더욱 크게 하며, 수염은 말년복록을 윤택하게 만드는 윤활제와 같다.

이마가 높고, 천창이 넓고, 눈썹이 수려하다.
이마의 선천복록·부모음덕을 천창이 더욱 크게 하고, 눈썹이 가치 있게 만든다. 인생 성공의 발판이 갖추어진 형상으로 어떤 일을 하든지 행운이 따르게 된다.

눈·코가 반듯하고, 명문이 평만하고, 구레나룻이 윤택하다.
눈·코는 삶의 주재자이다. 눈·코의 능력을 명문이 북돋고, 명문의 힘은 구레나룻이 길러준다. 설령 이마가 좁고 낮아서 부모음덕이 없고 선천복록이 약하더라도 자수성가로 성공을 이룬다.

입·턱이 바르고, 지고가 풍만하고, 수염이 가지런하다.
입·턱의 창고기능을 지고가 돕고, 수염이 창고의 출납을 원활하게 한다. 지고와 수염이 말년복록을 크게 하고 인생가치를 완성하게 하는 촉매제가 된다.

이마가 높고 넓은데 천창이 움푹 들어가거나,
눈·코 형상이 좋은데 관골이 벌어지거나 명문이 움푹하거나,
입·턱 형상이 바른데 시골이 없거나 뺨이 움푹하다.
인정이 없고 인색하여 덕을 베풀 줄 모른다. 마땅히 복록이 따르지 않거나 일관되지 않는다. 설령 성공하더라도 오래 지키지 못하거나 온전히 누리지 못한다.

이마-눈·코-입·턱 형상이 좋지 않더라도, 천창-명문-지고가 풍만하고, 눈썹-구레나룻-수염이 가지런하고 윤기가 나면,
인정이 있고 심성이 후덕하다. 덕을 베풀 줄 알기에 재물성취에 유리하고, 재물 성취의 크기가 작더라도 성취한 재물을 잘 지켜내고 잘 사용한다.

인생복록을 완전하고 온전하게 하는 것은 덕을 베풀고 나누는 마음씀씀이와 돈독한 의지에 달려있다.
마음씀씀이와 의지는 이마-눈·코-입·턱 형상에서 발현되는 것이 아니라, 천창-명문-지고의 모양새에서 발현되고 이를 돕는 것이 털의 윤택함이다.

오관은 귀·눈·입·코·눈썹 모두 좋아야 부귀가 온전하게 되니 귀함을 얻기란 실로 어렵다.

이에 비하여 육부는 얼굴 가장자리가 두툼하면 되니 오관에 비하여 상대적으로 조건이 까다롭지 않다.

만약 오관이 완전하지 않은데 육부가 발달한 사람은 명예·벼슬을 쫓는 것보다 재물을 쫓는 것이 현명할지 모른다.

얼굴 가장자리가 두툼하고 탄력이 있는 사람은 재물이 쉽게 들어오고 들어온 재물을 나눌 줄 안다. 복록을 온전하게 오래 누리는 방법을 아는 것이다. 얼굴 가장자리에 살집을 탄력 있게 만드는 것은 복록을 누리는 첩경이다.

천창-명문-지고의 살집의 탄력은 기운으로 채워진다.
입 꼬리를 올려 미소지어보라. 얼굴 가장자리에 힘이 들어가고 기운이 뭉치는 것을 느끼게 될 것이다. 미소 한 방으로 천창-명문-지고에 기운이 채워지고 살집을 탄력 있게 만들어 재물을 채우기 수월하게 만든다.

··· 오관과-육부는 벼슬-재물의 관점이다.

오관= 귀·눈·입·코·눈썹, 벼슬·명예 중시, 형상·뼈 위주
육부= 천창·명문·지고,   재물·사업 중시, 기색·살 위주

　귀·눈·입·코·눈썹 등 오관은 얼굴 앞면에 위치하기에 양에 속하고, 천장·명문·지고 등 육부는 얼굴 가장자리에 위치하기에 음에 속한다. 삶의 수단인 재관(財官)을 음양으로 분별하면 벼슬은 양에 속하고, 재물은 음에 속한다.
　오관(귀·눈·입·코·눈썹)은 벼슬·명예성취와 관련이 있고, 육부(천창·명문·지고)는 재물성취와 연관성이 많다. 마땅히 오관은 형상(뼈)을 위주로 보고, 육부는 살(기색)을 위주로 보게 된다. 오관이 발달한 사람은 뼈가 단단하고, 육부가 발달한 사람은 살이 많은 것이 특징이다.

삶의 수단을 벼슬에 둘 것인가, 재물에 둘 것인가, 방향성을 제시하는 것이 오관과 육부의 개념이다.

　벼슬 = 명예, 직장, 지능, 습득능력, 단체속성, 의리중시
　재물 = 현물, 사업, 재능, 응용능력, 개인속성, 신용중시
　명예를 소중히 여긴다하면 고상하고 품위 있는 사람처럼 여겨지고, 재물을 중요시한다고 하면 왠지 저급하고 인색한 사람으로 보일지 모른다. 이는 선입견일 뿐 삶이다.

재물을 성취하면 자연히 명예가 따르게 되고, 벼슬이 높으면 저절로 재물이 따르기 마련이다. 대기업 총수는 벼슬이 높지 않아도 이름(명예)이 알려지고, 대통령은 사업가가 아닌데도 웬만한 사업자보다 수입(월급)이 많다.

재물과 벼슬은 따로 가치를 측정하는 대상이 아니라 무엇을 선택하고 성취하든 서로 통하게 되는 것이다.

오관 형상이 뚜렷하다.

귀·눈·입·코·눈썹 등 형상이 뚜렷한 사람은 명예를 귀하게 여기거나 직업적으로 발달하기를 원하는 경향이 있다.

품위를 중요시하고 폼생폼사 기질이 있다. 수중에 돈이 없어도 있는 척하고 자신이 밥을 사야 마음이 편한 사람이다. 집안에 돈이 없어도 제 수중에는 돈이 있어야 하고, 밥은 굶어도 남에게 손가락질 당하는 것을 싫어한다.

육부가 두툼하고 밝다.

천창·명문·지고 등 육부가 두툼한 사람은 재물을 소중히 여기고 사업적으로 발달하기를 원하는 경향이 있다.

품위나 모양새보다 실속파이고 돈을 우선시한다. 어떤 일이든 손해를 보는 일은 하지 않고 돈의 가치를 철저히 따진다. 자신이 베푼 만큼 꼭 돌려받아야 직성이 풀리는 사람이다. 회식자리에 가더라도 1차로 끝낼 줄 아는 타입이다.

벼슬-재물 모두 취하려는 의도는 탐욕이다.

오관과 육부를 현대적 관점에서 보면,
귀·눈·입·코·눈썹 형상이 뚜렷한 사람은 직장생활에서 성취감이 있고, 천창·명문·지고 부위가 두툼한 사람은 사업적 분야에서 능력을 발휘한다.
결국 오관과 육부의 차이는 '재물' '벼슬' 중 어디에 삶의 목적을 두느냐의 인생방향성이고, 오관과 육부의 형상에 따라 어느 분야에서 능력을 발휘하고 더 잘해내느냐의 관점으로 삼을만하다.

관상에서 오관-육부를 분별하는 이유는 재물과 벼슬을 탐하지 말라는 의미가 내포되어 있다. 재물이든 벼슬이든 자신이 잘 할 수 있는 일을 선택하여 인생 방향을 공고히 하고 그 대가로 복록을 얻게 된다.
그런데 우리는 부자가 되면 돈으로 벼슬을 사고 싶어 하고, 벼슬이 높으면 남 못지않게 돈을 버는데도 불구하고 재물에 눈이 멀어지기도 한다. 결국 인생가치를 하락시키고 쌓았던 명예와 재물을 깨뜨린다.

**재물로 선거직에 출마하여 돈만 날리는가 하면,
고위직이 뒷거래로 쇠고랑차고 명예가 추락한다.
재물-벼슬을 모두 취하려는 탐욕이 망신을 불러들인다.**

**오관은 삶의 수단인 재관(財官)을 생산하는 기능이라면,
육부는 재관을 지키는 작용이다.**

  삶의 목적을 재물에 두든 벼슬에 두든 오관의 형상에 따라 재관의 질량이 결정되고, 육부의 모양새에 따라 재관을 향유하느냐가 결정된다.

  오관·육부 중 어느 한 부위만 좋아도 10년은 부귀를 누릴 수 있다고 하였으니,[32] 그 시기에 인생바탕을 이루고 탐욕을 멀리하는 것이 복록을 누리는 길이다.

**귀·눈·입·코·눈썹의 부족함은 덕행으로 채울 수밖에 없다.
덕행을 실행하는 곳은 천창·명문·지고 등 육부이고,
덕행은 본인만 행한다고 완성되는 게 아니다.**

  오관 중 어느 한 부위만 좋아도 10년은 잘 먹고 잘산다고 하였다. 오관이 모두 좋으면 50년 즉 사실상 평생 부귀를 누린다는 말이다. 그러나 완벽한 오관을 타고나 평생 굴곡 없이 부귀영화를 누리는 사람은 없을 것이다.

  오관·육부의 개념은 부모-나(배우자)-자식으로 인생복록을 형성하여 이어가는데 있다. 이를 음덕-덕행의 개념으로 보면 부모-나(배우자)-자식 모두가 복덕을 쌓고 덕행을 베풀어야 대대손손 부귀영화를 누릴 수 있음이다.

---

[32] "〈大統賦〉云 : 五官, 成十年之貴顯, 一府, 就十載之富豊", 『麻衣相法』.

··· 오관·육부의 바탕이자 수단은 학문(학당)이다.

고대에는 삶의 목적이 관록(벼슬)에 있었고, 관록성취는 학문적 성찰을 바탕으로 실현되었다. 학문성취야말로 인생성공의 바탕인 셈이었고, 학문성취의 정도를 보는 것이 관상에서 학당이다.

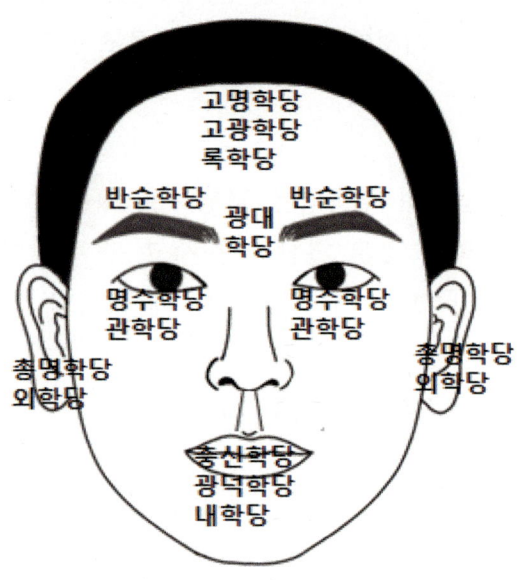

4학당	이문	이마		눈		입(앞니)	
	외外	록祿		관官		내內	
8학당	귀	머리	이마뼈	인당	눈썹	눈빛	혀	치아
	총명 聰明	고명 高明	고광 高廣	광대 光大	반순 班筍	명수 明秀	광덕 廣德	충신 忠信

〈사학당과 팔학당의 구분〉

사학당은 귀(귓구멍), 이마, 눈, 입(앞니) 등 4부위이고,
팔학당은 귀, 머리, 이마뼈, 인당, 눈썹, 눈빛, 치아, 혀 등
8부위이다.33)

얼굴 주요부위 중 코는 학당에 포함되지 않는다.

코는 얼굴의 주인공으로 재물을 주관하는 등 인생사를 주재하기에 12학당에 직접 포함하지 않았다.

귀의 관록을 완성하는 곳은 귓구멍이고,
이마의 관록을 완성하는 곳은 머리-이마뼈-인당이고,
눈의 관록을 완성하는 곳은 눈썹-눈빛이고,
입의 관록을 완성하는 곳은 치아-혀이다.

귀는 귓구멍이 커야하고, 이마는 머리-이마-인당으로 이어지는 뼈가 건실해야 하고, 눈은 눈썹과 눈빛이 빛나야 하고, 입은 혀가 건강하고 치아가 가지런해야 한다.
고대에는 재물보다 벼슬·명예를 귀하게 여겼고, 벼슬·명예의 완성은 학문성취에서 비롯된다고 보았다. 코는 재물을 주관하고 인생의 주재자이기에 12학당에 포함시키지 않은 까닭이다.

---

33) 학당은 사학당(四學堂)과 팔학당(八學堂)으로 분별하는데, 통칭하여 12학당이라 부르기도 한다.

학당은 삶의 지혜로움이다...

　학문(학업)은 직업성취를 통해 삶의 가치를 높이는 수단이다. 학문의 우수성은 머리의 지혜에서 나오고, 대인관계는 지혜로운 처신에서 완성된다. 학당은 삶의 지혜를 내포하고, 지혜를 상징하는 부위로 이마-눈-귀를 들고 있다.

　☞ 이마의 지혜는 부모로부터 우량한 유전인자를 이어받아 머리가 좋고 똑똑함에서 나온다. 기억력, 암기력 등 공부를 잘하는 타고난 지능이라 할 수 있다.
　☞ 눈의 지혜는 총명함과 이해능력에서 비롯된다. 사물을 인지하고 판단하는 능력과 특별한 재능으로 자신의 능력·역량을 발휘하는데 필요한 지식이라 할 수 있다.
　☞ 귀의 지혜는 원만한 대인관계 등 삶을 살아가는 지혜이다. 어려움이 닥치더라도 주위의 도움이나 슬기롭게 헤쳐 나가는 능동적인 지혜로움을 의미한다.
　이마, 눈, 귀 형상이 불량하면 삶의 지혜가 부족하다.

이마의 지혜는 이론이라면, 눈의 지혜는 현실이요, 귀의 지혜는 해결능력이다.
이론과 현실은 다르지만, 이론은 경험적 숙달과 성숙을 통해 유용하게 되고, 경험적 성숙은 이론에서 비롯된다.

학문성취는 이마에서 시작하여 치아에서 완성된다.

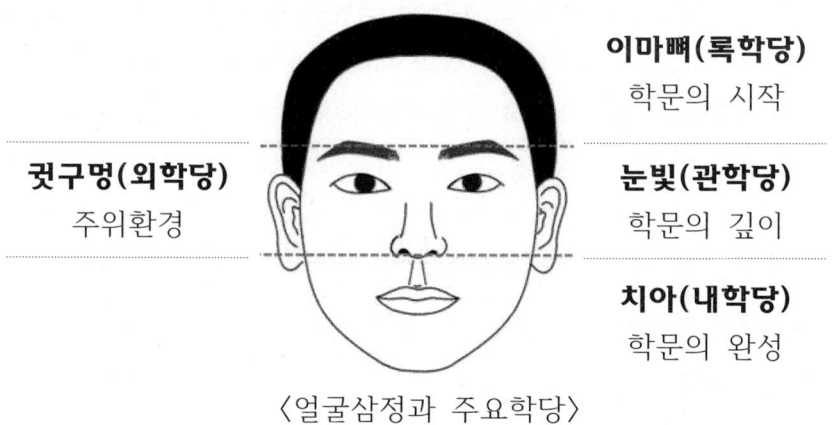

〈얼굴삼정과 주요학당〉

얼굴삼정의 인생의미는 시작-과정-결과의 흐름이다.
  이를 학문성취 과정으로 보면 부모음덕으로 학문을 시작하여, 본인의 의지로 깊이를 더하고, 내실을 다져 학문을 완성하게 되는데, 학문의 쓰임은 주위여건에 따라 달라질 수 있음을 밝히고 있다. 이마-눈-입-귀 중 어느 하나라도 좋지 않으면 학문완성으로 직업성취를 완전하게 할 수 없는 것이다.

학당을 학문성취를 통한 직업성공으로 보면,
이마(이마뼈) = 직업성취의 바탕인 학업(공부)의 우수성
눈(눈빛) = 직업·직장의 좋고 나쁨
입(치아) = 직위의 높고 낮음, 실질적 권력 또는 성취 정도
귀(귓구멍) = 주위 환경·여건, 주위도움, 대인관계의 원만성

학당의 최종결정점은 치아이다...

이마에서 학문을 이루고, 눈에서 명예를 높이고, 입에서 인생가치를 완성한다. 입의 가치는 혀와 치아에서 완성하기에 혀를 광덕(廣德)학당이라 하고, 치아를 충신(忠信)학당이라 한다. 결국 널리 덕을 베풀고 진실한 마음가짐이 인생가치를 크게 하는 것이다.

말(언행)은 혀-치아의 조화에 의해 발현된다. '혀'와 '치아'야 말로 인생을 보다 가치 있게 실현하는 곳이다. 말(언행)의 진실됨은 곧 인격의 완성이고 최종복록의 질량이기에 학당에서 마지막에 치아를 두었다.

치아는 크고 촘촘하고 가지런해야 한다.

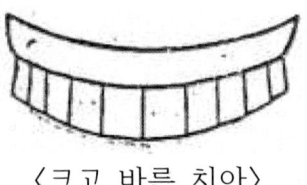
〈크고 바른 치아〉

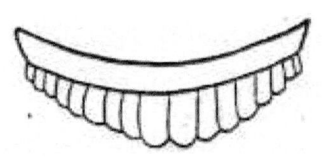
〈촘촘하고 가지런한 치아〉

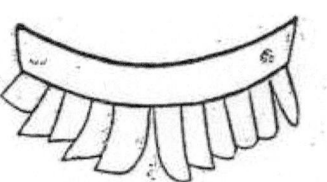
〈벌어진 치아〉

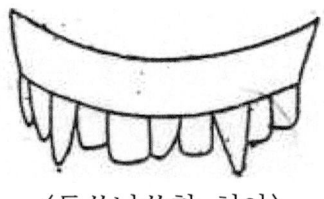
〈들쑥날쑥한 치아〉

치아가 들쑥날쑥하거나, 겹치거나, 지나치게 작으면 말에 진실성이 부족하거나 듣기 좋은 말을 잘하거나 속된 말을 잘한다.

진실한 사람이라도 다른 사람으로부터 미움을 사거나, 신뢰를 얻지 못한다.

치아는 복록·재물의 질량이다.

현대인의 치아는 28개가 정상치이다.

치아가 최종복록의 결정점이라 하였으니 치아 1개를 1억으로 가정하면, 인간은 누구나 선천적으로 28억의 자산을 소유할 수 있는 그릇을 타고난 셈이다.

살아가면서 28개의 치아를 잘 보존하면 선천적으로 주어진 인생복록의 최종가치인 28억을 얻을 것이요, 치아가 빠지거나 손상되면 그만큼의 복록이 줄어들게 될 것이다.

경우에 따라서는 치아 1개가 손상되거나 빠졌을 뿐인데 28억 모두 탕진하거나 인생이 송두리째 뽑히는 경우도 있다. 치아 1개의 가치는 1개의 값인 1억만 날아가는 게 아니라는 말이다.

치아 1개가 빠지면 양쪽에 있는 치아 2개가 흔들리니 2억이 추가로 손실될 위험이 있고, 그 옆에 치아도 영향을 받으면서 전체 치아가 불안정해진다. 결국 28억이 온전하지 못하게 되거나 인생등락을 겪게 된다.

오관·육부의 바탕은 학문(학당)이다

**앞니 2개는 가장 중요하고 자신-배우자를 상징한다.
나머지 치아는 나를 둘러싼 육친과 대인관계이다.**

앞니 2개가 벌어지거나, 크기가 다르거나, 뒤틀리면 인생등락이 심하다. 노년에 부부애정이 갑자기 식거나, 자식들이 친화하지 못하거나, 자식의 부부관계가 좋지 못하게 된다. 여자는 더욱 심하다.

앞니 2개는 손상되지 않고 바르게 유지해야 하고, 불규칙한 치아는 교정하는 것이 삶을 보다 가치 있게 실현하는 길이다. 치아는 되도록 빼지 않는 것이 좋다.

치아를 교정하면서 치아를 **빼거나**, 미용 목적으로 치아를 **빼거나**, 귀찮다는 이유로 사랑니를 **빼는** 경우가 있는데, 재물을 깨뜨리고 대인관계를 끊는 것과 같다.

귀·눈·입·코의 인생흐름과 완성

인체의 12경맥과 365경락의 혈기는 모두 얼굴의 구멍 즉 이목구비에서 나타난다고 하였다.34) 눈·코·입·귀 형상으로 건강·수명을 알 수 있고 인생복록을 관장하게 된다.

耳-目-口-鼻의 귀-눈-입-코 순서는 오관에서 듣고-확인하고-행하고-분별하는 복록을 형성해나가는 인생논리라면,

눈-코-입-귀 순서는 사독의 개념에서 인생 복록을 생산하여 담고 활용하는 눈→코→입→귀 복록의 흐름과정이다.

완벽한 얼굴 형상을 갖춘다는 것은 거의 불가능하다. 누구나 귀·눈·입·코·눈썹 중 어느 한 부위가 흉할 수밖에 없는데, 흉하더라도 반드시 지켜야 할 모양새가 있다.

**귀가 불량하더라도 수주가 깎이면 안 되고,
눈이 불량하더라도 눈빛이 노출되면 안 되고,
입이 불량하더라도 입 꼬리가 처지면 안 되고,
코가 불량하더라도 콧대가 삐뚤면 안 되고,
눈썹이 불량하더라도 메마르면 안 된다.**

---

34) "十二經脈, 三百六十五絡, 其血氣皆上於面, 而走空竅", 王氷, 『黃帝內經 靈樞』「邪氣藏府病形」. "肺氣通於鼻,…心氣通於舌,…腎氣通於耳,…肝氣通於目,…脾氣通於口", 王氷, 『黃帝內經 靈樞』「脈度」.

귀가 흉한데 수주가 처지면 노년에 고독하다.
눈이 흉한데 눈빛이 노출되면 흉함이 따른다.
입이 흉한데 입 꼬리가 처지면 복록을 뒤엎는다.
코가 흉한데 성장하면서 삐뚤어지면 삶이 왜곡된다.
눈썹이 흉한데 메마르거나 누렇게 변하면 되는 일이 없다.

 이런 형상들은 귀·눈·입·코의 물줄기가 형성되지 않는다.
 귀·눈·입·코의 형상은 벼슬·재물을 형성하는 작용을 한다면, 귀·눈·입·코의 물줄기(주름)는 형성한 벼슬·재물을 거두어들이고 누린다는 의미가 있다.
 얼굴에서 인생복록은 귀·눈·입·코가 주관하지만, 귀·눈·입·코의 복록은 주름(물줄기) 모양새로 가치가 완성된다. 귀·눈·입·코 형상이 반듯하고 귀·눈·입·코 주름(물줄기)이 끊어지지 않고 이어지면 재물이 넉넉하고 복록이 모여든다.
 귀·눈·입·코의 주름(물줄기)이 다음 장에서 살펴볼 '사독'이다. 귀·눈·입·코의 주름은 이마·코·입·턱·관골 등 오악의 형상에 따라 만들어진다. 무릇 관상은 얼굴형상의 좋고 나쁨보다 균형과 조화가 중요한 것이다.

《오악.사독》

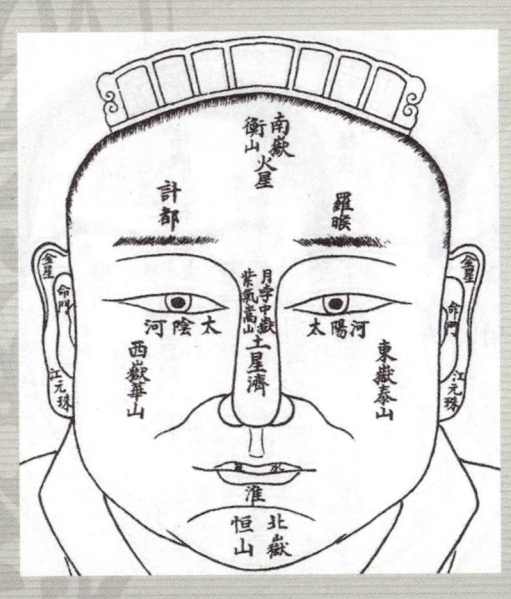

❖ **5개의 산**
이마
관골
코
턱

❖ **4개의 물줄기**
눈 꼬리
콧방울, 법령
입술주름, 입 꼬리
윤곽, 수주

오악五嶽과 사독四瀆

오악(五嶽)은 중국의 5개 큰 산을 얼굴에 대비하고, 사독(四瀆)은 중국의 4개의 큰 강을 얼굴에 대비하였다. 얼굴형상을 풍수에 비유하여 산세와 물줄기의 흐름으로 살폈다.

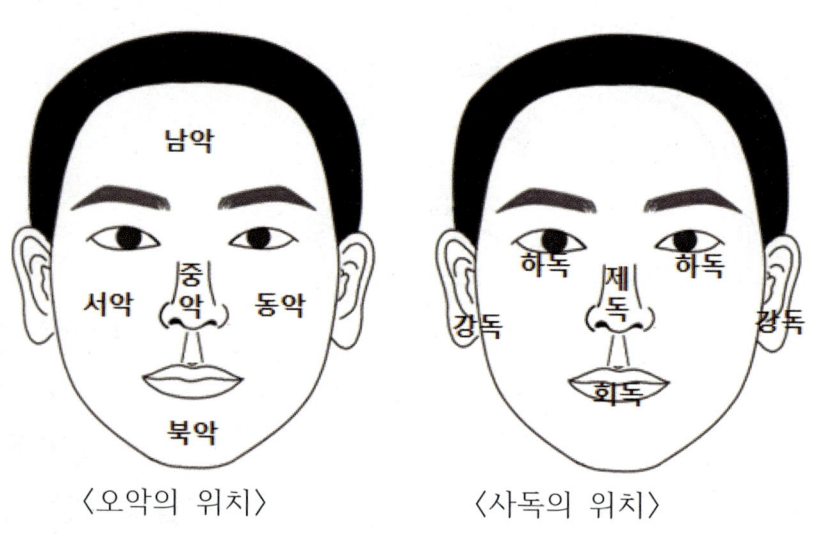

〈오악의 위치〉   〈사독의 위치〉

얼굴에서 5개의 산(오악)이 좋아야 계곡(사독)이 수려해진다. 오악이 힘 있게 솟으면 사독의 흐름을 돕고, 사독이 끊어지지 않고 흐름이 이어지면 인생길이 순탄하다.

오악은 이마·턱·코·관골 등 타고난 형상(뼈)이라면, 사독은 눈·코·귀·입 등에서 후천적인 삶의 모습에 따라 생기게 되는 모양새(주름)이다.

오악(산세)	사독(물줄기)
이마·우관골·코·좌관골·턱	눈·코·입·귀
타고난 그릇의 크기	그릇의 질(質)
선천적으로 타고난 복록	현재의 운세
선천적 구조 또는 기질	현재의 성능 또는 기능
살아가는 힘·조건	살아가는 모양새
선천적 구조의 우량성	후천적 기능의 우수성
(우량한지, 불량한지)	(좋은지, 나쁜지)

  오악은 그 사람의 타고난 기질이나 선천복록을 말하고, 사독은 후천적으로 다듬고 완성한 품성 또는 현재의 운세·복록을 말한다.
  오장육부에 비유하면 오악은 오장육부의 선천적 우량-불량의 정도를 살피고, 사독은 현재 내분비계통의 기능이 좋은지 나쁜지를 가늠하는 척도이다.
  이마·우관골·코·좌관골·턱 등 오악의 형상으로 삶을 살아가는 힘 또는 정열이라면, 눈·코·입·귀 등 사독의 주름은 살아가는 모양새라 할 수 있다.

오악이 좋고 사독이 좋지 않다.

선천적으로 오장육부가 우량하고 선천복록이 좋지만, 삶을 방탕하게 살아온 탓에 현재의 운세가 좋지 않고 건강하지 않다. 건강하고 힘 있는 살아갈 수 있는 조건을 타고 났는데 타고난 복록에 비하여 삶의 가치가 낮다.

오악이 좋지 않은데 사독이 좋다.

선천적으로 오장육부의 기능이 좋지 않고 선천복록이 작지만, 긍정적이고 능동적으로 살아왔기에 현재 운세가 좋고 건강하다. 타고난 복록보다 현재의 인생가치가 높다.

※ 참고) 오성五星

오악과 마찬가지로 코를 중심으로 동서남북 사방에 위치한 이마·턱과 양쪽 귀를 오성이라 한다. 오악과 오성의 부위는 이마·코·턱 등 상하 부위는 같다. 다만 좌우에서 오악은 관골로 보고 오성은 귀로 본다.

무릇 인간(자신)은 누구나 부모-배우자-자식 등 육친의 음덕과 주위사람들의 도움 등 인간관계 속에서 살아간다. 코(자신)을 중심으로 주위사람(윗사람·아랫사람, 부모·배우자·자식 등)과 복록을 나누면서 지켜가는 것이 인생여정이다.

혼자가 아닌 타인과 더불어 살아가는 인생사를 표현한 것이 오악과 오성의 개념이다.

··· 오악五嶽의 모습

이마·턱·코·우관골·좌관골 등 5개의 얼굴뼈는 오악이다.[35]

   코 = 중앙 산에 비유, 주산(主山)에 해당한다.
  이마 = 남쪽 산에 비유, 안산(案山)에 비유된다.
   턱 = 북쪽 산에 비유, 배산(背山)에 비유된다.
좌관골 = 동쪽 산에 비유, 좌청룡(左靑龍)에 비유된다.
우관골 = 서쪽 산에 비유, 우백호(右白虎)에 비유된다.

오악은 이목구비의 흐름을 돕는 얼굴의 산이다. 오악의 형상에 따라 사독(물줄기)가 형성되기에 오악은 힘 있게 바로 서야 한다. 오악은 인생여정에서 헤쳐 나갈 수 있는 조건이자 복록여부를 판단하는 근원이다.

  오악이 건실하면 삶의 바탕이 좋은 것이고, 오악이 부실하면 삶을 주도적으로 헤쳐 나갈 힘이 부족한 것이다.

> 오악에서 코가 임금이라면, 상하(이마-턱)과 좌우(관골)에 있는 산들은 신하들이다. 오악에서 중요한 것은 부하들이 주인을 받들고 보필하느냐에 달려있다.
> **코를 중심으로 상하-좌우가 균형·조화를 이루어야 한다.**

---

35) "額爲衡山(南嶽), 頦爲恒山(北嶽), 鼻爲嵩山(中嶽), 左顴爲泰山(東嶽), 右顴爲華山(西嶽)", 麻衣相士 著, 『麻衣相法』「五嶽」.

중앙의 코...

코는 얼굴 중앙에서 상하와 좌우의 기운을 조절하고 통제하는 주체자이다. 12궁에서 재물을 관장하고 오관에서 옳고 그름을 판단하는 주재자이기에 마땅히 높게 솟아야 한다.

코가 크고 콧방울이 두툼해야 자신이 삶을 주도하여 이마-턱 기운을 조절하고, 좌우 관골을 통제할 수 있다. 어쨌든 코는 크고 볼 일이다.

**이마-턱-우관골-코-좌관골 중
어느 한 부위가 지나치게 튀어나오거나 뾰족하다.**

코만 지나치게 크거나, 관골이 벌어지거나, 이마가 볼록 튀어나오거나, 입이 뾰족하거나 튀어나오면 상하좌우 형상이 균형을 잃고 조화를 깨뜨리는 꼴이 된다.

성정이 강하고 외골수 성향이 있다. 물줄기(사독) 흐름을 왜곡시키거나 방해하기에 삶이 엉뚱한 방향으로 흘러가거나 인생굴곡을 겪게 된다.

**코가 크고 솟았는데,
이마·턱이 뒤로 넘어가거나 관골이 약하다.**

임금은 강성한데 신하가 부실한 형국이다. 코가 좋은들 신하 없는 임금 꼴로 외로운 봉우리일 뿐이다. 안하무인격이고 독불장군으로 유명무실하다. 자기 잘난 맛에 살지만 타인과 화합하지 못하니 결국 고독하게 된다. 고집·자존심이 강하여 손해 보는 일은 많고 성공은 적다.

**코가 작고 낮은데,
이마·턱이 튀어나오가나 관골이 강하다.**

임금이 유약한데 신하들이 왕성한 꼴이다. 부하들이 임금을 무시하고 반역을 도모하는 형국이 된다. 자존심이 약하고 자신이 주재하는 삶에서 성과를 얻기 어렵다. 하극상 당하거나 자신의 성과를 부하에게 빼앗기게 된다.

코는 자신(自身)이자 자존심(自尊心)이다…

코는 얼굴에서 주인공으로 자신을 상징하고 '자존심'을 의미한다. 자존(自尊)이 지나치게 강하거나 바로 서지 않으면 자만(自慢)이 된다.

**준두가 두툼해야 우두머리 역할을 하고,
좌우 콧방울이 두툼하고 조화를 이루어야 중심을 잡는다.**

코 자체가 상하좌우에서 중심을 잡아야 자존감이 있고 복록을 지킬 수 있으니 콧대가 바르고, 준두가 콧대보다 넓고 두툼해야 코의 상하가 조화를 이룬 것이고, 양쪽 콧방울의 형상이 같고 두툼해야 코의 좌우가 상응하는 것이다.

오악의 모습

코가 지나치게 크거나, 콧대가 뾰족하거나 울퉁불퉁하거나 삐뚤어지거나, 준두가 지나치게 볼록하거나, 콧방울이 두텁거나, 콧구멍이 지나치게 작다.

코는 큰 것이 작은 것보다 유리하지만, 지나치면 도리어 자만심이 팽팽해진다.

코가 작거나, 콧대가 낮거나, 산근이 끊어지거나, 콧등에 흠집이 있거나, 코끝이 뾰족하거나, 콧방울이 없다.

얼굴 상하좌우의 기운을 통솔하지 못한다. 자신을 낮추고 순리에 따르는 장점이 있는데, 한편으로는 쓸데없는 고집과 자존심으로 손해를 보이기도 한다.

설령 이마-턱이 조응하고, 좌우 귀가 상응해도 자신의 기운을 발휘하지 못한다. 사건·사고가 잦거나, 질병에 쉽게 노출되거나, 인생굴곡이 따른다.

일반적인 우리네 부부관계에서 남편과 부인의 코 크기에 대해 생각해보자.

남편은 가정을 이끌어가야 하는 숙명을 타고 났기에 코가 큰 것이 유리하다.
부인은 가정을 지키고 안정을 도모하는 위치에 있기에 코가 크지 않아도 무방하다. 다만 부인이 가정을 이끄는 형태라면 코가 큰 것이 유리하다.

남편은 코가 크고, 부인은 코가 작다.

남편이 가정을 책임지고, 부인이 내조하는 전통적인 부부의 모습이다. 남편의 외적권위와 부인의 내적실권으로 가정안정을 도모한다.

이 커플의 집안은 대체로 평안하고, 외형에 비해 내실이 알차고 실속이 있다. 알뜰한 가운데 복록을 누리는 것은 코 작은 부인이 자신을 낮추고 내조하기에 가능하다.

남편은 코가 작고, 부인은 코가 크다.

코가 작은 남편은 가족을 책임지는 수컷으로서의 사냥본능을 발휘하지 못한다. 애처가·공처가 타입인데, 보잘 것 없는 작은 모습을 티내지 않으려고 있는 척하는 경향이 있다.

코 큰 부인은 배포가 크고 남성적 기질이 있다. 부인이 가정을 책임지고 남편이 내조하는 가정형태인 경우가 많다.

이 커플의 집안은 과소비가 많거나, 돈 빠져나가는 일이 많다. 남편은 있는 척해야 하고 부인은 배포가 크기 때문이다. 정작 자신들은 알뜰하다고 하지만, 경제능력 맞지 않는 자동차, 과외, 외식 등으로 자신의 모습을 가공하게 된다. 남들 보기에는 부자로 보이는데 들여다보면 실속이 없는 집안이라 할 수 있다.

상하, 이마-턱의 조응調應...

얼굴 상하에 위치한 이마-턱은 서로 바라보듯이 약간 앞으로 나온 것을 조응(調應) 또는 상생(相生)이라 한다.

인생흐름은 이마→눈·코→입·턱으로 이어진다. 눈·코에서 벼슬·재물을 형성하여 복록을 누리기 위해서는 이마→눈·코→입·턱의 흐름이 순조로워야 한다. 이것이 이마-턱의 조응이고 얼굴삼정의 조화이다.

이마는 부모음덕으로 살아가는 초년 삶을 관장한다.

이마형상으로 부모인연, 부모로부터의 혜택, 부모의 건재 등을 살핀다. 13부위에서 살펴보았듯이 천중-천정-사공-중정을 거치면서 서서히 부모의 영향력 아래에서 벗어나 자신의 능력을 키워나가게 된다.

이마는 높고 넓으면서 마치 간(肝)을 엎어 놓은 것처럼 둥그스름하게 약간 나온 듯하면 좋다.

이마형상이 좋으면 부모 심성이 바르고 건장하며 성공한 부모를 두거나 부모음덕이 있다. 어릴 적부터 똑똑하고 남다른 재능이 있어 젊은 나이에 뜻을 이룬다. 성장해서도 사회성이 좋고 대인관계가 원만하고 입사·승진 등 직장운이 좋고 사업에서는 사업성이 좋다.

〈좋은 이마 옆모양〉

〈좋은 이마 앞모양〉

〈튀어나온 이마〉

〈뒤로 넘어간 이마〉

이마가 좁거나, 낮거나, 기울어지거나, 돌출되거나, 함몰되거나, 뒤로 넘어가거나, 발제가 바르지 못하면, 턱과 조응하지 못한 꼴이다.

좋지 않은 이마 형상들은 부모 음덕·유산을 기대할 수 없고, 눈의 중년에 뜻을 펴는데 어려움이 있다. 소년기에 부모가 이혼·이별하거나, 부모를 잃거나, 부모와 떨어져 생활하게 된다.

여기에 눈빛이 흐리거나 노출되면 더욱 심하다.

특히 여자는 남편의 사회적 지위 또는 학문·품위 정도가 낮은 사람과 인연이 있다.

턱은 자식의 혜택으로 살아가는 노년 삶을 관장한다.

자식인연, 자식의 효도, 자식의 성공 등을 살핀다. 말년인생은 인중-입-턱을 거치면서 점점 자식에게 의존하게 되므로 자신보다 자식의 일이 발달하고 성과를 얻어야 한다.

턱은 바르고 풍만하면서 약간 들린 듯 앞으로 나오면 좋다. 다만 턱 끝이 입보다 튀어나오지 않아야 한다.

턱 형상이 좋으면 자식이 발달하고 효도하는 자식을 둔다. 심성이 넉넉하고 노년에도 건강하게 행복한 삶을 누린다.

턱이 풍만하면 비록 재물이 풍족하지 않더라도 품위가 있고 현실적인 생활수준이 높고 삶이 여유롭다.

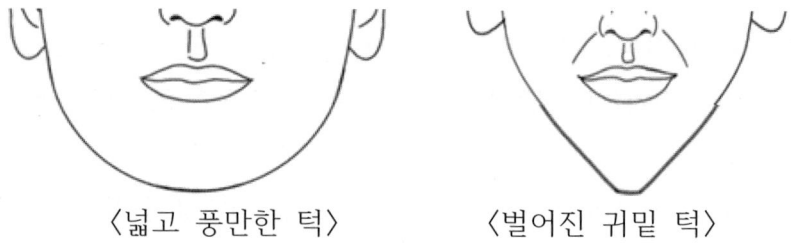

〈넓고 풍만한 턱〉　　〈벌어진 귀밑 턱〉

턱이 뾰족하거나, 기울어지거나, 작거나, 뒤로 넘어가거나, 귀밑 턱이 벌어지거나, 턱 끝이 갈라지면, 이마와 조응하지 못한다.

턱 형상이 흉하니 자식인연이 약하고 중년에 생산한 재물을 깨뜨리거나 누리지 못한다. 재물이 많아도 삶이 여유롭지 않고 너그럽지 못하다. 턱 형상이 불량한데 입이 바르지 않거나, 인중이 삐뚤거나, 수염이 없으면 더욱 심하다.

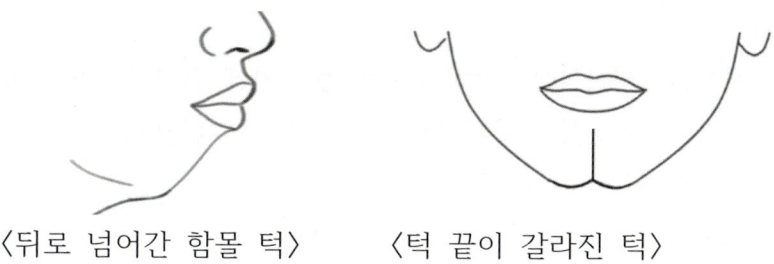

〈뒤로 넘어간 함몰 턱〉   〈턱 끝이 갈라진 턱〉

**이마는 약간 나오되 미릉골을 벗어나면 안 되고,
턱은 약간 들리되 입술 끝을 벗어나면 귀하지 않다.**

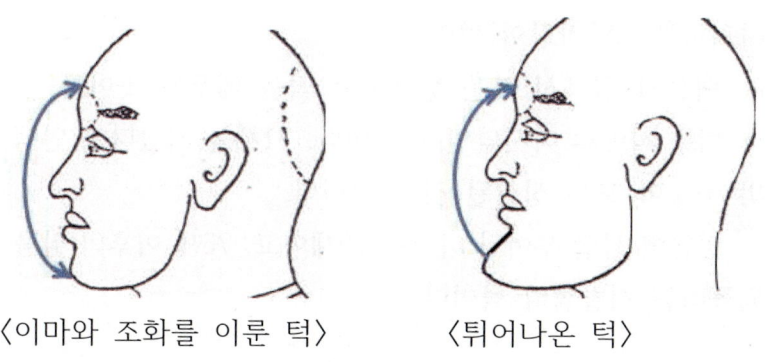

〈이마와 조화를 이룬 턱〉   〈튀어나온 턱〉

이마기운은 눈으로 전달되기에 이마는 미릉골을 벗어나지 않아야 하고, 턱은 입을 보좌하기에 턱 끝이 입술 끝을 벗어나 튀어나오면 귀하지 않다.

턱이 뾰족하거나 튀어나오면 턱이 이마를 배반하는 형국으로 자식이 조상부모에게 반기를 드는 꼴이다.

반대로 이마가 뾰족하거나 튀어나오면 부모가 자식을 짓누르는 꼴이 된다.

이마가 불거져 튀어나오거나 턱이 뾰족하게 튀어나오면 이마와 턱이 조응하지 못하고 반목하는 형상이 된다. 육친인연이 좋지 않고 삶이 순탄하지 못하다.

턱에서 인생가치를 더해보자...

☞ 턱은 입 복록을 지켜 말년행복을 향유하게 된다.
☞ 60세(입) 이후에는 내가 아닌 자식이 인생을 주도하는 시기이고, 그 바탕이 턱이다.
☞ 턱은 12궁에서 복을 향유하고 덕을 베푸는 곳이다.
☞ 턱은 사애의 마지막인 71세이다. 71세를 지났다고 인생의 허물이 모두 정산된 것은 아니다.
☞ 얼굴에 직접 부여된 나이는 75세이고, 76세 이후의 삶을 되돌리는 시발점이 턱이다.

노년에 재물·벼슬을 탐하고 덕을 베풀 줄 모르는 사람은 자식이 발달하지 못한다. 내가 자식의 운세를 꺾고 자식의 발달을 내가 빼앗는 꼴이기 때문이다.

턱 형상이 바르지 않은 사람은 특히 탐욕을 버리고 덕을 베풀어야 자식이 발달하고 인생총량을 늘리는 지름길임을 명심해야 한다. 사애의 마지막 정산은 전화위복의 기회가 되거나 대박이 되기도 하는데, 그 기회와 가치를 자식이 누리도록 해야 하지 않겠는가.

좌우, 관골의 상응相應…

관골의 위치는 눈 꼬리 아래에서 콧등 중간과 연결되는 부위에 위치하는 것이 좋다. 대략 눈 꼬리에서 3cm 아래에 관골중심이 위치하면 이상적이다.

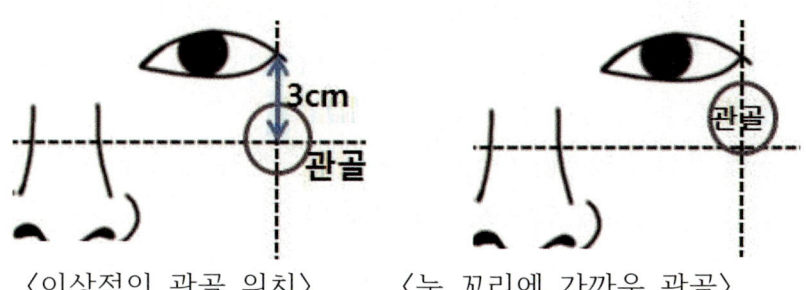

〈이상적인 관골 위치〉　〈눈 꼬리에 가까운 관골〉

관골은 코를 보좌하는 뿌리이자 기둥이다. 관골은 세력이 있어야 코를 보좌할 수 있는데, 코보다 낮아야 코를 능멸하지 않는다.

관골이 눈꼬리와 가깝거나, 코와 가깝거나, 콧방울 아래로 처지거나, 눈꼬리를 벗어나 벌어지면, 코와 관골이 상응하지 못한 형상이다.

코를 보좌해야하는 관골의 의무를 망강하게 된다. 주체성이 낮거나 자존감이 떨어진다. 그만큼 쓸데없는 고집이 강하게 발동하고 억지스러움이 있다.

내가 해야 할 일과 타인이 해야 할 일을 구분하지 못하고, 배우자가 해야 할 일과 자식이 해야 할 일을 구분하지 못한다. 나서야 할 때와 나서지 말아야 할 때는 구분하지 못함으로써 손해를 보거나 자신의 의도와 상관없이 일이 왜곡되거나 인생굴곡을 초래한다.

양쪽 관골의 형상·크기·높이 등이 다르면 좌우 관골이 상응하지 않은 형상이다.

좌우 관골이 다르면 서로 반목하기에 바빠 코를 보좌하지 못한다. 겉과 속이 다르고 심성이 바르지 못하여 주위사람들이 오래 머물지 않는다. 코 기능이 발현되지 못하니 재물을 얻기 어렵고 배우자·자식을 제대로 간수하지 못한다.

관골에 흠집이 있거나 반점이 있거나 주근깨가 많거나 구레나룻이 없거나 지나치게 많으면 더욱 심하다.

관골이 없거나 빈약하다.

코의 자존, 재물성취, 육친인연 등을 돕지 못한다.

만약 코가 뾰족하거나 높으면 타인을 무시하고 안하무인이 되기 쉽다. 재물성취가 있더라도 결국 지키지 못한다.

관골이 지나치게 높고 벌어졌다.

  신하가 주인을 배반하는 꼴이고 자신이 타인에게 빼앗기는 형국이다. 하는 일에 성과가 없고 자신의 공로를 다른 사람에게 빼앗기는 경우가 많다. 대인관계에서 화를 당하기 쉽고, 배우자·자식 인연 또는 재물이 쉽게 잃거나 빠져나간다.

┄ 사독四瀆의 물줄기

얼굴에서 사독(四瀆)은 4개의 물줄기를 의미하고, 물줄기는 오악(5개의 산)에서 비롯된다.36) 사독의 형상은 눈·코·입·귀의 주름으로 형상화된다.

눈의 물줄기는 어미(魚尾) 즉 눈 꼬리 주름이다.
코의 물줄기는 법령(法令)이다.
입의 물줄기는 입술 주름과 입 꼬리이다.
귀의 물줄기는 윤곽(친정구)과 수주주름이다.

눈·코·입·귀 사독의 흐름은 입으로 향하고,
인생 최종복록을 입에 담는 사독의 통로는 인중이다.
눈·코·입·귀의 주름이 끊이지 않고 이어지는 게 중요하고,37) 그러기 위해서는 눈·코·입·귀 형상이 좋아야 한다.

눈이 가늘고 길면 눈꼬리 주름이 좋게 형성된다.
콧방울이 두툼하면 법령이 좋게 형성된다.
입술이 두툼하면 입술주름이 많고 입꼬리가 맺힌다.
귀가 크고 윤곽이 뚜렷하면 친정구와 수주주름이 생긴다.

---

36) "耳爲江, 目爲河, 口爲淮, 鼻爲濟, 四瀆要深遠成就", 麻衣相士 著, 『麻衣相法』「四瀆」.
37) "四瀆, 要深遠成就, 而涯岸不週, 則財穀有成, 財物不耗, 多蓄積", 『麻衣相法』.

눈·코·입·귀 형상이 좋아야 눈꼬리, 법령, 입꼬리, 윤곽 등 사독의 형상이 뚜렷해진다. 특히 눈꼬리, 법령, 입꼬리, 윤곽 등의 물줄기 모양새는 산(오악) 모습에 따라 결정된다. 달리 말하면 4개의 물줄기의 모양새에 따라 5개의 산 기세를 알 수 있다.

2개의 산이 제 모습을 갖추지 못하면 하나의 물줄기기 형성되지 않고, 하나의 물줄기가 형성되지 않으면 2개의 산이 부실한 것으로 본다. 가령 법령이 생기지 않으면 코와 관골이 제 모습을 갖추지 못한 것과 같다. 법령이 뚜렷하지 않으면 코·관골 형상에 불문하고 크게 성공하거나 타인의 도움 또는 행운을 얻기 어렵다고 볼 수 있다.

이마·코·관골·턱(오악) 등 타고난 형상보다 살아가면서 형성된 주름(사독)이 삶의 형태와 길흉에 미치는 바가 크다. 주름은 심성(心性)에 따라 형성되기에 결국 인생의 향배와 길흉은 마음씀씀이에 달려 있다.

눈의 물줄기는 '눈꼬리 주름'이다…1

눈은 가늘고 길어야 눈 꼬리 주름이 아름답게 형성된다.
눈 꼬리 주름은 배우자를 향한 애정정도를 의미하고, 가정과 재물·벼슬에 대한 성취·완성하려는 의지의 표상이다.

눈 꼬리 주름은 위 눈꺼풀이 아래 눈꺼풀을 약간 덮으면서 한 줄로 형성되어야 한다.

눈 꼬리 주름이 한 줄로 형성되면 마음이 향하는 방향성이 한결같고 일에 대한 일관성이 있음을 의미한다.

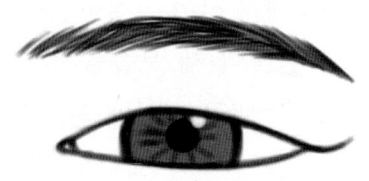 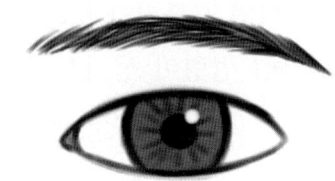

〈좋은 눈 꼬리 주름〉　　〈주름 없는 눈 꼬리〉

35세 이전에 눈 꼬리 주름이 형성되어야 한다.

눈의 나이는 35세부터 시작하고 눈 꼬리 나이는 39세·40세이다. 35세 이전에 눈 꼬리 주름이 형성되어야 눈의 기능이 발현되고, 적어도 39세 이전에 눈 꼬리 주름이 생겨야 가정과 재물을 안정시킬 수 있다.

눈 꼬리 주름이 형성되지 않는다.

눈이 동그랗게 크면 눈 꼬리 주름이 형성되지 않는다.

30대에 눈 꼬리 주름이 형성되지 않으면 배우자에 대한 애정 또는 삶에 대한 의지·집념이 약하다는 징표이다. 재물형성과 성취가 일관성이 없고, 배우자인연이 약하여 인생흐름이 왜곡된다.

눈 꼬리 주름이 산란하거나 지나치게 길고 깊은 주름이다.

눈 꼬리 주름이 산란하면 일에 대한 일관성이 없고 배우자에 대한 애정이 한결같지 않다.

눈 꼬리 주름이 지나치게 길고 깊으면 배우자 또는 삶에 애착이 강하다. 자칫 집착으로 변하기 쉽다.

코의 물줄기는 '법령'이다...2

코의 물줄기 기운은 콧방울에서 형성되어 입 꼬리를 거쳐 턱으로 이어지는데, 그 흐름은 법령으로 나타난다.

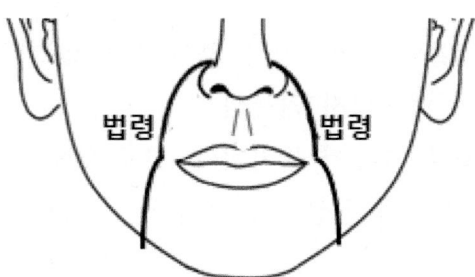

법령은 콧방울-관골의 형상에 의해 형성된다. 콧방울이 두툼하고, 관골이 바르게 솟고, 입 꼬리가 맺혀야 종 모양과 같이 콧방울-입꼬리-턱으로 원만하게 이어진다.

인생복록은 인중을 거쳐 입으로 들어오고, 입으로 들어오는 복록이 빠져나가지 못하게 막아주는 울타리가 법령이다.

**법령은 40대 중반에 생기는 것이 좋고,
늦어도 50대 중반에는 형성되어야 한다.**

콧등의 나이는 44세·45세, 관골은 46세·47세, 콧방울은 49세·50세이다. 법령은 코-관골 사이에서 생기는 주름이기에 40대 중반에 형성되는 것이 좋다. 늦어도 법령의 나이인 56세·57세에는 반드시 형성되어야 한다.

법령이 형성되지 않는다.

56세·57세에도 법령이 형성되지 않으면 부위 하나가 없는 것과 같으니 해당 나이에 해야 할 일이 없다. 재물을 만들 수 없고 재물의 흐름을 터주지 못한다. 입 복록의 방패막이 없는 꼴이니 삶의 흐름이 정체되거나 왜곡된다.

콧방울과 관골이 빈약하거나, 뺨에 살이 없거나, 지고가 약하면 법령이 형성되지 않는다.
코가 삐뚤거나, 준두가 들리거나, 양쪽 콧방울이 서로 다르면 법령이 바르게 형성되지 못한다.

30세 이전에 법령이 뚜렷하게 형성된다.

어린나이에 법령이 생긴다는 것은 재물활동을 한다는 의미가 있다. 부모인연이 없어서 어린나이에 가정을 책임지는 경우가 있다. 요즘에는 부모 음덕으로 초년에 이름을 날리거나 총명하여 사회생활(재물활동)을 하는 경우도 있다.

법령과 인중은 얼굴주름 중 귀하고 좋은 주름이다.

요즘 여성들은 법령을 '팔자주름'이라 하여 팔자가 사납다거나 나이가 들어 보인다는 이유로 법령을 없애기 위해 보톡스를 맞기도 한다. 스스로 재물을 지키는 울타리를 허물어뜨리고 재물손실을 조장하는 꼴이다.

입의 물줄기는 '입술주름'과 '입 꼬리'이다…3

눈·코에서 형성한 인생복록은 인중을 거쳐 입으로 들어온다. 인중은 눈-코-귀 3가지 물줄기의 최종 통로이고, 복록을 입에 담는 입의 물줄기는 입술주름이다.

입의 표상은 입술이고, 입술은 인체에서 주름이 가장 많은 부위이다. 입술주름 하나하나가 복록이 들어오는 물길이 되고, 물길은 잔잔하고 평화로워야 안정된다.

입술이 두툼하고 입술주름이 가늘고 많아야 복록이 들어오기 쉽다. 입은 水에 해당하기에 입술은 촉촉해야 한다.

여기에 인중이 길고 반듯하면서 뚜렷하고 흠집이 없으면, 식복(食福)이 있고 자손이 번영하고 건강하게 장수한다고 하였다. 특히 여자는 자식인연 또는 생식기와 관련이 깊다.

입 꼬리가 아래로 처지거나, 옆으로 늘어지거나, 입이 삐뚤거나, 윗입술이 들리거나, 아랫입술이 뒤집어지거나, 입술이 메마르거나, 쭈글쭈글하거나, 팽팽하여 주름이 없으면, 입의 물줄기가 좋지 않은 모양이다.

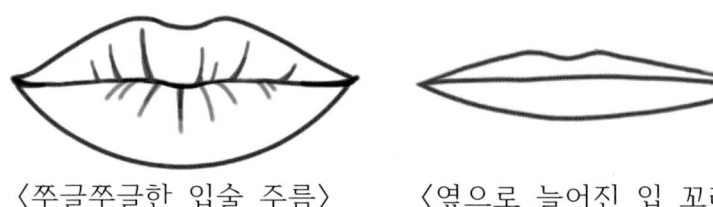

〈쭈글쭈글한 입술 주름〉   〈옆으로 늘어진 입 꼬리〉

　인중과 입 형상이 바르지 않거나 입술주름이 불량하면 중년에 형성한 복록을 노년에 향유하지 못하거나 자식 또는 건강으로 인한 고충을 겪게 된다. 가진 것을 놓지 않고 채우려는 욕구가 발동한다.

　입술을 도톰하게 만들어 섹시하게 보이려고 입술에 보톡스를 맞는 여성들이 더러 있다. 입술이 팽팽해지면서 입술주름이 없어지기 쉽다.
　복록이 입으로 들어오는 통로를 없애게 되니 스스로 인생복록을 차버리는 꼴이다. 또 생식기의 신축력을 상실하게 만드니 여성미를 잃게 되는 요인이 된다.

귀의 물줄기는
'윤곽(친정구)'과 '수주주름'에 나타난다…4

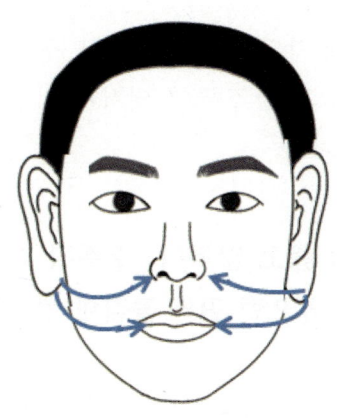
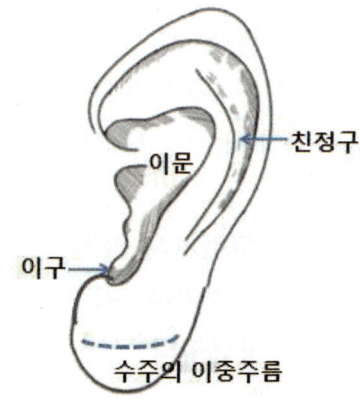

〈콧방울·입으로 향한 수주〉　　〈친정구, 이구, 수주주름〉

　귀는 크고 단단해야 하는데, 윤곽이 뚜렷해야 단단한 귀가 된다. 귀의 물길인 친정구는 윤곽이 형성되어야 생기고, 친정구를 통하여 복록을 수주에 담게 된다. 마치 눈·코에서 형성한 복록을 입에 전달하는 과정과 유사하다.

**친정구는 눈꼬리 주름에 해당한다면,
이구는 인중에 해당하고, 법령은 수주주름에 해당한다.**
　친정구가 형성되어야 재물성취가 용이하고, 이구가 형성되어야 복록을 담을 수 있고, 수주주름이 형성되어야 노년까지 누릴 수 있는 것이다.

귀의 목적은 두상의 기운을 얼굴로 전달하고 두상-면상을 상통하게 하는데 있다. 그 역할을 주도하는 곳이 수주(귓불)이고, 그러기 위해서는 수주 끝이 약간 들려 콧방울 또는 입 꼬리를 향해야 한다.

　수주(壽珠)는 말 그대로 진주를 매달아 놓은 듯 뭉쳐야 수명이 길게 된다는 의미이다. 이런 힘 있는 수주는 주름이 생기기 마련이고 자연히 인생복록을 길게 누리게 된다.

윤곽이 뚜렷하지 않거나, 귓구멍이 좁고 얕거나, 수주가 빈약하거나 늘어지거나, 이구가 완성되지 않으면 귀의 물길이 형성되지 않은 형상이다.

　선천기운을 얼굴에 전달하지 못하고, 눈→코→입으로 전달되는 인생복록의 흐름을 원활하게 하지 못한다. 얼굴의 재물성취를 크게 하지 못하거나 손실을 조장하는 원인이 된다.

얼굴의 계절 방위 시간

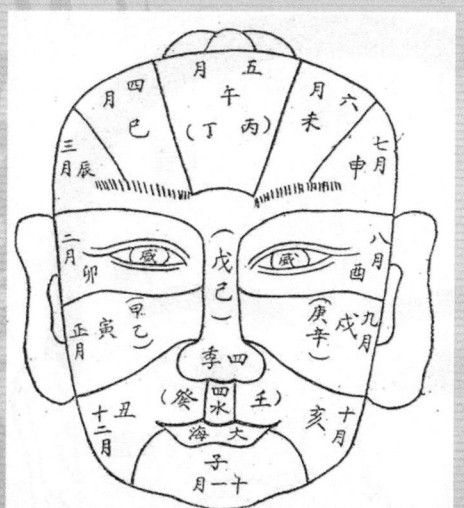

봄. 여름. 가을. 겨울

동. 서. 남. 북

자시子時~**해시**亥時

얼굴의 계절.방위.시간 등을 활용한 삶의 지혜
이사.이동.여행 등 일상에서의 활용법

《얼굴의 계절.방위.시간》

얼굴의 계절

얼굴 각 부위는 자-축-인-묘-진-사-오-미-신-유-술-해 등 12지신(支神)으로 구분하여 각각 12月을 주관한다.

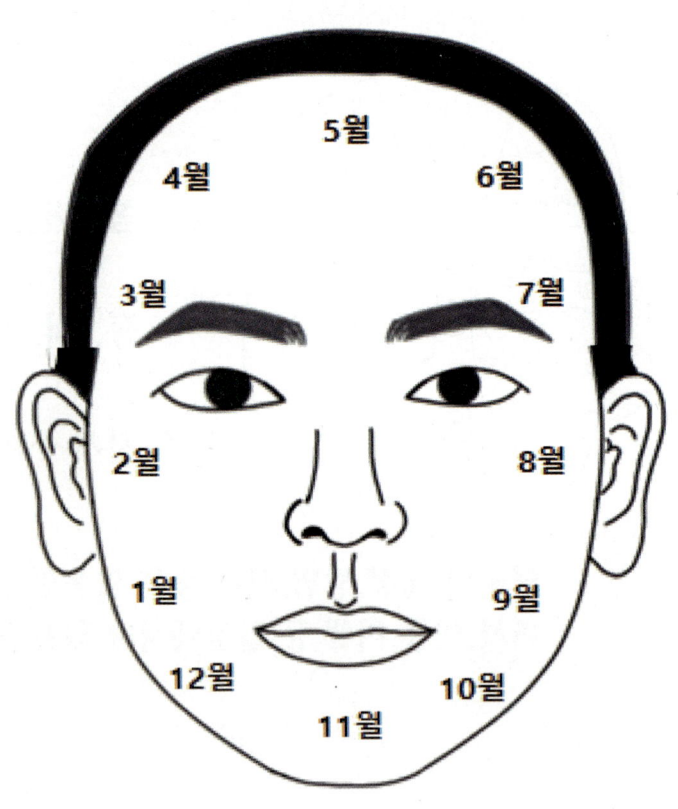

음력 11월(子) = 턱 부위

음력 12월(丑) = 오른쪽 지고(地庫) 부위

음력 01월(寅) = 오른쪽 관골, 명문, 뺨

음력 02월(卯) = 오른쪽 눈 부위와 왼쪽 귀

음력 03월(辰) = 오른쪽 천창(天倉) 부위

음력 04월(巳) = 오른쪽 이마(월각) 부위

음력 05월(午) = 이마 특히 이마 가운데 부위

음력 06월(未) = 왼쪽 이마(일각) 부위

음력 07월(申) = 왼쪽 천창(天倉) 부위

음력 08월(酉) = 왼쪽 눈 부위와 왼쪽 귀

음력 09월(戌) = 왼쪽 관골, 명문, 뺨

음력 10월(亥) = 왼쪽 지고(地庫) 부위

당해 월에 해당하는 부위에 기색이 좋으면 좋은 일이 일어날 것이고, 그 부위에 흠집(흉)이 생기거나 기색이 좋지 않으면 좋지 않은 일이 일어날 것이라는 의미이다.

해당 월의 부위를 잘 살피고 경계하는 것이 관상에서 지혜로움을 얻는 길이다.

얼굴의 방위

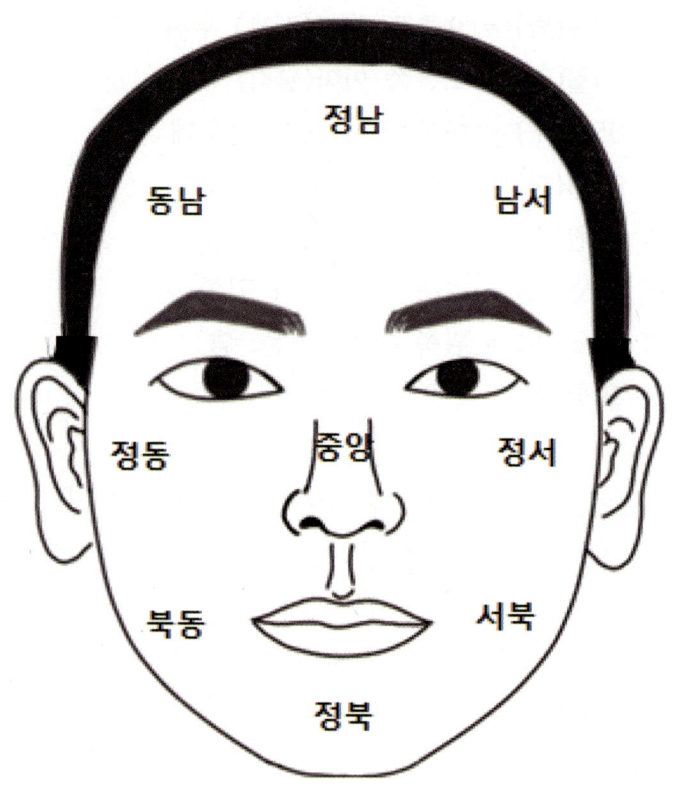

얼굴방위는
코를 중심으로 사방팔방(四方八方)으로 구분한다.

정북 = 턱
북동 = 오른쪽 지고, **뺨**
정동 = 오른쪽 눈, 관골, 귀
동남 = 오른쪽 천창, 눈썹 위
정남 = 이마 가운데
남서 = 왼쪽 천창, 눈썹 위
정서 = 왼쪽 눈, 관골, 귀
서북 = 왼쪽 지고, **뺨**

  얼굴에서 방위의 활용은 이사, 장거리 여행 등 이동하고자 하는 방위의 좋고 나쁨을 얼굴부위의 방위로 살핀다.
  가고자 하는 방위에 해당하는 얼굴 부위가 좋으면 그 방위에서 좋은 일이 생길 것이다. 가령 직장에서 인사이동이 있거나 이사를 가는 방향이 남쪽이라면, 이마-인당의 기색이 좋으면 훗날 더 큰 승진의 기회가 되거나 이사한 후에 좋은 일이 생길 징조이다.
  반대로 인사이동이나 이사가 결정된 후에 갑자기 이마 또는 인당에 뾰드락지가 나거나, 다치거나, 꺼칠해지거나, 기색이 나빠지면 좋지 않은 이동이다. 당장은 좋을지라도 훗날 좋지 않은 일이 일어날 수 있다는 말이다.

중요한 계약, 이사, 이동, 장거리 여행, 중요한 사람과 만날 계획이 있다면 가고자 하는 방위에 해당하는 얼굴부위를 잘 보존하는 것도 성취의 한 방법이 된다.

얼굴의 시간

　얼굴의 시간분배 방법은 얼굴계절과 같다. 子-丑-寅-卯-辰-巳-午-未-申-酉-戌-亥 등 12지신(支神)을 12구간으로 시간을 얼굴에 배정하였다.

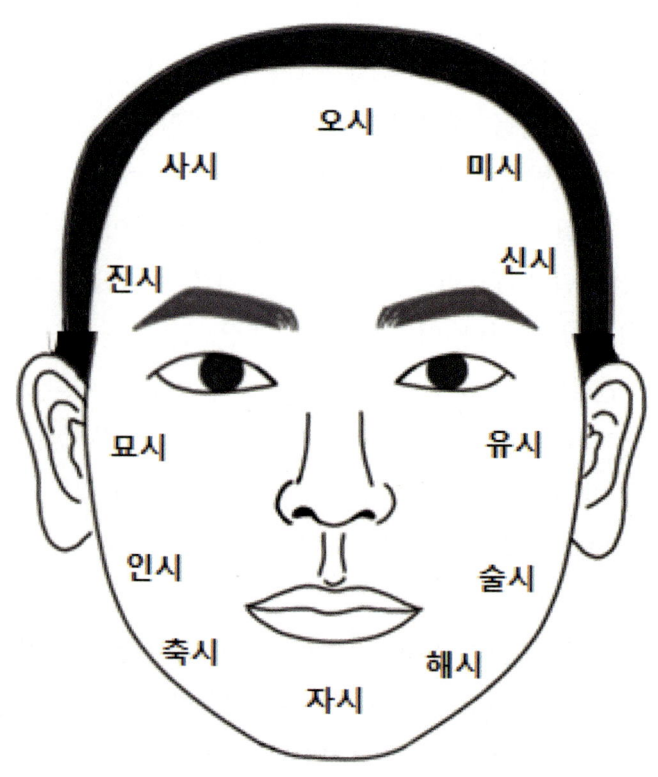

자시 = 23:30 ~ 01:30이고, 턱
축시 = 01:30 ~ 03:30이고, 오른쪽 지고
인시 = 03:30 ~ 05:30이고, 오른쪽 관골·명문, **뺨**
묘시 = 05:30 ~ 07:30이고, 오른쪽 눈과 귀
진시 = 07:30 ~ 09:30이고, 오른쪽 천창, 눈썹
사시 = 09:30 ~ 11:30이고, 오른쪽 이마(월각)
오시 = 11:30 ~ 13:30이고, 이마 가운데
미시 = 13:30 ~ 15:30이고, 왼쪽 이마(일각)
신시 = 15:30 ~ 17:30이고, 왼쪽 천창, 눈썹
유시 = 17:30 ~ 19:30이고, 왼쪽 눈과 귀
술시 = 19:30 ~ 21:30이고, 왼쪽 관골·명문, **뺨**
해시 = 21:30 ~ 23:30이고, 왼쪽 지고

 얼굴부위의 시간은 얼굴 방위와 마찬가지로 이동하고자 하는 시간의 좋고 나쁨을 현실에서 활용할 수 있다.
 가령 인사발령, 이사, 해외여행 등으로 이동하는 시간을 진시(07:30~09:30)이면, 오른쪽 천창(天倉)-눈썹 윗부분을 살핀다. 기색이 밝으면 좋은 시간에 움직이니 좋은 일이 기다리고 있을 것이요, 그 부위에 뽀드락지가 생기거나 꺼칠해지는 등 기색이 좋지 않으면 좋은 이동이 아니다.
 이럴 경우에는 09:30분 이후로 늦추거나 07:30분 이전으로 앞당기는 것도 하나의 방법이 될 수 있다.

얼굴의 계절·방위·시간의 활용방법

얼굴 각 부위에 정해 놓은 계절, 방위, 시간에 해당하는 부위를 잘 살펴서, 중요한 일·계약, 여행·이동·이사·발령 등에 활용해봄직 하다.

얼굴 부위	계절	방위	시간
턱 전체	음력 11월	정북	자시(23:30~01:30)
오른쪽 지고	음력 12월	동북	축시(01:30~03:30)
오른쪽 관골·귀	음력 1월	동북	인시(03:30~05:30)
오른쪽 눈·귀	음력 2월	정동	묘시(05:30~07:30)
오른쪽 천창	음력 3월	동남	진시(07:30~09:30)
오른쪽 이마	음력 4월	동남	사시(09:30~11:30)
이마 전체	음력 5월	정남	오시(11:30~13:30)
왼쪽 천창	음력 6월	남서	미시(13:30~15:30)
왼쪽 이마	음력 7월	남서	신시(15:30~17:30)
왼쪽 눈·귀	음력 8월	정서	유시(17:30~19:30)
왼쪽 관골·귀	음력 9월	서북	술시(19:30~21:30)
왼쪽 지고	음력 10월	서북	해시(21:30~23:30)

〈얼굴의 계절·방위·시간 구분〉

음력 11월에, 동남쪽으로, 18시에,
이사(입주·이전·이동)를 한다고 가정해보자.

음력 11월은, 턱 부위이다.
동남방위는, 오른쪽 이마(월각)와 천창 부위이다.
18시(유시)는, 왼쪽 눈과 귀이다.

기본적으로 턱, 오른쪽 이마(천창), 왼쪽 눈과 귀 형상이 흉하거나 흠집·흉터·반점·마마자국 등 흠이 있는 사람은 음력 4월, 동남방위, 17:30~19:30에 중요한 이동을 계획하지 않는 것이 좋다.

해당 부위의 형상은 흉하지 않은데, 이동을 결정한 후에 갑자기 여드름이 생기거나 벌레에 물리거나 꺼칠해지거나 기색이 나빠지거나 다치면 좋지 않은 이동이 된다.

이사·이동을 결정한 후에 일상에서 일어날 수 있는 시나리오로 예를 들어보자.

☞ 부인이 이삿짐을 싸다가 왼쪽 눈에 티끌이 들어가 충혈이 되었다면, 유시(17:30~19:30)를 피하는 것이 좋다.
이럴 경우 시간을 변경할 수 없다면, 17시 30분 이전에 먼저 밥솥을 들고 이사할 집으로 들어가든지, 밥솥을 따로 챙겨두었다가 19시 30분 이후에 밥솥을 들고 들어가는 것이 좋다.

☞ 이사 전날 문에 부딪쳐 이마를 다쳤다면, 동남쪽으로 가는 것은 불길한 징조이다.

이때는 곧장 이사할 집으로 가지 말고, 이사할 집보다 남쪽 아래 방향으로 내려갔다가 되돌아가면 북쪽으로 가는 셈이니 흉을 피할 수 있다. 만약 이사 차량을 돌릴 수 없는 상황이라면, 식구들만 따로 밥솥을 들고 남쪽 아래로 내려가서 식사를 하고 난 후에 이사할 집으로 들어가면 된다.

☞ 면도하다가 턱에 상처가 나면 음력 11월에 예정된 이사로 좋지 않은 결과를 낳을 수 있다. 변경하는 것이 좋다.

이것이 관상에서 흉함을 피함으로써 길함을 추구하고자 하는 피흉추길(避凶諏吉)의 방법이 된다.

이사 외에도 장거리 여행으로 출국하는 날, 승진으로 임명장을 받는 날(시간), 부동산 계약하는 날(시간), 발령지와 발령을 받아 떠나는 날 등에 적용할 수 있다.

소 잃고 외양간 고치는 어리석음을 범하는 것보다 미리 대처하고 살피는 것이 현명하지 않겠는가.
관상을 아는 자의 지혜이고, 행운은 아는 것을 실천하는 자가 누리는 혜택이다.

《부록》 아름다운 동행

관상이 사주와 다른 점은 변화한다는데 있다. 사주는 태어난 순간 정해진 사주팔자가 바뀌지 않지만, 관상은 살아가면서 모양새가 변한다. 똑 같은 일란성 쌍둥이라도 살아가면서 점, 주름, 흉터, 마마자국, 피부색, 살집, 얼굴근육, 눈빛, 음성 등이 달라지기 마련이다.

관상은 길흉을 판단하는 게 아니라 선악을 살피고자 함이다. 심성이 바르면 얼굴 모양새가 편안하게 갖추어지고, 심성이 악하면 얼굴 모양새가 흉하게 바뀐다. 그래서 관상은 심상(心相)이라고 하였다. 관상이 좋고 나쁨에 따라 부귀가 결정되는 게 아니라, 마음의 모양새에 따라 관상이 바뀌고 그에 따라 부귀와 삶의 질이 달라지는 것이다.

인생의 가치는 덕행에 있고, 덕을 베푸는 마음은 얼굴로 나타나게 된다. 덕을 베풀면 복록이 찾아들 것이요, 악업을 지으면 성공하더라도 끝내는 복록을 누리지 못할 것이다.

인생가치는 자신이 행한 덕행의 값어치를 되돌려 받게 되어 있다. 권력이 있는 자는 억울한 자를 구제해주고, 재물이 있는 자는 불쌍한 사람을 도와주는 것이 덕행이지만, 덕행이 꼭 권력이나 재물로 행하는 것은 아니다.

옛 속담에 말 한마디가 천냥 빚을 갚는다고 하였고, 무심코 던진 돌에 개구리가 맞아 죽는다는 말도 있다. 내가 던진 말 한마디 몸짓

하나가 다른 사람에게 희망을 주기도 하고 상처와 고통을 주기도 한다. 나로 인해 다른 이들이 웃을 수 있고 편안함과 희망을 얻는다면 그것이 바로 덕행이 아니겠는가.

관상을 나쁘게 만들고 악업을 짓고자 작정하는 사람은 없을 것이다. 누구나 관상을 좋게 하고 덕을 베풀고 싶은데, 단지 그 방법을 모를 뿐이다.

'좋은 관상'과 '덕행', 이 두 마리 토끼를 잡는 방법으로 '상대와 눈을 마주하고' '입 꼬리를 올려 웃는 것'이라고 제시하였다. 이것이 이 책에서 말하고자 하는 메아리이다. 이를 실천하면서 아름답게 살아가는 한 인물을 관상의 기법으로 살펴보자.

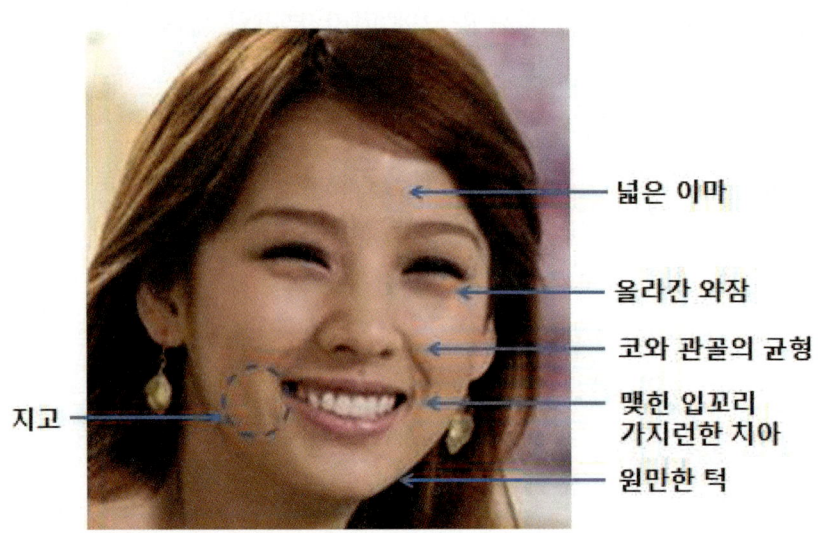

《아름다운 동행》

① 넓은 이마

고대에는 이마가 넓으면 벼슬·명예가 높고 부모음덕이 좋다고 하였다. 대체로 머리가 똑똑하고 명예를 높이는 사람이 많지만, 한편 힘든 일을 싫어하거나 근엄한 양반기질이 있다.

현대는 자수성가로 살아가는 시대이니, 자신의 가치를 높이는데 게을리 하면 왕자병·공주병에 걸리거나 자만심(自慢心)에 빠지기 쉬운 형상이 넓은 이마이다. 이 주인공은 자신의 이름·명예를 높이기 위해 노력했기에 공주병에서 벗어나 자존감(自存感)을 높이는 이마 값을 갖추었다.

② 위로 올라간 와잠(애교살)

흔히 말하는 애교살이 위로 올라가면 인기·사회성이 좋다. 예전에는 이를 도화(桃花)라 하여 특히 여성은 흉한 상으로 보았다. 고대에는 여성이 인기가 있고 사회성이 좋은 것을 금기시했기 때문이다. 요즘은 남녀를 불문하고 인기·사회성이 없으면 살아가기 힘든 세상이다.

다만 인기·사회성은 도화·음란으로 빠질 수 있고, 도화성은 종교·철학성과 연관되기도 한다. 도화를 직업적으로 승화시키느냐 종교성으로 발현시키느냐는 자신의 의지에 달려있다. 이 주인공은 연애인 직업으로 승화시켰고, 요가 등 심신수련을 통한 자기관리로 발현시키고 있다.

③ 조화를 이룬 코와 관골

코는 얼굴의 주인(자신, 자존심)이고, 관골은 코(자신)와 더불어 살아가는 타인에 비유한다. 코가 지나치게 높거나 관골이 지나치게 솟는 등 조화를 이루지 못하면 대인관계가 원만하지 않고 삶에 굴곡을 겪게 된다.

반면에 코와 관골이 조화로우면 대인관계가 원만하지만 한편으로는 자기 잘난 맛에 살기도 한다.

이 주인공은 자존심을 지키면서도 자신을 낮출 줄 알고 타인과의 원만성을 적절하게 유지하면서 살아가고 있다. 코와 관골이 조화를 이루면서 반듯하고 흠집이 없기 때문이다.

④ 가지런한 치아와 방정한 입·턱

치아는 복록의 크기이고, 입은 자신이 만든 복록을 담는 그릇이라면, 턱은 복록그릇을 받쳐주는 받침대와 같다.

치아가 반듯하고 입이 방정하고 입술이 두툼하면 말년까지 복록을 누리고, 턱 끝이 약간 앞으로 나오면서 원만하면 복록을 더욱 견고하게 한다. 때로는 복록을 더욱 견고하게 하기 위해 심술을 부리고 남에게 베푸는 것을 아까워하기도 한다.

덕을 행하느냐 심술보가 되느냐는 입꼬리와 지고(地庫)의 모양새에서 비롯된다. 이 주인공이 삶의 불편을 감수하면서 개인 사생활을 공개하고 유기견을 거두어 키우는 등 아름다운 덕성으로 발현된 것은 입과 턱이 방정하면서 입꼬리 끝과 지고가 함께 맺히기 때문이다.

이 주인공은 자칫 도화·음란성으로 빠질 수 있는 관상이다. 직업적으로 승화시켜 명예·물질적 발전을 도모했더라도 가정·정신적

문제를 야기할 수 있다.

  그런데 이 주인공은 직업-가정, 물질-정신의 균형을 유지하기 위해 심신수련(요가)을 통한 자기관리와 아름다운 덕성으로 행복을 불러들이는 모습이다.

  그 원동력이 바로 눈빛과 입꼬리에 있다. 눈빛은 '상대와 눈을 마주하는' 것이요, 입꼬리는 '입꼬리 끝이 맺히면서 웃는 모양새'를 말한다.

 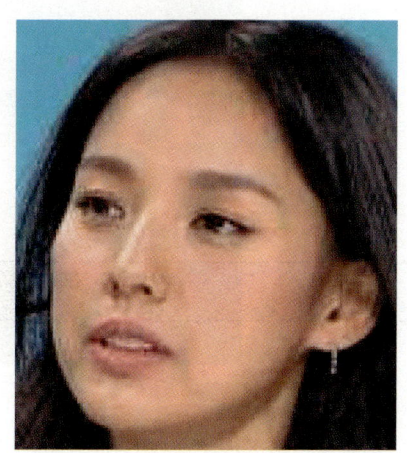

〈예전 모습〉　　　　　　　〈현재 모습〉

  이 주인공은 다른 사람과 대화할 때 항상 눈빛을 편안하게 마주하고, 입꼬리가 약간 위로 올라가면서 입꼬리 끝이 맺히는 웃는 모양새를 갖추고 있다.

  입꼬리 양쪽 끝이 맺히면 지고가 형성된다. 지고는 말년의 복록을 채우는 창고와 같고, 덕을 행하는 자리이기도 하다.

이 주인공의 근래 모습을 예전 모습과 비교해보면, 눈빛이 온화하면서 살아 있고, 법령이 형성되면서 지고가 맺히는 것을 볼 수 있다. 가슴에 덕성이 자리하기에, 입·턱의 근육과 지고가 힘 있게 뭉치는 것이다.

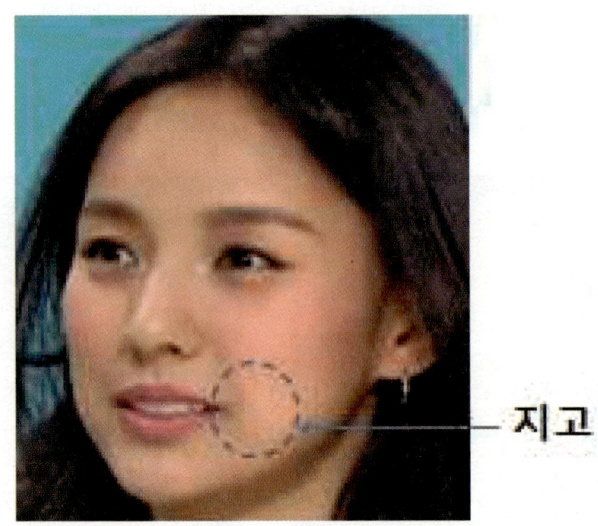

이렇듯 관상은 보이지 않는 마음의 모양새가 얼굴에 투영되어 나타난다. 그 사람의 마음씀씀이가 얼굴에 그대로 반영되고, 그 까닭으로 길흉(행복·불행)이 바뀌게 되는 것이다.

'어떻게 하면 돈을 벌고 행복하게 살까?' 그 대답은 '덕을 베풀어라'이다. 덕행의 마음씀씀이는 '상대와 마주하는 온화한 눈빛'과 '위로 향하여 웃는 듯 끝이 맺힌 입꼬리'에서 알 수 있다.

우리의 삶은 위법-편법의 경계선에서 선택해야 하는 환경에 놓이는 경우가 많다. 매순간 이상적인 선택으로 인생사를 좋게 만들기도 하고, 불필요한 선택으로 삶을 황폐하게 만들기도 한다. 관상의 이치도 마찬가지이다.

얼굴에는 길흉화복(吉凶禍福)이 함께 들어 있다. 길(吉)함을 추구하여 화(禍)를 입는 사람이 있는가 하면, 흉(凶)함을 해소하면서 복(福)을 누리는 사람도 있다.

탐욕을 부리면 결국 화를 자초한다는 진리를 도덕시험문제 정답 정도로 생각하는 이들도 있다. 진리로 받아들이는 사람은 자신을 낮출 줄 알고 이상적인 선택으로 행운과 복을 오래토록 누리게 되고, 시험문제 정답으로 생각하는 사람은 일순간 재물을 벌일지라도 경거망동으로 일순간에 하락하게 된다.

덕행으로 복(행운)을 누릴 것인가, 심술로 화(불행)를 불러들일 것인가, 그 선택은 각자의 몫이고 인생가치의 판단기준에 있다. 그 차이는 관상에서 눈빛과 입꼬리의 모양새에 달려있다. 그래서 『마의상법』에서 관상은 '한 치의 차이가 천양지차'라 하였다.

인생가치의 완성은 재물의 많고 적음, 명예의 높고 낮음에 있는 게 아니라, 가정의 행복과 반려자와의 아름다운 동행에 있다. 자기 삶의 가치를 이해하고 실현시켜줄 배우자를 만나는 것은 쉬운 일이 아니다.

이상적인 배우자를 만나 아름다운 동행을 가능케 하는 이상적인 선택 또한 덕성에 있고, 얼굴로 보면 맑은 눈빛과 웃는 입이다.

특히 달마대사는 눈빛을 신(神)에 비유하여 얼굴에서 눈빛이 차지하는 비중이 50%라고 하였다.

평온하게 상대의 눈을 응시한다는 것은 결코 쉬운 일이 아니다. 이들 부부는 공통적으로 눈빛이 평온하고 다른 사람과 대화할 때 상대방의 눈을 바라보고 마주한다. 타인을 배려하고 상대의 생각과 마음을 공감한다는 의미이다.

이들 부부가 처음 만났을 때 서로의 눈빛을 마주하였을 것이고, 그 눈빛으로 공감대를 확인했을 것이다. 내가 상대의 눈빛을 순수하게 바라보아야 상대의 마음을 알 수 있고, 상대 또한 내 눈빛을 마주해야 내 진심을 알 수 있다.

순수한 마음과 눈빛을 가진 사람은 이상형을 찾아 행복을 누리게 되고, 눈빛이 음흉하거나 상대의 눈을 마주보지 않는 사람은 제 짝을 찾지 못하고 부부관계가 이지러지게 된다.

또한 이 부부는 공통적으로 턱 끝이 약간 나오면서 원만한 닮은 꼴이다. 부부는 관상이 좋고 나쁨을 떠나 얼굴형이 서로 닮으면 삶을 추구하는 방향성이 같기에 이상적인 관계이다.

순간의 선택이 10년이 아니라 인생을 좌우한다. 인생에서 자신이 직접 주도적으로 선택하는 첫 선택이 결혼이다. 그만큼 오류를 범할 수 있는 여지가 많은 선택이 결혼인데, 그 선택의 가치는 눈빛과 입꼬리 형상에서 결정된다 해도 과언이 아니다.

이들의 아름다운 동행이 만인의 가슴을 풍요롭게 하고 있다. 가수로 노래를 불러 즐거움을 주고, 기타로 음악성을 발휘하여 감흥을 전달하는 것과는 다른 벅참이다.

버림받은 유기견을 가족으로 받아들이는 마음씀씀이에, 심신수련(요가)으로 자기관리를 다하는 의지에, 재물·명예보다 정신·가정을 중요시하는 모습에, 소탈함과 가식이 없음에, 무엇보다 균형 잡힌 부부의 안정감에서 인생가치를 공유하게 되니 말이다.

얼굴에서 가장 중요한 부위는 눈이고 다음으로 입이다.
눈은 눈빛으로 발현되고, 입은 음성으로 발현된다.

이효리·이상순

**눈빛은 상대와 눈을 마주하는 것이요,
음성은 입꼬리를 올려 웃는 모양으로 말하는 언행이다.
그 표상(행위)은 눈짓, 말투, 몸짓이다.**

내가 행하는 눈짓·말투·몸짓 하나하나가 내 인생 뿐 아니라 나를 알고 있는 다른 이들의 인생에도 영향을 미친다는 사실을 자각해야 한다. 내 얼굴에는 삶의 수단인 재물·벼슬 뿐 아니라 부모·배우자·자식 등 육친은 물론 내 주위의 모든 사람이 들어 있기 때문이다.
 이 책을 통하여 내 얼굴에 자리한 사랑하는 사람과 아름다운 동행으로 풍요로운 인생가치를 찾기를 소망한다.

관상의 시작은 형상이고 얼굴이지만,
관상의 완성은 몸짓이고 눈짓이고 말투이다.

얼굴을 디자인하라.
얼굴을 디자인한 것이 눈짓이고 표정이다.
눈을 마주하고, 웃는 표정을 지어라.

눈을 디자인하라.
눈을 디자인한 것이 눈빛이고 사랑스런 눈짓이다.
이것이 마음의 창이고, 마음의 언어이다.

말을 디자인하라.
말을 디자인한 것이 음성이고 부드러운 말투이다.
이것이 마음의 나눔이고, 희망을 주는 말이다.

몸을 디자인하라.
몸을 디자인한 것이 몸짓이고 행동거지이다.
앉은 자세를 곧게 하고, 걸음걸이를 바르게 함이다.

얼굴 여행을 끝내면서…

지금까지 얼굴 여행을 함께 해보았다.

여행이란 원래 떠나기 전에는 설레고 기대감에 부풀지만, 막상 떠나고 나면 집이 그리워지기 마련이다. 여행을 마치고 돌아와 일상으로 돌아가면 여행에서의 행복과 즐거움을 잊어버리지만 그 여운은 가슴에 감돌고 있다.

어떤 여행이든 대단히 만족스런 여행은 없을 것이다. 여행 중에 가족이나 연인이 싸우기도 하고, 기대가 높은 여행일수록 실망이 더 큰 법이다. 그렇더라도 우리는 여행을 통하여 더욱 성숙해지고, 세상을 보는 눈이 달라지고, 내가 늘 보던 삶과 다른 삶을 경험하면서 내 삶의 커다란 변화의 계기가 되기도 한다.

이 책을 처음 집었을 때의 설렘과 기대감은 책장이 넘어가는 페이지 수만큼이나 실망과 돌아가고 싶은 마음이 많았으리라.

'뭐가 이리 복잡해' 하고 책을 집어 던졌다가 돈이 아까워 인내하면서 여행을 마쳤을 수도 있고, '난 하나도 좋은 게 없어~' 하고 실망과 한숨을 거듭하면서 어렵게 여행을 끝냈을 수도 있다.

부족한 가이드를 따라 여행을 무사히 마치고 공항에 내리신 여러분과 작별인사를 하는 심정이다. 이 여행가이드는 아쉽고, 여행에 동참해주신 여러분은 홀가분하게 빨리 집으로 돌아가고 싶은 심정일거라는 생각이 든다.

여행가이드는 같이 했던 여행객들께서 다녀왔던 여행지와 음식을 기억해주기를 바라는 게 아니라, 여행에서 같이 했던 추억들을 간직해주기를 바랄 거라는 생각이 문득 든다.

  함께 여행을 했던 친구, 연인, 가족과 함께 보낸 시간의 추억이 중요하지 아니겠는가.

  내 얼굴에는 부모, 형제, 배우자, 자식 등 육친과 나와 연관되어 있는 상사, 동료, 친구, 선배, 후배, 연인, 지인들이 들어있다. 이들은 내 마음의 움직임에 의해 변하는 얼굴 모양새에 따라 그 사람들의 운세가 달라진다.

  내 얼굴에 담겨 있는 모든 분들과 좋은 추억을 간직하면서 즐겁고 행복한 인생여행을 하기 위해서는 먼저 내 마음을 열고 나누어야 하지 않을까싶다.

  세상 모든 것은 총량이 일정하게 돌고 돈다. 내 수중에 있던 돈이 빠져나가 남의 손으로 들어갔다가 돌고 돌아 다시 나에게로 돌아오듯이 마음도 돌고 인생도 돌고 돈다.

  내 얼굴의 기운을 돌리고 내 얼굴에 있는 사랑하는 사람들을 행복하게 만드는 방법은 사랑스런 눈빛과 환하게 웃는 얼굴이다. 밝은 눈빛과 환한 미소는 자연스레 마음을 넉넉하게 만들어 덕을 베푸는 마음씀씀이가 자리하게 될 것이다.

  어디를 여행했는지, 어떤 음식을 먹었는지, 영원히 모든 것을 기억할 수는 없다. 그러나 잊지 못할 특별한 것은 각인되어 영원히 기억하기도 한다.

공항버스를 타고 집으로 돌아가시는 여러분의 뒷모습을 보고 각인시키고 싶다.

"눈을 마주하고, 입 꼬리를 올려 웃으세요~"
그리고 "나누고 베푸는 마음을 가슴에 담아 보세요~"
인생이 달라질 것입니다!!!

이 여행이 아쉽고 돌아가는 발걸음이 무거우시다면, 다음 여행을 계획해보세요.

『19이상만 보는 관상』・『귀눈입코』라는 상품이 여러분을 기다리고 있습니다.

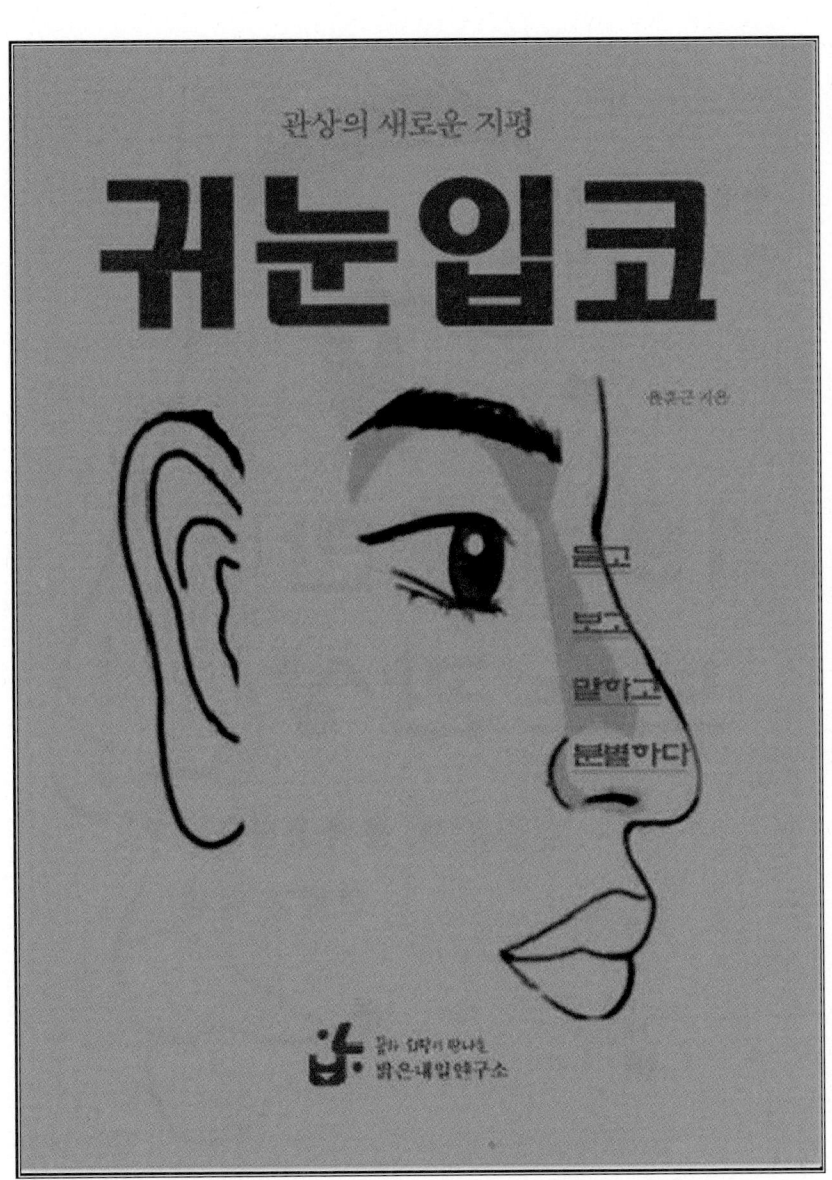

얼굴 여행을 끝내면서...

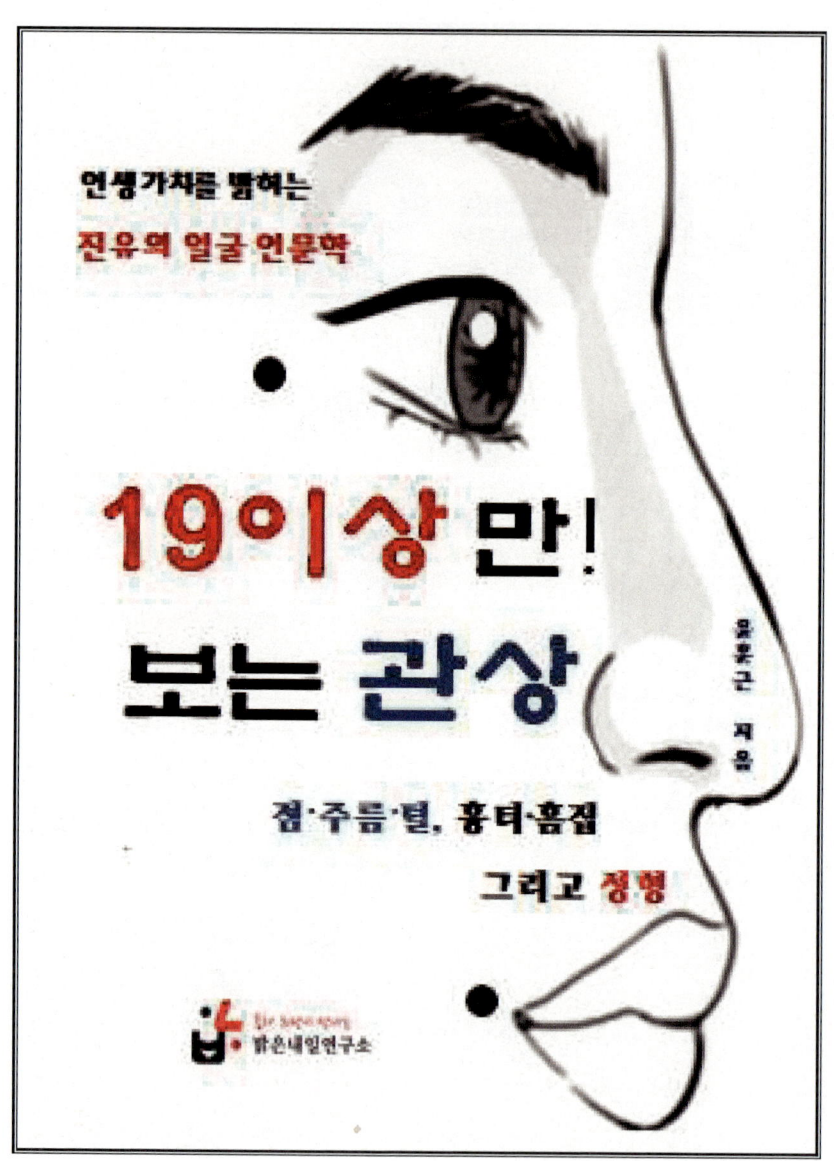